Heiko Wegmann

Dunkle Wolken über Freiburg

Nationalsozialistische Bücherverbrennungen, „Säuberungen“ und Enteignungen

25
Stadt und Geschichte.
Neue Reihe des Stadtarchivs Freiburg i. Br.
Herausgegeben von Mona Djabbarpour und Andreas Jobst

verlag regionalkultur

Titel:	Dunkle Wolken über Freiburg
Untertitel:	Nationalsozialistische Bücherverbrennungen, „Säuberungen“ und Enteignungen
Herausgeber:	Mona Djabbarpour und Andreas Jobst
Reihe:	Stadt und Geschichte. Neue Reihe des Stadtarchivs Freiburg i. Br., Heft 25
Autor:	Heiko Wegmann
Lektorat:	Martin Krauß
Titelbilder:	Reichspropagandaminister Joseph Goebbels, Franz Kerber und Konrad Zahn, Aufnahme vom 16.6.1934 auf dem Freiburger Messplatz. Q.: StadtAF M 75/1 K. 11a. Wilhelm Loewy in seinem Buchladen (September 1921). Q.: Hanno Loewy / Jüdisches Museum Hohenems.
Umschlag und Layout:	Andrea Sitzler, vr
Satz:	Andrea Sitzler, Melina Lamadé, vr
Endkorrektur:	Michael Kohler, vr

Bibliografische Information der Deutschen Bibliothek
Die Deutsche Bibliothek verzeichnet diese Publikation in der Deutschen Nationalbibliografie; detaillierte bibliografische Daten sind im Internet über http://dnb.ddb.de abrufbar.

FSC www.fsc.org MIX Paper from responsible sources FSC® C100431

Diese Publikation ist auf alterungsbeständigem und säurefreiem Papier (TCF nach ISO 9706) gedruckt entsprechend den Frankfurter Forderungen.

ISBN 978-3-95505-393-2

verlag regionalkultur
Heidelberg – Ubstadt-Weiher – Stuttgart – Speyer – Basel

Verlag Regionalkultur GmbH & Co KG
Bahnhofstraße 2 • 76698 Ubstadt-Weiher • Telefon (07251) 36703-0 • Fax (07251) 36703-29
eMail: kontakt@verlag-regionalkultur.de • Internet: www.verlag-regionalkultur.de

Inhalt

Vorwort der Herausgeber

2023 jähren sich zum 90. Mal die nationalsozialistischen Bücherverbrennungen. Im Rahmen der „Aktion wider den undeutschen Geist" wurde kurz nach der ‚Machtergreifung' im gesamten Deutschen Reich dem NS-Weltbild widersprechende Literatur öffentlich verbrannt. Universitäts- und Institutsbibliotheken, Buchhandlungen und Leihbüchereien, Stadt- und Volksbüchereien wurden von als „undeutsch" geächteten Büchern und Schriften „gesäubert". Im Wesentlichen von Deutscher Studentenschaft und Hitlerjugend initiiert und inszeniert, wurden zwischen März und Oktober 1933 auf öffentlichen Plätzen in rund 20 Universitätsstädten, aber auch an vielen weiteren Orten Bücherverbrennungen organisiert und unerwünschte Bücher ins Feuer geworfen. In den Bibliotheken und Büchereien setzten sich die „Säuberung" der Bestände und der Aufbau von Beständen durch Raubgut neben personellen „Säuberungen" und Maßnahmen der Gleichschaltung fort.

Mit der Arbeit von Heiko Wegmann liegt nun eine erste umfangreiche Untersuchung dieser Geschehnisse in Freiburg vor. In der Studie wird nachgezeichnet, wie viele Ansätze es für Bücherverbrennungen hier gab und in welchen Fällen tatsächlich die Bücher brannten. Die bislang vorherrschende Annahme, in Freiburg habe es keine oder nur eine kleine nachgeholte Bücherverbrennung gegeben, erwies sich als falsch. Zwar verhinderten starke Regenfälle teilweise die Aktionen in Freiburg – aber nicht ganz. Die sinnbildlichen „dunklen Wolken über Freiburg" – so der Buchtitel – waren aufgezogen und verschwanden nicht wieder. So stehen sie auch hier insgesamt für die angebrochene Zeit: Die Bücherverbrennungen waren symbolische Akte in der Anfangszeit eines längeren tiefgreifenden Prozesses. So wurden auch in Freiburg über ein Jahrzehnt lang Buchhandlungen, öffentliche, private, konfessionelle, Partei- und Vereins-Büchereien „gesäubert". Es ging bei den Beschlagnahmungen von Büchern um das Verschwindenlassen sozialistischer, pazifistischer oder jüdischer Literatur aus Öffentlichkeit und Privatbesitz – und aus dem Bewusstsein der Gesellschaft.

Heiko Wegmann hat detailliert nachvollzogen, welche Institutionen und Personen beteiligt waren und geht auf die Biografien der maßgeblich Handelnden – auch nach 1945 – ein. Und er stellt die Frage nach dem Verbleib der zahllosen geraubten Bücher, die nicht im Feuer landeten.

Mit seiner Studie wurde ein wichtiger Beitrag zur Erforschung der nationalsozialistischen Geschichte Freiburgs geleistet, der auch eine zentrale Grundlage für weitere einschlägige Forschungen legt. Hierfür gebühren

Heiko Wegmann der Dank und die Anerkennung der Herausgeber, die seine Studie gern in die Reihe „Stadt und Geschichte. Neue Reihe des Stadtarchivs Freiburg i. Br." aufgenommen haben. Ein großer Dank geht auch den verlag regionalkultur für die konstruktive und effiziente Zusammenarbeit bei der Herausgabe dieses Buches.

Mona Djabbarpour / Andreas Jobst

1 Einleitung

Alfred Döblin, Bertolt Brecht, Erich Kästner, Bertha von Suttner – 1933 vernichteten die Nationalsozialisten reichsweit Werke von verfemten Autorinnen und Autoren. An manchen Orten fand dies in groß inszenierten Bücherverbrennungen statt, etwa auf dem Berliner Opernplatz mit Reichsminister Joseph Goebbels (1897–1945). In Bezug auf Freiburg findet sich in der Literatur immer wieder die Auffassung, hier habe keine solche Verbrennung stattgefunden. Die Gründe für das Ausbleiben wurden in einer Kombination aus Regenwetter und hiesiger Schwäche der Nationalsozialisten, internen Kompetenzstreitigkeiten oder gar einem Verbot gesehen. Andere Autoren identifizierten zwar eine Verbrennung, die jedoch als eher unbedeutende Ersatzhandlung angesehen und bislang nie genauer untersucht wurde. Um die Situation in Freiburg (wie an vielen anderen Orten) besser zu verstehen, muss man sich zunächst von der Vorstellung einer großen, theatralischen Inszenierung lösen. Bei genauerem Hinschauen zeigt sich aber, dass die Nationalsozialisten und ihre Verbündeten in Freiburg einen starken Willen zeigten und mehrmals Bücher verbrannten. Und es zeigt sich, dass dies nur der Auftakt dazu war, über ein Jahrzehnt lang immer wieder die vielen verschiedenen Bibliotheken der Stadt – von der Volks- über die Schul- bis zu den Vereinsbibliotheken – zu „säubern".

Anlass für die Erstellung dieser Publikation waren die anhaltenden Reaktionen auf meinen 2013 publizierten Beitrag über die „übersehene Bücherverbrennung" in Freiburg in der Badischen Zeitung wie auch die vielen damals offengebliebenen Fragen. An mich gerichtete Nachfragen zur Quellenbasis sowie zustimmende und ablehnende Stellungnahmen drehten sich oft um die Frage, ob der Philosoph Martin Heidegger (1889–1976) eine Rolle bei den Bücherverbrennungen spielte oder ob er sie im Gegenteil an der Universität sogar verhinderte. Diese Frage ist im Kontext der langjährigen kontroversen Debatten über sein Verhältnis zum Nationalsozialismus zu sehen. Darauf kann hier nicht breiter eingegangen werden, sehr wohl aber auf die konkrete Frage.[1]

Zunächst war vorgesehen, einen vertiefenden Aufsatz zum Thema Bücherverbrennungen 1933 vorzulegen.[2] Bei der Arbeit daran wurde aber immer deutlicher, dass neben einer Chronologie der Ereignisse und der Frage, ob damals der Regen oder das Feuer die Oberhand gewann, weitere Aspekte behandelt werden sollten. Rund um das Thema ‚Bücher' (dieses Wort steht im Folgenden vereinfachend meist auch für Druckerzeugnisse wie Zeitschriften, Zeitungen sowie für Schriftgut) spielten sich zwischen

1933 und 1945 in Freiburg tiefgreifende Prozesse ab. Die „Säuberungen“ genannten Kontrollen und Razzien hielten nämlich an. Und dabei ging es nicht ‚nur‘ um verfemte Bücher, die aus der Öffentlichkeit verschwinden sollten. Es ging auch um Raubzüge bei verschiedenen Opfergruppen. Die Aktionen waren mit einer massiven politischen, sozialen und wirtschaftlichen Schädigung von Autoren, Verlagen sowie öffentlichen und privaten Bibliotheken verbunden. Um diese Aspekte alle berücksichtigen zu können, reichte ein Aufsatz nicht mehr aus. Ich danke deshalb dem Stadtarchiv Freiburg, insbesondere dem Leiter Dr. Andreas Jobst und Frau Dr. Mona Djabbarpour, für die Aufnahme meines Beitrags in die Reihe „Stadt und Geschichte“. Auch möchte ich an dieser Stelle allen Mitarbeiterinnen und Mitarbeitern von Archiven sowie allen anderen danken, die mir auf die verschiedenste Art und Weise weitergeholfen haben.

Dieser Beitrag rekonstruiert nun so detailliert wie möglich die Ereignisse in Freiburg. Zu berücksichtigen ist dabei, dass die Quellenlage, soweit sie aktuell überschaubar ist, stellenweise dicht ist und gute Einblicke gewährt, sich teilweise aber auch als sehr lückenhaft erweist. Wenn Geschichtsschreibung im Allgemeinen selten ‚abgeschlossen‘ ist, so gilt dies hier umso mehr: Die Aufgabe, noch weitere Quellen zu erschließen, bleibt also bestehen.[3] Manchmal lassen sich Lücken bei einer konkreten Frage aber immerhin durch eine stärkere Kontextualisierung verkleinern. Zu berücksichtigen ist außerdem, dass hier bestimmte Schwerpunkte gesetzt wurden. In dieser Arbeit stehen die Fragen *wer, wann, wie* und *wo?* im Vordergrund. Eine allgemeine Befassung mit der Frage *warum?* im Sinne einer Herleitung der Ereignisse aus Denktraditionen und der politischen, wirtschaftlichen und sozialen Krisensituation vor 1933 kann dabei nicht erwartet werden. Ebenso hätte es den Rahmen dieser Arbeit gesprengt, einen systematischen Vergleich der Freiburger Situation mit anderen Städten vorzunehmen. Dies bleibt weiteren Arbeiten vorbehalten. Schließlich ist noch einschränkend zu erwähnen, dass hier die Akteure, die die Ereignisse vorantrieben, ein zentraler Zugang zum Thema sind, dass die davon Betroffenen jedoch nicht auch im gleichen Maße untersucht werden konnten.

Ein Problem der Darstellung liegt darin, dass vielfältige, sich teils überlagernde und miteinander interagierende, teils aber auch aufeinander folgende Akteure und Ereignisse zu behandeln sind. Zur Strukturierung wechseln sich deshalb akteurszentrierte und chronologische Kapitel ab, wodurch öfter Querverweise nötig sind.

Den Anfang bildet ein Überblick über den bislang eher geringen Forschungsstand zum Thema (Kapitel 2). Im nächsten Schritt werden Institutionen und Akteure vorgestellt, über die hier der zentrale Zugang zum Thema hergestellt wird (Kapitel 3). Dazu zählt etwa die personelle Zusammensetzung und Tätigkeit der städtischen Kommission gegen „Schmutz und Schund in der Literatur". Zum besseren Verständnis der Ereignisse wird zudem auf Aspekte wie die bislang nicht erforschte frühe Geschichte der Freiburger Hitlerjugend (HJ) eingegangen. Daran schließt die chronologische Rekonstruktion und Kontextualisierung der geplanten und teils realisierten Bücherverbrennungen an (Kapitel 4).

Während das dritte und das vierte Kapitel hauptsächlich die Zeit bis etwa Mitte 1933 behandeln, geht es im fünften und sechsten Kapitel vor allem um die Zeit danach: Das fünfte Kapitel zeigt auf, wie verschiedene Stellen systematisch weiter Kontrollen, Razzien und Beschlagnahmungen durchführten, ohne aber weitere Verbrennungen zu inszenieren. Zu fragen ist hier erstens, wem die Bücher unter welchen Bedingungen weggenommen wurden und wer dies tat. Dabei traten auch neue, zuvor noch nicht behandelte Akteure auf, wie der Leiter der Landesberatungsstelle für das Volksbüchereiwesen. Zweitens ist zu klären, was mit den Büchern selbst weiter geschah. Der ‚rote Faden' dieses Kapitels ist die Universitätsbibliothek Freiburg als eine zentrale Stelle, die während der NS-Zeit beschlagnahmte Bücher begutachtete und in die eigenen Bestände übernahm, sie tauschte, verkaufte und verschenkte oder zur Zerstörung aussonderte. Entsprechend stellt sich in diesem Kapitel auch die Frage der Restitutionen für die Zeit nach dem Untergang des „Dritten Reiches". Die Fokussierung auf diese Bibliothek beruht neben ihrer hervorgehobenen Rolle auch darauf, dass hier vergleichsweise viele Quellen vorliegen. Aus dem Schriftverkehr mit der Universitätsbibliothek lässt sich teilweise auch das Vorgehen anderer Stellen rekonstruieren, deren eigene Akten – beispielsweise der Freiburger Gestapo – vernichtet oder nicht auffindbar sind.

Im sechsten Kapitel wird der biografische Zugang zum Thema noch einmal vertieft, indem die weiteren Lebenswege von Freiburger Aktivisten während und nach der NS-Zeit vorgestellt werden. Blieben sie ihrer demonstrierten Weltanschauung treu oder gab es Brüche? Wurde die Beteiligung an Bücherentziehungen und -verbrennungen in Entnazifizierungsverfahren geahndet oder später anderweitig thematisiert? Mit dem Direktor der Universitätsbibliothek wird ergänzend der Fall eines Protagonisten des Geschehens vorgestellt, der nicht zur Gruppe der NS-Aktivisten zählte. Mit einer jüdischen Buchhändler-Familie wird zumindest exemplarisch auf Opfer der Verfolgung hingewiesen. Ein Exkurs in diesem Kapitel weist auf die bemerkenswerte Tatsache hin, dass mehrere Hauptbeteiligte im besetzten Tschechien wieder zusammenarbeiteten, nämlich bei der rassistischen „Germanisierung" und der systematischen Enteignung jüdischen Grundbesitzes durch die SS. Einer der Beteiligten war später viele Jahre im Auslandsgeheimdienst der Bundesrepublik tätig.

Im siebten Kapitel werden dann wesentliche Erkenntnisse dieser Untersuchung zusammengefasst. Neben der Bilanzierung der Bücherverbrennungen sowie des fortgesetzten Bücherraubes wird ausgewertet, ob sich entlang einer Reihe von Merkmalen ein Gesamtbild der Hauptbeteiligten zeichnen lässt. Nicht zu vernachlässigen sind aber auch die Erkenntnisse darüber, welche wichtigen Fragen offenbleiben mussten, sowie mögliche Ansätze, weitere Antworten darauf zu finden.

2 Forschungsstand

Die Ansicht oder Behauptung, in Freiburg habe keine nationalsozialistische Bücherverbrennung stattgefunden, ist langlebig und weit verbreitet. Im 2008 erschienenen Standardwerk von Julius H. Schoeps und Werner Treß über die Orte der Bücherverbrennungen wird Freiburg nicht genannt.[4] Schon 1962 meinte der Historiker Gerhard Ritter, es habe keine gegeben.[5] Heidegger behauptete verschiedentlich gar, eine Bücherverbrennung verboten zu haben.[6] Aus anderen Gründen gingen Geoffrey J. Giles und Michael Grüttner in ihren Studien zur Studentenschaft ebenfalls davon aus, dass sie hier nicht stattgefunden habe.[7] So sahen es auch Tobias Wöhrle und Bernd Hainmüller, die sich mit der badischen, respektive der Freiburger HJ befasst haben.[8] Die Liste ließe sich fortsetzen.

So ist es nicht verwunderlich, dass diese Auffassung anlässlich von Gedenktagen auch in Zeitungsartikeln vertreten wird. Der Journalist, Dramaturg und Regisseur Jürgen Verdofsky schrieb in der Badischen Zeitung zum 80. Jahrestag, insgesamt hätten 1933 in mehr als fünfzig deutschen Städten Scheiterhaufen gebrannt, nur das für den 17. Mai [sic] in Freiburg geplante Autodafé sei wegen starken Regens ersatzlos ausgefallen.[9]

Auf der anderen Seite sind schon seit langem Hinweise auf mindestens eine ersatzweise Verbrennung aufzufinden. Guido Schneeberger dokumentierte 1962 eine entsprechende kleine Zeitungsmeldung, was aber offenbar kaum rezipiert wurde. Zwei Jahre später ging Albrecht Götz von Olenhusen allein aufgrund einer Ankündigung davon aus, dass die studentische Aktion am 10. Mai stattgefunden habe.[10] Ebenfalls nur auf der Grundlage einer Ankündigung gab der VVN/BdA später an, es habe eine große öffentliche Bücherverbrennung der HJ auf dem Münsterplatz gegeben.[11]

Das Jahr 1983 war – 50 Jahre nach dem Beginn der NS-Herrschaft – von mehreren wichtigen Impulsen zur Erforschung und öffentlichen Aufarbeitung einer Reihe von Aspekten der Freiburger NS-Geschichte geprägt. So wurde in der Universitätsbibliothek eine Ausstellung über die „Machtergreifung“ in Freiburg und Südbaden präsentiert. Im Ausstellungskatalog wurde knapp zusammengefasst der damalige Kenntnisstand dokumentiert, der auch Eingang in die offizielle Geschichte der Stadt Freiburg fand und der bis heute vielen geläufig ist: Die studentische Aktion sei aus ungeklärten Gründen ausgefallen, die Studentenschaft habe sich aber weiter an „Säuberungen“ beteiligt. Die HJ habe zwar eine Bücherverbrennung durchgeführt, die aber wetterbedingt nicht im geplanten großen Rahmen habe stattfinden können. Der Abschluss der Aktionen wurde hier mit einer entsprechenden

Erklärung von Oberbürgermeister Dr. Franz Kerber (1901–1945) vom 22. Juni 1933 gleichgesetzt.[12]

1983 wurde zudem von Susanne Krautwald und anderen eine Seminararbeit zum Thema Bücherverbrennung und schwarze Listen erstellt. Auch wenn diese nicht mehr verfügbar ist und der Forschungsbeitrag einer solchen Arbeit meist recht beschränkt ist, zeigt sie das gestiegene Interesse auch an dieser Frage im ‚Aufbruch'-Jahr 1983.[13] Außerdem hielt Wolfgang Rieger während einer Aktionswoche am Deutschen Seminar der Universität einen Vortrag zu diesem Thema.[14] An seine Vorarbeit knüpfte 1993 Michael Koltan mit einem Vortrag an der Pädagogischen Hochschule Freiburg an. Beide Ausarbeitungen wurden aber leider nie publiziert. Rieger und Koltan nahmen über die ‚Ja/Nein'-Frage der Bücherverbrennung hinaus die studentischen, die städtischen und die HJ-Aktionen etwas näher in den Blick. Dabei kamen sie zu ersten Ergebnissen und Schlussfolgerungen, die anregend für diese Arbeit waren, die hier aber vertieft und teilweise anders gezogen werden.[15]

Durch die 1984 erschienene Arbeit von Ingo Toussaint liegt zur Rolle der Universitätsbibliothek Freiburg (UB) während der NS-Zeit ein besserer Forschungsstand als zum Thema Bücherverbrennungen vor.[16] Zudem hat Konrad Heyde untersucht, wie von Philipp Harden-Rauch (1892–1982) ab 1934 die „Säuberungen" im Volksbüchereiwesen in Freiburg, Baden und dem Elsass systematisch vorangetrieben wurden.[17] Dessen Tätigkeit als Gaubeauftragter für das Volksbüchereiwesen in Baden wird im Folgenden in mehreren Kapiteln aufgegriffen. Und in einer 2001 von der Stadtbibliothek gezeigten Ausstellung zu ihrer 100-jährigen Geschichte wurde zumindest knapp auf die „Säuberungswelle" 1933 hingewiesen und dass ein Teil der ihr zum Opfer gefallenen Bücher zur Verbrennung abgeholt wurde.[18]

Im Vergleich zu Freiburg war die Forschung zur anderen badischen Universitätsstadt Heidelberg schon frühzeitig weiter. Dort wurde im Gedenkjahr 1983 ein facettenreicher Sammelband zum Thema Bücherverbrennung publiziert.[19] Im Juni 2013 wurde in Karlsruhe anlässlich des 80. Jahrestags der Bücherverbrennung auf dem Schlossplatz eine Stele zur dortigen Bücherverbrennung enthüllt. Das Karlsruher Stadtarchiv bietet darüber hinaus online Informationen und Quellen zum Thema an.[20] Neue Impulse der Erfassung und Sichtbarmachung von Bücherverbrennungen, auch in Bezug auf Baden, gehen mittlerweile vom Projekt „Verbrannte Orte" aus.[21]

3 Institutionen und Akteure der ‚Jagd auf Bücher‘ ab 1933

3.1 Städtische „Kommission gegen Schmutz und Schund“

Das im Frühjahr und Sommer 1933 skandierte Motto „gegen Schmutz und Schund in der Literatur“ war keine Erfindung der Nationalsozialisten. Es knüpfte an den kaiserzeitlichen Sittlichkeitsparagrafen und das in der Zeit der Weimarer Republik verabschiedete Reichsgesetz zur Bewahrung der Jugend vor Schund- und Schmutzschriften vom 18. Dezember 1926 an. Allerdings erhielt die Definition von Schmutz und Schund nun eine erhebliche – politische – Erweiterung.

3.1.1 Gründung in der Zeit der Weimarer Republik

Im Freiburger Stadtrat und in der Schulkommission gab es bereits Ende 1922 Bestrebungen, eine entsprechende Kommission einzurichten. Der Leiter des Volksschulrektorats war jedoch zunächst der Meinung, bei allen diesen Beratungen in Kommissionen komme nicht viel heraus, denn es fehle an Gesetzgebung und Polizei.[22] Dennoch wurden unter der Führung des Volksschulrektorats (und im Benehmen mit der städtischen Volksbibliothek) Vertreter unter anderem von Jugendamt, Schulen, Kirchen, Fürsorgeamt, Frauenvereinen, Arbeiterbildungsverein sowie ein SPD-Stadtrat und der Bezirksrabbiner zur Aussprache über die Bildung eines Ausschusses und zur Aufstellung eines Arbeitsprogramms eingeladen. Zunächst kam man aber überein, keinen neuen Ausschuss einzurichten. Vielmehr wurde die Polizeidirektion ersucht zu prüfen, ob nicht der bereits bestehende „Ausschuss für Lichtspielpflege“ die Aufgabe mit übernehmen könne.[23]

Der „Ausschuss zur Bekämpfung der Schund- und Schmutzliteratur“ wurde dann später als Unterausschuss des Jugendwohlfahrtsausschusses eingerichtet, das genaue Datum ist nicht bekannt. Eine Liste seiner Angehörigen aus dem Jahr 1930[24] zeigt, dass ihm Vertreter diverser Institutionen sowie Einzelpersonen angehörten. Den Vorsitz hatte Verwaltungsdirektor Hermann Wunderle inne, der Leiter des Stadtjugendamtes. Wenn auch bürgerliche Kreise dominierten, so gehörte ihm mit Elisabeth (Else) Hölzl (geb. 1891) auch eine aktive Sozialdemokratin als Vertreterin der Arbeiterwohlfahrt an.[25] Auf der anderen politischen Seite standen ein evangelischer und ein katholischer Geistlicher: der Jugendpfarrer Wilhelm Albert (1895–1977) und der katholische Volksschriftsteller Dr. Heinrich Mohr (1874–1951). Beide Männer nahmen als nationalsozialistische Vorkämpfer eine zentrale Rolle in den folgenden Ereignissen 1933 ein.

3.1.2 „Machtergreifung" bzw. -übernahme in Freiburg

Die Phase nach den Reichstagswahlen vom 5. März 1933 war in Baden wie in Freiburg von einem Sturm der Nationalsozialisten (und ihrer deutschnationalen Verbündeten) auf die Institutionen geprägt. Anders als in Hinsicht auf die Übergabe der Macht von Hindenburg an Hitler am 30. Januar 1933 ist der Begriff der „Ergreifung" der Macht also keine reine NS-Selbststilisierung. Eine Schlüsselrolle kam dem NSDAP-Gauleiter Robert Wagner (1895–1946) zu, der von der Reichsführung am 7. März als Reichskommissar für Baden eingesetzt wurde. Wagner trachtete danach, die politische Führung vollständig in seine Hände zu bekommen.[26]

Die Ausschaltung der politischen Gegner in der gemeindlichen Selbstverwaltung wurde ab März auf mehreren Wegen durchgesetzt. Zum einen erließ Wagner Versammlungsverbote für SPD und KPD und ließ jene Mitglieder dieser Parteien verhaften, die dem Freiburger Bürgerausschuss angehörten. Einige wurden zeitweise im KZ Ankenbuck bei Donaueschingen gefangen gehalten. SPD-Bürgermeister Josef Hölzl wurde am 17. März 1933 im Rathaus verhaftet und ebenfalls in „Schutzhaft" genommen. Angesichts dieser Repressalien legten unter anderem die Stadträte Robert Grumbach und Max Mayer Ende März ihre Mandate nieder. Stadtrat Franz Geiler und der Stadtverordnete Philipp Martzloff wehrten sich, noch in Ankenbuck einsitzend, zunächst gegen die direkte Aufforderung des NSDAP-Kreisleiters Dr. Franz Kerber zum Mandatsverzicht. Am 29. Mai legten aber schließlich alle verbliebenen SPD-Mandatsträger geschlossen ihre Mandate nieder, da sich eine weitere Mitarbeit in den städtischen Gremien als unmöglich erwies. Dies lag auch daran, dass ihre Position zudem auf der Grundlage des „Vorläufigen Gesetztes zur Gleichschaltung der Länder" vom 31. März und dem „Gesetz zur Durchführung der Gleichschaltung" vom 4. April 1933 stark geschwächt worden war. So waren Stadtrat und Bürgerausschuss zwangsweise entsprechend den Ergebnissen der bereits unfreien Reichstagswahlen vom 5. März neugebildet worden. Die weitgehende Ausschaltung der Vertreter der katholischen Zentrumspartei erfolgte im Juli und August.[27]

In Freiburg amtierte zunächst noch der katholische Zentrumspolitiker Dr. Karl Bender (1880–1970) als gewählter Oberbürgermeister. Er wurde jedoch massiv vom NSDAP-Kreisleiter und Hauptschriftleiter des NS-Kampfblattes „Der Alemanne"[28], Franz Kerber, unter Druck gesetzt und zum Rücktritt gedrängt. Kerber nahm eine schärfere Haltung als die eigene NSDAP-Stadtratsfraktion ein: Eine Gruppe von fünf NSDAP-Stadtverordneten und Stadträten sowie Stadtrat Dr. Ernst-Christoph Brühler (1891–1961, Mitglied der Deutschnationalen Volkspartei DNVP und Herausgeber der „Breisgauer Zeitung") erklärten den Stadtrat am 20. März 1933 eigenmächtig für abgesetzt. Sie setzten sich selbst als Kommissare ein, wollten aber gemeinsam mit dem bisherigen Oberbürgermeister die Geschäfte weiterführen. Damit positionierten sie sich gewollt oder ungewollt gegen Staatskommissar Wagner, der zu keinen Kompromissen bereit war. Er löste diese Kommission daher schon tags darauf auf und ernannte am 21. März Kerber, Brühler und Obersteuersekretär Heinrich Schlatterer zu „Staatskommissaren", die die Stadtverwaltung kontrollieren sollten.[29]

Die NSDAP-Stadtratsfraktion sprach sich noch am 7. April 1933 für den Verbleib Benders im Amt aus, doch aufgrund der Kampagnen Kerbers gab Bender am 9. April 1933 auf. Er wurde aus „gesundheitlichen Gründen" beurlaubt und tauchte im Kloster Beuron unter, um nicht in „Schutzhaft" genommen zu werden. Wagner setzte Kerber darauf am 10. April 1933 als kommissarischen Bürgermeister ein. Am 19. Mai 1933 wurde er dann vom „gleichgeschalteten" Bürgerausschuss zum Oberbürgermeister gewählt.[30]

3.1.3 Sturz der Kommission

Unter diesen Rahmenbedingungen führten Kerber, Mohr und Albert bereits im März von innen und außen einen gemeinsamen Angriff auf die Kommission durch, noch bevor die Deutsche Studentenschaft ihre Bücherverbrennungen ankündigte. Die Ziele der drei waren die alleinige Kontrolle des Ausschusses, die politisch-weltanschauliche Ausweitung seines Mandats und in der Konsequenz die „Säuberung" aller Stellen, in denen Bücher und Zeitschriften verfügbar waren. Dieser Angriff wurde durch Anpassungsleistungen in Form einer vorauseilenden „Selbstgleichschaltung" nicht gebremst. So beschloss der Stadtrat noch unter Bender am 30. März 1933 eine Überprüfung der erfolgten Neu- und Abbestellungen der städtischen Volksbibliothek durch den Volksbibliotheksausschuss. Mit der Durchführung wurde der Dekorationsmalermeister und NSDAP-Stadtrat Otto Eugen Senn (geb. 1892)[31] beauftragt, der gleichzeitig zum stellvertretenden Vorsitzenden jenes Ausschusses bestellt wurde.

Abbildung 1 (folgende Seiten): Buchhandlungen und Leihbüchereien in Freiburg. Q.: Freiburger Adressbuch 1933, Abt. IV, S. 30/31.

Tapetenhaus Nüßner Franziskanerstraße 11, am Rathaus, Tel. 4935

30 IV Buchdruckereien — Buch- u. Kunsthandlungen

oWiemken Wilhelm, Brombergstr. 15, ☎ 4738
Wuhrmann Hch., Inh. F. Heitzmann, Kartäuserstr. 30, ☎ 4221 u. 2436
(Lithogr. Anstalten und Steindruckereien siehe unter L)

Buch- u. Kunsthandlungen

a¹) **Sortimentsbuchhandlungen**

Christl. Buchhandlung Wichernhaus, Inh. Clara Schillinger, Adelhauserstr. 27, ☎ 3157
Ehrmann Carl, Salzstr. 31, ☎ 4317

FREIBURGER BÜCHERSTUBE
G. M. B. H.
Buchhandlung, Antiquariat
Kaiserstr. 29 (Hildebrandhaus), Tel. 4861

Freiburger Landkartenhaus, Gerhard Voigt, Bertholdstr. 42, ☎ 6412
Grosholz Gustav, Zasiusstr. 30

Literarische Anstalt Kaiserstr. 42 ☎ 4214
(Herdersche Buchhandlung)
Buch- und Kunsthandlung

Momber Walter & J. Eichlepp
G.m.b.H., Univ.-Buchh., Salzstr.17, ☎ 1571
Zweiggeschäft: Kaiserstr. 24, ☎ 4801

Schwarzwald-Buchhandlung Momber G. m. b. H., Leitung: Walter Momber, Salzstr. 19, ☎ 1671
Sintermann Carl, Universitätsstr. 14, ☎ 4164
Speyer & Kaerner, Univ.-Buchhandlung, Albertstraße 16, ☎ 2457
Strütt Adolf, Buch- und Zeitschriftenhandlung, Schwabentorstr. 8 (Eing. Wallstr.), ☎ 2358

Troemers C. **Universitäts-Buchhandlung**
(Ernst Harms) G.m.b.H., Bertholdstr.21, ☎ 4439

Wagner'sche Fr. **Universitäts-Buchhandlung**
(Carl Zimmer) G.m.b.H., Kaiserstr. 52, ☎ 1040

Waibel Jos. **Universitäts-Buchhandlung**
Bertholdstraße 20 — Fernruf 2655

Zetsche Herm. Nachf., Fil. d. Freiburger Bücherstube G. m. b. H., Eisenbahnstr. 48, ☎ 4861

a²) **Versandbuchhandlungen**

Fleig Otto, Herrenstr. 8
Hahn Jakob, Rotlaubstr. 8
Willibrordbuchhandlung, Talstr. 52

b) **Antiquariate**

Freiburger Bücherstube G. m. b. H.
Buchhandlung und Antiquariat, Kaiserstr. 29 Fernruf 4861
Großes wissenschaftliches u. bibliophiles Antiquariat aus allen Gebieten. **Alte Drucke und Seltenheiten.**
Ankauf geschlossener Bibliotheken und einzelner wertvoller Werke

Hellmann Richard, Gartenstr. 1, ☎ 7841
Jung Margarete, Kaiserstr. 158
Literarische Anstalt (Herdersche Buchhandlung), Kaiserstr. 42, ☎ 4214
Schwarzwald-Buchhandlung Momber G. m. b. H., Salzstr. 19, ☎ 1671
Speyer & Kaerner, Univ.-Buchhandlung, Antiquariat für Medizin u. Naturwissenschaften, Albertstr. 16, ☎ 2457
Troemers C. Universitäts-Buchhandlung und Antiquariat (Ernst Harms), G. m. b. H., Bertholdstr. 21, ☎ 4439
Wagner'sche Fr., Universitäts-Buchhandlung (Carl Zimmer), G. m. b. H., Kaiserstr. 52, ☎ 1040
Waibel Jos., Antiquariat, Bertholdstr. 20, ☎ 2655

c) **Verlagsbuchhandlungen**

Afrika-Verlag Freiburg, Inh. Dr. Wilh. Winterer, Am Karlsplatz 28
Astrologischer Zentral-Verlag Fr. Lenz, Steinackerstr. 2
Broßmer Fritz, Verlag eigener Dialektdichtungen, Sedanstr. 5
Caritasverlag G. m. b. H., Belfortstr. 18, ☎ 5231
Der Alemanne, Kampfblatt der Nationalsozial. Oberbadens, Abtlg. N.S.-Buchhandlung, Kaiserstr. 25, ☎ 7747
Eberle's Verlag, Reischstr. 1, ☎ 4436
Fehsenfeld Fr. Ernst, Verlagsbuchhändler, Neumattenstr. 22
Geber-Verlagsgesellschaft, Wilhelm Warschatka & Co., Ludwigstr. 2, ☎ 2518
Grenzverlag G. m. b. H., Hauptstr. 85
Herder & Co. G. m. b. H., Johanniterstr. 4 und Tennenbacherstr. 4, ☎ 5041
Hofmann Peter, Verlag für zeitgemäße Literatur, Lorettostr. 20
Lorenz Fr. Paul, Belfortstr. 1, ☎ 6705
Magnum-Opus-Verlag Chr. G. Möbus, Bürgerwehrstr. 9
Sazenhofen Carl Freiherr v., Verleger, Bayernstraße 6, ☎ 6132
Senger & Fraeulin, G. m. b. H., Hochmeisterstraße 3, ☎ 7077
Speyer & Kaerner, Univ.-Buchhandlg., Albertstraße 16, ☎ 2457
Troemers C. Univ.-Buchhandlung (Ernst Harms) G. m. b. H., Bertholdstr. 21, ☎ 4439
Urban-Verlag, Inh. H. Mayer u. Otto Vogelgesang, Hansastr. 2, ☎ 2058

Lebensbedürfnis- und Produktiv-Verein Freiburg i. Br.
e. G. m. b. H.

Buch- und Kunsthandlungen — Bücherprüfer IV 31

Verkehrs- u. Verlagsgesellsch. m. b. H. „Schwarzwald, Oberrhein u. Bodensee“, Rotteckplatz 11 und Eisenbahnstr. 33, ☎ 7577
Verlag katholischer Bibliographie, R. Feistbauer und M. Wieland, Bußstr. 36, ☎ 4176
Zodiakus-Verlag u. Buchhandlg., Kaiserstr. 135, ☎ 6915

d) **Kunstverlage und Kunsthandlungen**

Hammerschlag Johannes, Bürgerwehrstr. 13, ☎ 6744
Joppich Oswald, Erwinstr. 79
Literarische Anstalt (Herdersche Buchhandlung), Kaiserstr. 42, ☎ 4214
Lung Albin, Rotteckstr. 7, ☎ 2528
Müller Wilhelm, Fa., Inh. Ed. Müller, Kaiserstraße 117, ☎ 4200
Röbcke Georg, Ecke Kaiser- u. Rempartstraße, ☎ 2955
Schmitz Heinrich, Hermannstr. 15
Schropp Johann, Schiffstr. 8, ☎ 1469
Schwarzwälder Kunst- u. Gewerbe-Ausstellung V. A. Hauser G. m. b. H., Bursengang, ☎ 3533
Schweitzer Alois, Fa., Inh: Albert Schweitzer, Eisenbahnstr. 10 (religiöse)
Straetz Franz, Kunstsalon, Kaiserstr. 153, ☎ 7343

e) **Landkartenhandlungen**

Freiburger Landkartenhaus, Gerhard Voigt, Bertholdstr. 42, ☎ 6412

f) **Leihbüchereien**

Heim C. August, Gerberau 3, ☎ 1788
Jungs Neue Leihbücherei, Kaiserstr. 18

Walter Momber & J. Eichlepp G. m. b. H., Univ.-Buchhandlung, älteste Leihbücherei am Platze — Pflegt besonders die **moderne Literatur.** **Salzstr. 17, ☎ 1571**

Städt. Volksbibliothek u. Volkslesehalle, Münsterplatz 25, ☎ 5121 u. 5221

g) **Zeitschriften und Zeitschriften-Lesezirkel**

Baasch Claus, Rheinstr. 64, ☎ 7858
Braun Julius, Buch- und Zeitschriftenvertrieb, Gutleutstr. 104, ☎ 6560
Buch- und Zeitschriften-Großvertrieb für Baden G. m. b. H., Salzstr. 34, ☎ 3504
Büche Gebr., o. H.-G., Zeitschriften-Vertrieb, Friedrichstr. 30, ☎ 6726
Freiburger Lesezirkel, Inh. B. Liehl, Bertholdstraße 27 (Zeitschriftenkiosk Bursengang)
Frommherz Erwin, Generalvertreter der „Illustrierten Hauszeitung“, Immentalstr. 9, ☎ 6036

Geißler Adam Buch- und Zeitschriftenvertrieb, Konradstr. 18

Göggel Wilhelm Nachf., Inh. L. u. A. Wetzel, Belfortstr. 17. H, ☎ 2879

Günter Emil Buch- und Zeitschriftenvertrieb Ringstr. 5, ☎ 6889 — gegründet 1913 — General-Vertretungen für W. Vobach und Bernhard Meyer, Leipzig — Curt Hamelsche Druckerei, Berlin — Union Druck- und Verlags-Gesellschaft, Stuttgart — Lieferung sämtlicher Modezeitungen und Romane — Bei Bestellung genügt Postkarte mit genauer Angabe der Zeitschrift, auch werden solche telefonisch entgegengenommen.

Kessel Rich., Direktor des Verlages C. G. Vogel, Pößneck, Jägerhäuslewег 1, ☎ 1998
Kocera Wilhelm, Joh. v. Weerthstr. 13 (Kiosk am Stadtgarten)
Krumm Gustav W., Agent. „Allgem. Wegweiser“, Münchhofstr. 1
Reinmuth Ernst, Buch- und Zeitschriftenvertrieb, Merianstr. 2
Senger & Fraeulin, G. m. b. H., Buch- u. Zeitschriftenverlag, Hochmeisterstr. 3, ☎ 7077

Siefert M., Bertholdstr. 55 Zeitschriftenvertrieb mit u. ohne Abonnentenversicherung, Modejournale, Romane usw.

Strütt Adolf Buch- u. Zeitschr.-Handlg. Schwabentorstr. 8 (Eing. Wallstraße), ☎ 2358, Lieferung sämtl. Zeitschriften u. Modejournale, Modealbums i. groß. Auswahl

Wick Karl, Beyer-Modezeitschr., Friedrichstr. 16
Wiswedel August, Salzstr. 5

Bücherprüfer

I. **Beeidigte Bücherrevisoren**

a) von der Handelskammer bestallte und bezirksamtlich beeidigte Bücherrevisoren

Frank Willibald, Rennweg 15, ☎ 7049
Küsters Conrad, Neumattenstr. 29, ☎ 4970
Waldmann Emil, Belfortstr. 21. 3, ☎ 2524

b) Bezirksamtlich beeidigte Bücherrevisoren

Dinger Benedikt, Friedhofstr. 43
Eisenlohr Hermann, gerichtl. beeidigter kaufm. Sachverständiger u. Steuerberater, Karlstr. 38, ☎ 2602
Hasselbeck Hans, beeidigter Bücherrevisor, kaufmännischer Sachverständiger und Steuerberater, Uhlandstr. 9, ☎ 7322
Löhle Ludwig, Kaiserstr. 71, ☎ 7029
Ramsperger Franz, öffentlich beeidigter Bücherprüfer u. kfm. Sachverständiger, Steuerberater, Büggenreuterstr. 14, ☎ 1093
Reisky Josef, beeidigter Bücherprüfer und gerichtlich beeidigter kaufmännisch. Sachverständiger, Bertholdstr. 55, ☎ 2244
Streit Carl, beeidigter Bücherprüfer und kaufmännischer Sachverständiger, Steuerberatung, Günterstalstr. 8, ☎ 1019

Bender ließ den Staatskommissaren mitteilen: „Damit hat der Stadtrat von sich aus, ohne dass es hierzu einer Anregung von dritter Seite bedurfte, die nötigen Maßnahmen zur Überprüfung der Volksbibliothek angeordnet. Der Volksbibliotheksausschuss hat die Prüfung bereits aufgenommen und wird seine Arbeit beschleunigt durchführen. (...) Im Übrigen werden die Herren Staatskommissare gebeten, ihre Wünsche bezüglich der Volksbibliothek mit dem stellvertretenden Vorsitzenden des Volksbibliotheksausschusses zu besprechen und sodann die ihnen nötig scheinenden Anträge zu stellen."[32]

In der Ausschusssitzung am 31. März im Rathaus berichtete zunächst der Vorsitzende Wunderle über die Arbeit. In der anschließenden Diskussion wurde darauf hingewiesen, dass weiter jugendgefährdende Magazine an überwachten und nicht überwachten Verkaufsstellen wie etwa dem Obst- und Zeitschriftenstand von Graziani im Stadtgarten angeboten würden. Auch Zeitschriften wie die „Jugend" (Münchner illustrierte Wochenschrift für Kunst und Leben) „enthielten ähnliche Schmutz- und Schund-Inserate wie die Magazine. Es wird der Beschluss gefasst, beim Landesjugendamt ein Verbot derartiger Zeitschriften zu erwirken."[33] Soweit bewegte sich die Diskussion im Rahmen üblicher konfessioneller und bürgerlich-konservativer Vorstellungen.

Mohr gab nun aber seiner „Freude darüber Ausdruck, dass jetzt hinter unserer Arbeit der neue Staat steht, der eine gründliche Säuberung auch auf dem Gebiete der Literatur vornehmen will." Der „nie dagewesene Staat mit seinem nationalen Führertum" erlaube sich „im Gegensatz zum liberalen Staat", „überall nach dem Rechten zu sehen" und werde daher auch die Lehrerbibliotheken überprüfen. Mohr war der Auffassung, „dass der kleine Ausschuss, der bisher ziemlich fruchtlos gearbeitet habe, am Ende seiner Aufgaben angelangt sei." Er stellte „den Antrag, dass bis zum Abschluss seiner Arbeiten durch eine kleine Kommission sämtliche städtischen Bibliotheken überprüft und der dort befindliche ‚Schmutz und Schund' ausgeschieden würde".[34]

Dagegen erhoben die anwesenden Vertreter der Lehrerschaft Einspruch. Die Auffassungen über den Begriff „Schund" seien außerordentlich verschieden und jeder Lehrer müsse doch auch die Literatur kennen, die sich ungünstig auf Schüler und das allgemeine Lesepublikum auswirkten. Schließlich bedeute der Antrag ein „Misstrauensvotum gegen die pflichtgetreue Arbeit der Lehrerschaft und gegen die Arbeiten des Stadtschulamtes".[35] Schulbibliotheken gehörten zudem gar nicht in die Zuständigkeit des Ausschusses.

Daraufhin wurden zwei Anträge formuliert und zur Abstimmung gestellt: Ein erweiterter Antrag zur Überprüfung sämtlicher Bibliotheken und ein engerer Antrag zur ausschließlichen Überprüfung der Volksbibliotheken auf Werke, die den Bestrebungen der neuen Regierung entgegenstünden.

Dem Stadtrat sollte in der Folge ein Antrag auf deren Entfernung vorgelegt werden. Der erste Antrag wurde knapp abgelehnt, der zweite angenommen, wobei unter anderen Mohr sich der Stimme enthielt. Nach der Abstimmung gab er jedoch bekannt, dass „die Überprüfung beim Kommissar bereits veranlasst sei“.[36]

Für sein Zusammenspiel mit Staatskommissar Kerber produzierte Mohr einen Vorwand. In der Diskussion hatte er gefordert, dass das Antikriegsbuch „Im Westen nichts Neues“ von Erich Maria Remarque entfernt werden müsse. In der Verurteilung des Buches sei sich das Kollegium einig gewesen, so Wunderle, es habe aber keinen gesonderten Antrag speziell für dieses Buch gegeben.[37] Dennoch behauptete Kerber nun öffentlich, die Mehrheit des Ausschusses habe einen Antrag Mohrs auf „Beseitigung der jüdischen Schundliteratur, insbesondere des Buches von Remarque“ abgelehnt. Und so begründete Kerber seinen Frontalangriff: „Der Ausschuss hat damit bewiesen, dass er seiner Aufgabe nicht gewachsen ist und es im Interesse der Wahrung christlicher Kulturgüter, sowie im Interesse der Erziehung unserer Jugend notwendig ist, diesen Ausschuss aufzulösen.“[38] Er stellte den „dringenden Antrag“, den Ausschuss „sofort aufzulösen“. „Mit der Säuberung unserer Bibliotheken von Schmutz- und Schundliteratur ist die Staatskommission zu beauftragen, die sich vorbehält, einwandfreie Fachleute nationaler Gesinnung zu Rate zu ziehen.“[39] Dieses Schreiben erschien in den Rubriken „Beschlüsse“ bzw. „Verordnungen der Staatskommission“ in den Lokalblättern.[40] Wunderle und Bender versuchten, Sachverhalte richtigzustellen, und Bender lehnte die Auflösung ab. Doch obwohl noch Zugeständnisse wie die Überprüfung der Volksbibliothek durch Stadtrat Senn gemacht wurden, setzten sich Kerber und Mohr bald durch.

3.1.4 Personelle Neubesetzung – Die Köche des „Herkules“

Nachdem Kerber als kommissarischer Oberbürgermeister eingesetzt worden war, löste er den bisherigen Ausschuss am 22. April 1933 auf[41] und setzte einen neuen ein. Die städtische Pressestelle ließ dazu verlauten: „Der neue Ausschuss (…) setzt sich nach dem Sprichwort ‚Viele Köche verderben den Brei‘ nur noch aus drei Männern zusammen, und zwar aus dem Oberbürgermeister, Herrn Dr. Kerber, dem Geistlichen Rat Herrn Dr. Mohr und dem protestantischen Pfarrer von Gundelfingen, Herrn Albert. Die Zusammensetzung des Triumvirats wird Gewähr genug sein, dass endlich eine Aktion in unseren städtischen Bibliotheken eingeleitet wird, die das Übel an der Wurzel fasst. Eine Zeit, in der die Studenten von sich aus daran gehen, ihre Privatbibliotheken von artfremdem Schrifttum zu befreien, ist reif, nun auch behördlicherseits an Stellen einzugreifen, die es mit der Selbstverantwortlichkeit noch nicht ernst genug nehmen. (...) Der Herkules, der den Stall eurer Bibliotheken ausmistet, ist gekommen. Dem Herkules Adolf Hitler ein dreifaches Sieg Heil!"[42]

Der Ausschuss unter dem Vorsitz Kerbers blieb formal ein Unterausschuss des Jugendwohlfahrtsausschusses beim Stadtjugendamt, arbeitete jedoch völlig autonom. Kerber legte fest, dass die Amtsdauer bis zu den nächsten allgemeinen Erneuerungswahlen der Gemeinderatskollegien dauern solle.[43] Er ließ sich ab Anfang Mai weitgehend von Karl Willy Straub (1880–1971) vertreten, der die gesamte Koordination übernahm. Faktisch bestand der Ausschuss also aus vier Mitgliedern, die im Folgenden vorgestellt werden.

3.1.4.1 Wilhelm Albert – Der Pfarrer und die Baumeister am „deutschen Dom"

Der 1895 in Karlsruhe geborene Weltkriegsteilnehmer Wilhelm Georg Albert war ab 1922 Vikar an der Freiburger Christuskirche bei Pfarrer Julius Kühlewein (1873–1948), der von 1933 bis 1945 Landesbischof der Evangelischen Landeskirche in Baden war. 1924 wechselte Albert zuerst zum Wohlfahrts- und danach auch zum Jugenddienst der „inneren Mission", zunächst als Vikar, dann als Pfarrer. Albert nahm innerhalb der evangelischen Kirche und in der Öffentlichkeit eine wichtige Rolle als Werber für den Nationalsozialismus ein. Schon 1925 hielt er eine Ansprache bei der von rechten bis rechtsextremen Kreisen organisierten Grundsteinlegung des Denkmals für Albert Leo Schlageter (1894–1923) bei Schönau im Wiesental.[44] Schlageter hatte sich nach seiner Teilnahme am Ersten Weltkrieg erst einem Freikorps im Baltikum angeschlossen und dann 1923 im Ruhrgebiet Sprengstoffanschläge gegen die französische Besatzung durchgeführt. Deshalb wurde er von einem französischen Militärgericht zum Tode verurteilt und hingerichtet. Im Anschluss entstand ein weit verbreiteter Schlageter-Kult, der sich in zahlreichen Denkmälern und Namensgebungen ausdrückte. Auch von den Nationalsozialisten wurde er in großem Ausmaß als ihr Vorkämpfer und „Blutzeuge" stilisiert. Der 1924 auf Initiative von Robert Wagner gegründete „Schlageterbund" war zum Beispiel die Ersatzorganisation für die in Baden mehrere Jahre verbotene SA.[45]

1931 trat Albert in die NSDAP ein, der er bis 1945 angehörte. 1932 wurde er als Vertreter der nationalsozialistischen „Kirchlichen Vereinigung für positives Christentum und deutsches Volkstum" zum Mitglied der evangelischen Landessynode gewählt. In der Stadt Freiburg erzielte die Vereinigung 20,7 %, im ganzen Kirchenbezirk Freiburg 28,9 % der Stimmen.[46] In ganz Baden lag sie bei 23,9 % und wurde damit zweitstärkste Fraktion.[47]

Dabei war Albert keineswegs unumstritten. Der Freiburger Kirchengemeinderat befasste sich im ganzen Jahr 1932 mit Konflikten infolge seiner politischen Agitation: Im Februar forderte er Alberts Absetzung als Leiter des Jugend- und Wohlfahrtsdienstes, was der Oberkirchenrat in Karlsruhe aber zunächst ablehnte. Erst nach heftigen Auseinandersetzungen wurde Albert im Oktober 1932 als Pfarrer nach Gundelfingen versetzt.[48] Bernd Martin bezeichnet dies als „Abschiebung" „in die dörfliche Diaspora", wo sich „die Nationalsozialisten ohnehin der größten Beliebtheit erfreuten".[49]

Alberts NS-Aktivitäten tat das allerdings keinen Abbruch. Die Ereignisse 1933 stärkten seinen Einfluss und er befeuerte sie von Gundelfingen aus. Als Vertreter des „NS-Pfarrerbundes"[50] war er unter anderem ab April 1933 Schriftleiter des neu erscheinenden Blattes „Kirche und Volk", das ab 1934 „Der Deutsche Christ – Sonntagsblatt der Deutschen Christen (Evangelische Nationalsozialisten), Gau Baden" hieß. Dabei handelte es sich um ein radikal rassistisches und antisemitisches Hetzblatt, das systematisch am „Abbau spezifisch christlicher, aber auch rein menschlicher Hemmschwellen"[51] arbeitete und den Kampf gegen die oppositionelle Bekennende Kirche (BK) führte.

Außerdem hielt Albert öffentliche Reden. Das größte Publikum – angeblich 50.000 Zuschauer und Zuschauerinnen – dürfte seine Ansprache bei der NSDAP-Feier zum „Tag der nationalen Arbeit" am 1. Mai 1933 auf dem Freiburger Münsterplatz erreicht haben. Dabei stellte er sich als Deutscher, Frontkämpfer, Kriegsbeschädigter und Nationalsozialist vor. Der Pfarrer bezeichnete Hitler als „ersten Baumeister", der „durch Gottes Gnade" das Gebäude Deutschland aufbaue. Gott bat er, die Arbeit, die Arbeiter und diesen „Baumeister" zu segnen. Den „Arbeitern der Faust" trichterte er ein, dass man sie bisher „mit jener gemeinen Lüge der französischen Revolution und des jüdischen Sozialismus" habe „einkreisen und fangen" wollen. Auch sein Appell an die „Arbeiter der Stirn" strotzte vor antisemitischen und antimarxistischen Parolen. Er prangerte den „Hochmut des Verstandes", „Individualismus", „moderne Sachlichkeit" und deren Abkehr vom Christentum an. Das „neue Deutschland" solle wie das Münster ein „deutscher Dom" sein, zu dem alle, insbesondere auch die Arbeitslosen, einen Baustein beitragen sollten. In seiner Rede schien auch ein typisches psychologisches Moment durch, das ihn für seine von Rachegedanken geprägte Arbeit motivierte, nicht zuletzt in der städtischen Kommission: Das Selbstbild eines bis vor kurzem „verfolgten" und „verfemten" „deutschen Menschen". Das „Dritte Reich" warte nun auf „den Willen, auf die Kraft und den Eifer seiner Bauleute".[52]

Wenig später hielt Albert anlässlich der feierlichen Einführung des „gleichgeschalteten" neuen Stadtrats einen Gottesdienst für die evangelischen Stadträte und -verordneten in der Pauluskirche ab. Hier sprach er zu ihnen über ihre „Pflichten und Verantwortung".[53] Albert betätigte sich auch weiterhin im Kirchenbezirk Freiburg durch die Führung seiner Gruppierung, die im Frühjahr 1933 an die „Glaubensbewegung Deutsche Christen (evangelische Nationalsozialisten)" (DC) angeschlossen wurde bzw. in dieser aufging. Am 29. Mai führte er die erste und am 20. Juli 1933 die zweite öffentliche DC-Kundgebung durch, letztere mit weiteren nationalsozialistischen Pfarrern aus Pforzheim, Mannheim und Steinen. Damit wollte er Einfluss auf die am 23. Juli im ganzen Reich stattfindenden Kirchenwahlen nehmen, durch die sich die Machtverhältnisse in Freiburg tatsächlich zugunsten der DC verschoben.[54] Als der Kirchengemeinderat im Sommer 1933 ohne Wahlen neugebildet wurde, erhielt die DC-Gruppierung die absolute Mehrheit.[55]

3.1.4.2 Heinrich Mohr – „eigenartigster Geistlicher der Erzdiözese" mit streitbarer Schwester

Der 1874 im nordbadischen Lauda geborene Katholik Heinrich Mohr war eine Generation älter als der Protestant Wilhelm Albert. Nach dem Theologiestudium in Freiburg und der Priesterweihe 1897 hatte Mohr eine kirchliche Laufbahn eingeschlagen und war als Vikar, Kaplan und Kurat tätig gewesen.[56] Er betätigte sich aber auch als geistlicher Volksschriftsteller und gab ab 1903 das „St. Liobablatt" heraus. 1907 wurde er zugunsten der Schriftstellerei vom Seelsorgedienst beurlaubt. 1910 ließ er sich nach internen Konflikten aus dem aktiven Kirchendienst entlassen. Er gehörte der Erzdiözese zwar weiter an und führte den Titel Pfarrkurat, verzichtete damit aber auf Unterhaltsansprüche und widmete sich nun ganz der Schriftstellerei. Während des Ersten Weltkriegs wurden 26 Millionen Exemplare seiner fürs Marschgepäck bestimmten Feldpredigten gedruckt, die die Kampfmoral der Soldaten aufrechterhalten sollten. Damit wurde Mohr weithin bekannt. Nach dem Ersten Weltkrieg vertrat er zunächst deutschnationale, gegen die Republik und die katholische Zentrumspartei gerichtete Positionen. Deshalb werde er von der Mehrheit der Katholiken abgelehnt, berichtete 1924 der Freiburger Erzbischof Karl Fritz (1864–1931) nach Rom.[57] Wie Albert für die Protestanten, nahm Mohr 1925 als einziger katholischer Geistlicher an der Grundsteinlegung des Schlageter-Denkmals in Schönau teil und hielt eine Weiherede.[58] 1927 erhielt er die Ehrendoktorwürde der theologischen Fakultät der Universität Freiburg.

Mohrs erste Begegnung mit Adolf Hitler ereignete sich beim Besuch einer Großveranstaltung am 3. November 1930 in Offenburg. Er beschrieb dies später als eine „heilige Erleuchtung" und „Offenbarung". Zwar habe es zu diesem Zeitpunkt noch keine bischöflichen Warnungen und Verbote gegenüber dem Nationalsozialismus gegeben, doch habe er sich der Gefahr ausgesetzt, durch „eine gewisse Presse zum Gegenstand niedrigster

Abbildung 2: Porträt von Heinrich Mohr. Q.: Der Alemanne, 9.9.1934.

Anwürfe“ gemacht zu werden. Sein Erscheinen habe beim SA-Saalschutz Erstaunen ausgelöst, der ihm einen Ehrenplatz direkt vor dem Rednerpult freigemacht habe. „Ich lauschte in die Seele des Sprechers, lauschte in die Seelen der Hörer. (...) Da droben steht der Neuverkünder des deutschen Idealismus und des deutschen Gottesglaubens.“[59] Dem Generalvikar der Erzdiözese teilte er kurz darauf mit, Hitler habe an einem Samstag mit seiner Rede mehr Menschen „im wankenden Gottesglauben wieder befestigt und zum abgeworfenen Gottesglauben neu zurückgeführt“, als es die Predigten der 1.700 Geistlichen des Erzbistums am Sonntag vermochten.[60] Diese Vorstellung war es dann auch, die Mohr motivierte, sich in den folgenden Jahren für den Nationalsozialismus einzusetzen.

Mohr und Albert verband, dass sie rechtsgerichtete Rebellen innerhalb ihrer Kirchen waren, die sich nicht scheuten, sich mit der Hierarchie anzulegen. Auch darüber hinaus focht Mohr unzählige politische und persönliche Kämpfe aus. Er sah sich dabei in der Tradition des Pfarrers und Schriftstellers Heinrich Hansjakob (siehe Kapitel 3.4.3 und 6.5.2). Oft tat er dies gemeinsam mit oder unterstützt von seiner streitbaren Schwester Teresa (Theresia) Mohr (1878–1963), mit der er zusammen in der Freiburger Immentalstraße 9 (später in der Stadtstraße 22) lebte. Als katholischer Geistlicher war Pfarrkurat Mohr, anders als der Protestant Albert, nicht verheiratet. Teresa war wahrscheinlich – und deswegen ist sie hier mit einzubeziehen – seine direkte Verbindung zur NSDAP-Kreisleitung. Interna aus höheren Kirchenkreisen, von denen Mohr Kenntnis erlangte, erreichten über sie zum Schaden der Kirche die Partei.[61] „In eigenen Zeitungsartikeln, die unter anderem auch in nordamerikanischen Blättern erschienen waren, hatte sie sich zu Beginn der dreißiger Jahre ebenfalls für die ‚Bewegung‘ ausgesprochen. Sie war zu beißender Polemik, auch zu Beleidigungen fähig, wie an das Freiburger Ordinariat gerichtete Briefe, in der Personalakte ihres Bruders erhalten, ausweisen.“[62] In einer Erhebung der NSDAP-Gauleitung in Freiburg hieß es sogar, sie sei anfangs, also wiederum bis zu einem Streit, „angeblich eine der engsten Mitarbeiterinnen“ Kerbers gewesen.[63] Während sie der NSDAP seit dem 1. November 1930 angehörte, war Heinrich Mohr wohl nie offiziell Mitglied.[64]

1932 unterzeichnete Heinrich Mohr einen politischen Wahlaufruf, der zuerst im nationalsozialistischen „Westdeutschen Beobachter" und dann im „Alemannen" unter dem Titel „Katholiken gegen Zentrum. Aufruf! An unsere christlichen Gesinnungsgenossen in Stadt und Land!" abgedruckt wurde.[65] Forderungen der Erzdiözese nach einer Distanzierung lehnte Mohr ab. Er erklärte: „Hinter mir steht der Papst! Ich halte mich in meiner Tätigkeit als Priester und Seelsorger außerhalb und überhalb aller Parteipolitik! In dieser Eigenschaft leiste ich dem Zentrum keine Wahlhilfe, sei es direkt oder indirekt, jenem Zentrum, von dem mich mein menschliches und christliches Gewissen um eine Weltenferne trennt, seit es der Revolution nicht entgegentrat, seit es sich mit dem Dämon Sozialismus verbündete, ein furchtbares Unglück für die katholische Kirche und die unsterblichen Seelen von Millionen in Deutschland."[66] Nach eigenen Angaben veröffentlichte Mohr zwischen 1933 und 1935 „sehr viele" Beiträge im „Alemannen" und „zwei oder drei" im „Völkischen Beobachter".[67]

Teresa Mohr veröffentlichte 1932 ebenfalls einen Wahlaufruf im Verlag des „Alemannen", der aber anonym erschien. Er umfasste ganze 16 Seiten und richtete sich speziell an katholische Wählerinnen. Auch sie übte scharfe Kritik am „christentumfeindlichen Zentrum" und dessen Förderung durch die katholische Kirche von der Kanzel herab. Dabei berief auch sie sich auf den Papst. Die Frauen rief sie eindringlich dazu auf, sich vom Zentrum abzuwenden. „Du Zentrumsfrau hast vergessen, daß Vaterland, daß Deutschtum eine in unserer Rasse bedingte göttliche Einrichtung ist. Du hast die Erfüllungspolitik unterstützt und hast dadurch Deinen eigenen Kindern und Angehörigen das Brot vom Munde weggenommen. (...) Millionen irren auf den Landstraßen hoffnungslos dahin. Keine Arbeit, kein Brot, keine Lebenshoffnung mehr."[68]

Ihren Antisemitismus veranschaulichte sie mit der Erzählung von einer „Zentrumsfrau", die auf dem Freiburger Wochenmarkt ein Bündel Schnittlauch nicht kaufen wollte, weil er „nationalsozialistisch" sei. Gemeint war damit wohl die bäuerliche Verkäuferin. Darauf sei die Zentrumsfrau in der Vorhalle des Münsters verschwunden. „Den Kaffee mit Schlagsahne und Kuchen, auf dem Ameisen ihr Unwesen getrieben haben, den läßt sie sich aber im jüdischen Warenhaus gut schmecken. Zentrumsfrau höre: Die nationale Frau kauft nicht bei Juden. Sie weiß, in dem Augenblick, in dem sie dies tut, schnürt sie ihrem eigenen Landsmann und christlichen Mitbruder die Kehle zu."[69] ‚Erlösung' versprach Mohr auf dem Wege der Stimmabgabe: „Zentrumsfrau, komm mit uns Millionen treuer katholischer Frauen, die hinter dem Retter Deutschlands stehen. Gib deine Stimme nur der Hitlerpartei! Komm mit uns", appellierte sie.[70]

Heinrich und Teresa Mohr lagen immer wieder im Streit mit dem Erzbistum. Sie gingen insbesondere gegen den 1932 als Erzbischof eingesetzten

Conrad Gröber (1872–1948) vor. Mohr hatte selbst Ambitionen auf das Amt gehabt und die Nichtberücksichtigung bedingte eine seiner persönlichen Kränkungen.[71] Seinem „früheren Freund“ Gröber warf er vor, in einer unwirklichen Fantasiewelt zu leben und ihm allmögliche Dinge anzutun bis hin zur wirtschaftlichen Schädigung. Doppeldeutig fügte er an: „Sie wissen nicht, wann Sie vor das Gericht gestellt werden.“[72] Die sozialdemokratische Redakteurin Käthe Vordtriede (1891–1964) bezeichnete Mohr als „Erzbischofssitzspekulant“ und „Rufer im Streit gegen den Herrn Erzbischof“.[73]

Die Mohrs stellten aber auch zahlreiche, meist nicht erfolgreiche Strafanzeigen. Im Interesse des Ansehens der Kirche wurde dabei verschiedentlich das Erzbischöfliche Ordinariat von der Staatsanwaltschaft mit eingeschaltet. Eine Serie gegenseitiger Verleumdungsganzeigen lieferten sich die Mohrs zum Beispiel mit Stadt-Oberrechtsrat Karl Kees und seiner Ehefrau Lucy bzw. Lucie Kees (1880–1944),[74] geborene Löwenthal, die von 1916 bis 1928 mit den Geschwistern Mohr im selben Haus lebten. Letztere stellten mehrfach Strafanträge wegen Beleidigung der Priesterehre und schlugen dabei immer wieder einen antisemitischen Ton an. Heinrich Mohr bezeichnete Lucy Kees etwa als „hysterisches boshaftes Judenweib“.[75] Karl Kees beschuldigte dagegen Teresa Mohr, „eine sehr gehässige Gesinnung gegen meine jüdische Ehefrau an den Tag gelegt“ zu haben. So habe sie eine neue Frisur singend kommentiert mit „Judenweibchen hopp hopp hopp, trägt jetzt einen Bubenkopf“.[76]

Einen anderen Streit focht Mohr über Jahre mit dem aus Freiburg stammenden Joseph Wirth (1879–1956) aus, der dem linken Flügel der Zentrumspartei angehörte und von Mai 1921 bis November 1922 als Reichskanzler amtierte. Ihn bezichtigte Mohr des Landesverrats während des Ersten Weltkrieges und verleumdete ihn als Bolschewik.[77] Domkapitular Dr. Adolf Rösch (1869–1962), der öfter „Aussprachen“ mit Mohr zu führen hatte, bezeichnete ihn als „prozesswütig“ und den „eigenartigsten Geistlichen in der ganzen Diözese“.[78]

Mohr und Albert waren um das Jahr 1933 herum die beiden prominentesten Geistlichen im rechtsextremen Lager Freiburgs. Mit ihnen versuchte die Partei, sich ein christliches Gesicht zu geben und Vorbehalte christlich orientierter Bürger und Bürgerinnen auszuräumen. Wie Albert sprach Mohr im Kontext der Zerschlagung der Arbeiterbewegung zum „Tag der Nationalen Arbeit“ am 1. Mai 1933 auf dem Münsterplatz. Dabei stellte er Hitler als von Gott gesandt dar. Analog zu Albert hielt er in der Heiliggeistspitalkirche einen Gottesdienst anlässlich der Verpflichtung der neuen Stadträte und Stadtverordneten am 10. Mai 1933.[79] Einerseits bekämpfte Mohr nach eigenen Worten den „politischen Katholizismus“ und trat für eine Beschränkung der Kirche auf ihre religiösen Aufgaben ein. Durch seinen propagandistischen Kampf für den Nationalsozialismus trat er allerdings selbst politisch auf.

3.1.4.3 Franz Kerber – „Ausdrucksformen des Nazi-Doktors"

Der 1901 in Freiburg geborene, aber in Endingen am Kaiserstuhl aufgewachsene Kerber studierte unter anderem in Erlangen und Freiburg Volkswirtschaft und arbeitete dann als Weinhändler. Als Student gehörte er 1921 vorübergehend einem Freikorps und später in Erlangen der nationalsozialistischen Studentengruppe an. In Endingen engagierte er sich ab 1922 im „völkischen-sozialen Block" und gehörte 1929/30 zu den Mitgründern der NSDAP-Ortsgruppe. Gauleiter Wagner setzte ihn Ende 1931 als Hauptschriftleiter des neuen Freiburger Hetz-Blattes „Der Alemanne", Ende 1932 als NSDAP-Kreisleiter und im April 1933 als Oberbürgermeister ein. Damit überholte er im Schnelldurchlauf jene Nationalsozialisten, die zum Teil schon seit 1923 in Freiburg aktiv waren.

Die Freiburger sozialdemokratische Tageszeitung „Volkswacht" kritisierte Kerbers „Radau-Antisemitismus" und er wurde von sozialdemokratischer Seite, etwa der Stadtratsfraktion, immer wieder wegen Verleumdungen und Beleidigungen verklagt.[80] Die katholische Zeitung „Tagespost" dokumentierte die Art, wie Kerber seinen Kampf sprachlich führte. Im Anschluss daran

Abbildung 3: Reichspropagandaminister Joseph Goebbels, einer der Hauptredner bei der Bücherverbrennung auf dem Berliner Opernplatz am 10. Mai 1933, mit Franz Kerber und Konrad Zahn (1891–1980), Führer der 65. SS-Standarte (Bildmitte, vordere Reihe, v.l.n.r., Aufnahme vom 16.6.1934 auf dem Freiburger Messplatz). Q.: StadtAF M 75/1 K. 11a.

listete auch die „Volkswacht“ unter dem Titel „Eine ‚Blütenlese‘ aus dem ‚Alemannen‘“ die „Ausdrucksformen des Nazi-Doktors Kerber“ auf, mit denen er die politischen Gegner bezeichnete. Darunter befanden sich „rotes, vertiertes Untermenschentum“, „rote Reaktions-Synagoge“, „Judenstämmling“, „Judengeldquetsche“, „Mordbrenner“, „große Gauner und Halunken, die federführend in der SPD sind oder waren“, „schwarz-rote Volksverräter“.[81] Bereits diese kleine Auswahl aus den aufgelisteten Begriffen charakterisiert deutlich dessen Haltung. Die „Volkswacht“ setzte sich zur Wehr, in dem sie ihrerseits Kerber verhöhnte. Seine Tätigkeit als Hauptschriftleiter gab er als Oberbürgermeister auf. Kreisleiter blieb er noch bis Mitte 1936 und wurde dann zum NSDAP-Gauamtsleiter für Kommunalpolitik ernannt.[82]

3.1.4.4 Karl Willy Straub – Schriftsteller und Pressesprecher

Straub wurde 1880 in Karlsruhe geboren und wuchs dort sowie in Mannheim und im Elsass auf. Seine Neigungen lagen entschieden im Bereich von Kunst und Kultur, der Familientradition folgend studierte er jedoch zunächst Jura. Seine Heidelberger Dissertation wurde 1909 abgelehnt, worauf er endgültig Journalist und Schriftsteller wurde. Nach der Teilnahme am Ersten Weltkrieg lebte er zehn Jahre in Saarbrücken. 1928 ging er als Redakteur der Zeitschrift „Deutsche Baukultur“ nach Berlin. Zu deren Herausgebern gehörte Prof. Dr. Paul Schultze-Naumburg (1869–1949), prominenter Architekt und NS-Politiker sowie Direktor der Staatlichen Kunsthochschule Weimar. 1931 und 1932 tourte Schulze-Naumburg als ‚Starredner‘ für den „Kampfbund für deutsche Kultur“ durch Deutschland.[83] Nachdem die Zeitschrift „Deutsche Baukultur“ aus wirtschaftlichen Gründen eingestellt wurde, zog Straub 1931 nach Freiburg, wo er zeitweise studiert hatte, und suchte Anschluss an den „Bund Rheinischer Dichter“.[84]

Eine Auseinandersetzung mit Straubs lebenslangem Wirken als Romanautor, Lyriker und Anhänger der Gotik ist hier nicht möglich, auch wenn dies nicht von seiner politischen Haltung zu trennen ist. Diese wird unter anderem daran deutlich, dass er im April 1931 der NSDAP beitrat. Die Aufnahme wurde allerdings annulliert, weil er infolge von Stellungs- und Mittellosigkeit nur für einen Monat Beiträge gezahlt und überdies seine Wohnsitzänderungen nicht gemeldet hatte. Er ‚musste‘ deshalb zum 1. Mai 1933 nochmals eintreten.[85] 1932 hetzte er im „Völkischen Beobachter“ und 1933 nochmals im Karlsruher „Führer“ gegen den Stadtplaner, Architekturkritiker und linksliberalen NS-Gegner Werner Hegemann (1881–1936). Dieser ging bereits im Februar 1933 ins Exil, bei den Bücherverbrennungen im Mai 1933 wurde auf ihn abgezielt.[86] Ebenfalls 1932 erschien in Stuttgart Straubs völkisch-programmatische Broschüre „Die Architektur im Dritten Reich“. Das „Blut- und Boden“-Vorwort steuerte Schulze-Naumburg bei. Die-

Abbildung 4: Werbeblatt mit Porträt und Publikationsangaben von Karl Willy Straub. Q.: StadtAF D.Pe 709.

ses Werk wurde in der badischen NS-Presse positiv besprochen. Angeblich erhielt Straub dafür sogar ein Dankschreiben des Parteiführers Adolf Hitler.[87] Müller bezeichnet es als „Bindeglied zwischen Heimatschutzarchitektur und Nationalsozialismus schon vor der NS-Machtübernahme".[88]

Seine Lebensphase im Saargebiet, das infolge des Weltkriegs von 1920 bis 1935 als Mandatsgebiet des Völkerbundes vom Deutschen Reich abgetrennt war, bezeichnete Straub als Kampf eines „Grenzlanddeutschen" an einem „Brennpunkte deutscher Kultur". Er kokettierte damit, dass er 1933 in der sozialdemokratischen Saar-Zeitung „Volksstimme" als „Portier im geistigen Konzentrationslager des Dritten Reiches" bezeichnet wurde.[89]

Im März 1933 brachte sich Straub in Position für neue Aufgaben: In Kerbers Zeitung „Der Alemanne“ zog er unter der Überschrift „Die Ratten verlassen das sinkende Schiff“ über NS-Gegner aus Kultur und Politik her, die entweder ins Exil gegangen waren oder eben „leider“ noch nicht, wie er beklagte. Darunter befanden sich Heinrich Mann, Käthe Kollwitz und der jüdische pazifistische Heidelberger Hochschullehrer Emil Julius Gumbel. Diese beschimpfte er als „Landesverräter“, „Kohlrübenprofessor“ usw.[90] Kurz darauf bewarb er sich unter Berufung auf Kerber und seine Architekturbroschüre sowie mit Schützenhilfe Schultze-Naumburgs auf die von Staatskommissar Kerber selbst neu eingerichtete Teilzeitstelle des städtischen Presseleiters. Die Mittel sollten laut Kerber dadurch bereitgestellt werden, dass die beiden Schriftsteller Anton Fendrich (1868–1949) und Franz Schneller (1889–1968) keine städtischen Aufträge mehr erhielten. Trotz eines sehr schlechten Zeugnisses des Gesundheitsamtes für den 53-Jährigen erhielt Straub die von vornherein politisch gedachte Stelle und trat sie am 15. April 1933 an.[91]

Eine seiner ersten Pressemitteilungen war ein ebenso schwülstiger wie mahnender Aufruf an die Bevölkerung zur finanziellen Unterstützung von SA und SS. Diese hätten einen jahrelangen heldenhaften Kampf gegen innere Feinde geführt, seien dafür aber oft verfolgt und verunglimpft worden. Er gipfelte in der völlig abwegigen Behauptung: „Wenn unsere schöne Stadt Freiburg heute kein Trümmerhaufen ist, wenn unser geliebtes Münster in unvergleichlicher Schönheit und Würde noch auf unsere Dächer herabschaut, dann verdankt dies die Bevölkerung allein dem bewundernswerten braunen Heer.“ Mit Spenden könne „in einem winzigen Ausmasse im Verhältnis zu den Versäumnissen der vergangenen vierzehn Jahre“ gutgemacht werden, „was gefehlt worden ist“.[92]

3.1.5 Vorgehen des neuen Ausschusses

Anfang Mai ließ die Pressestelle des badischen Staatsministeriums verlauten, dass der „Kampf gegen Schmutz und Schund“ mit Nachdruck zu führen sei. Dabei ging es um das traditionelle Feld der Auslage von Zeitschriften, insbesondere erotischen oder sexuellen Inhalts, in Kiosken, Buchhandlungen usw. Die Aufforderung richtete sich im Wesentlichen an die Polizeibehörden, diese sollten auch unabhängig von strafrechtlichen Möglichkeiten schon aufgrund ihrer allgemeinen Befugnisse vorgehen. Der Schlusssatz lautete: „Bei den durchzuführenden Maßnahmen empfiehlt sich enge Zusammenarbeit mit den Staatsanwaltschaften, den örtlichen und Bezirksjugendämtern, den kirchlichen Stellen und den örtlichen Ausschüssen bzw. dem Landesausschuß für Leibesübungen und Jugendpflege.“[93]

Abbildung 5: Robert Wagner mit Polizisten auf dem Freiburger Münsterplatz im März 1933. Polizeioffiziere übernahmen bald zentrale Positionen in der Freiburger HJ und der Jugendpflege (Kapitel 3.4.2). Q.: Der Alemanne, 17.3.1933.

Dieser Satz aktivierte das Rathaus, sonderbarerweise wohl in Unkenntnis der bereits bestehenden Kooperationen. Einen Hebel zur Einflussnahme sah es beim Stadtrentamt, das zum Beispiel Pachtverträge mit Verkaufsstellen verwaltete. In einem Schreiben an das Stadtrent- und das Jugendamt schrieb der Oberbürgermeister, es scheine angezeigt, „daß die Stadt auch von sich aus unverzüglich eine entsprechende Überwachung derjenigen einschlägigen Verkaufsstellen in die Wege leitet, die in städtischen Kiosken oder sonst auf stadteigenem Gelände betrieben werden. Das Rentamt erhält deshalb den Auftrag, den Inhabern der betreffenden Verkaufsstellen alsbald eine entsprechende Aufforderung zur Bereinigung ihrer Auslagen zugehen zu lassen."[94] Dem Jugendamt wurde die Kontrolle und Berichterstattung darüber aufgetragen. Das Stadtrentamt bemerkte darauf lapidar, dass die Frage für städtische Läden und Kioske bereits 1926 geregelt worden sei und eine persönliche Kontrolle von Verkaufsstellen durch Wunderle keine Beanstandungen ergeben habe.[95]

3.1.5.1 Buchhandlungen, Volks-, Schüler-, Lehrer- und Beamtenbibliotheken

Dieser Vorgang könnte einerseits für mangelndes Wissen der neuen Machthaber im Rathaus über die bisherige Praxis des Ausschusses und verbundener Institutionen sprechen. Andererseits waren Mohr und Albert, also letztlich auch Kerber, eigentlich damit vertraut. Deshalb könnte der Vorgang eher dafür stehen, dass Mitarbeiter von Ämtern noch nicht gänzlich verstanden hatten, worauf die neue Kommission abzielte. Es dürfte kein Zufall gewesen sein, dass Landrat Karl Dold (1879–1962), seit März 1933 kommissarischer Polizeidirektor beim Bezirksamt Freiburg,[96] in etwa zeitgleich mit der Verlautbarung des Innenministeriums den neuen „Schmutz- und Schund-Ausschuss" zu einer Besprechung einlud. Sie fand am 10. Mai statt und markiert einen wichtigen Zwischenschritt für den Ausschuss, der seine Durchsetzungsfähigkeit durch die unmittelbare Zu- und Mitarbeit der Polizei erheblich steigern konnte.

Bei der Sitzung wurde beschlossen, dass die drei Ausschussmitglieder Bücherverzeichnisse von etwa einem Dutzend privater Leihbüchereien prüfen sollten, die die Polizeidirektion von ihnen angefordert hatte. Laut Protokoll sollte die Prüfung in Hinsicht auf pornografische bzw. jugendgefährdende Inhalte gemäß §184 des Strafgesetzbuches und auf Literatur im Sinne des Gesetzes zur Bewahrung der Jugend vor Schund- und Schmutzschriften aus dem Jahr 1926 erfolgen.[97] Allerdings dürfte diese Prüfung hauptsächlich aus formaljuristischen Gründen aufgeführt worden sein, in der Praxis spielte sie nur eine Nebenrolle. Vielmehr bot sich dem Ausschuss nun ein politischer Zugriff auf Einrichtungen, die gar nicht der Stadt unterstanden. Die politische Komponente wird unter anderem anhand der Planung einer Razzia deutlich: Es wurde beschlossen, dass die „aufgrund der Erhebung der genannten Herren bezeichneten Bücher und Schriften (...) an einem bestimmten Tage um die gleiche Zeit von der hierzu beauftragten Hilfspolizei (SA) schlagartig beschlagnahmt werden" sollten.[98]

Die von Reichskommissar Wagner in Baden im März 1933 eingerichtete Hilfspolizei setzte sich aus SA-, SS- und Stahlhelm-Angehörigen zusammen. Sie konnten nun staatlich legitimiert und bezahlt Terror ausüben und gleichzeitig den Anpassungsdruck auf die Polizeibeamten erhöhen.[99] Mitte März inspizierte Wagner die Freiburger Polizei und Hilfspolizei auf dem Münsterplatz. Unmissverständlich erteilte er einen Freibrief für Gewalthandlungen bei den so genannten „schweren Aufgaben" der nächsten Monate: „Vor allem heißt es Abrechnung halten mit den Verderbern unseres Deutschlands, die dieses Volk innerlich zerrissen und uneinig gemacht haben. Sie sollen in mir einen Führer und Vorgesetzten haben, der entschlossen ist, sich jederzeit schützend vor Sie zu stellen, wenn Sie Abrechnung gehalten haben mit all denjenigen, die unser deutsches Volk zugrunde richteten."[100]

Hier wird das Gewaltpotential deutlich, das entfaltet werden sollte. Später kam durch Dold die Frage auf, ob der Ausschuss bzw. die Stadt die Beschlagnahmungen selbst durchführen wollten. Doch Straub wehrte ab; ihm schien „weit eher die Polizeibehörde zuständig zu sein, denn zur Feststellung von Rechtsverhältnissen genügt die Legitimation als städtischer Presseleiter m.E. nicht."[101] Über die Zusammenarbeit mit dem Bezirksamt bzw. der Polizeidirektion versuchte der Ausschuss, seine Befugnisse auf Felder jenseits der Literatur auszudehnen. Er sei sich „dahin einig geworden, dass die alte Zensurstelle (Wunderle) aufzuheben und durch die Kommission zur Bekämpfung von Schmutz und Schund zu ersetzen ist. Die Kommission schliesst sich der dortigen [der Polizeidirektion; H.W.] Auffassung durchaus an, dass hier in Freiburg vor allem im Hinblick auf Jugendliche die Zulassung von Filmen strenger zu handhaben ist als in Berlin. Die Kommission ist der Ansicht, dass für Plakate, Aushängebilder und Inserate sogar eine Vorzensur geboten ist."[102]

Landrat Dold erbat von der Kommission Mitte Juni 1933 die „Angabe eines literarischen Sachverständigen, der geeignet und bereit ist, bei den Buchhandlungen Loewy und Wieswedel [Wiswedel][103] die erforderlichen Feststellungen in der Richtung zu treffen, ob hinreichende Unterlagen für eine Untersuchung des Geschäftsbetriebs vorliegen".[104] Für „diese Aktion gegen die Buchhandlungen" stellte sich wiederum bereitwillig Heinrich Mohr zur Verfügung.[105] Mindestens im Fall der Buchhandlung von Wilhelm Loewy (1882–1937) in der Kaiserstr. 158 (neben dem Friedrichsbau) handelte es sich um eine gezielte Aktion gegen einen jüdischen Firmeninhaber. Er stand bereits auf der im „Alemannen" veröffentlichten Boykott-Liste zum 1. April 1933.[106]

Schließlich ersuchte Landrat Dold die städtische Verwaltung, die unter ihrer Regie stehenden Volks-, Schüler-, Lehrer- und Beamtenbibliotheken ebenfalls im Sinne des Jugendschutzes revidieren zu lassen.[107] Entsprechend forderte Straub deren Kataloge an, darunter die des Oberschulamtes und der Schüler- und Lehrerbibliotheken von 22 Schulen.[108]

Abbildung 6: „Bücher schenken heißt Freude schenken", Werbeanzeige Buchhandlung Loewy. Q.: Freiburger Zeitung, 17.12.1928.

Abbildung 7: „Wilhelm im Buchladen", in der Hand ein Band mit alten deutschen Volksliedern (September 1921). Q.: Hanno Loewy / Jüdisches Museum Hohenems.

Straub, Mohr und Albert teilten sich die Verzeichnisse auf und ließen sie untereinander zirkulieren. Als Grundlage dienten zunächst die persönlichen Anschauungen der drei, dann zogen sie die „Schwarze Liste für Leihbibliotheken“ hinzu, die das Börsenblatt für den Buchhandel (das offizielle Organ der Deutschen Buchhändler) am 16. Mai 1933 veröffentlichte.[109] Die „uns von Seiten der Schulbibliotheken erwartende Arbeit“ drohte laut Straub einen „ans Groteske grenzenden Umfang“ einzunehmen, weshalb sich die drei über ihr weiteres Vorgehen unbedingt schlüssig werden müssten.[110] Für die von der Polizei zu beschlagnahmenden Bücher suchte Straub einen Raum im Rathaus, in dem sie bis zum endgültigen Beschluss über ihr „Schicksal“ eingelagert werden sollten.[111]

Für die beiden nicht der Stadt, sondern dem Land unterstehenden Gymnasien sollte gemäß der Besprechung vom 10. Mai eine „Parallelaktion“ über das Unterrichtsmuseum in Karlsruhe eingeleitet werden. Doch Straub verständigte die Direktoren des Berthold- und des Friedrichgymnasiums direkt von der Aktion und bat sie, „in ihrem Bereich das Nötige zu veranlassen“.[112] Dabei machte er – im Unterschied zum Protokoll vom 10. Mai – klar, dass es vor allem darum ging, „jene Literatur unschädlich zu machen, die auf eine Schwächung unseres Wehrwillens hinausläuft, mit anderen Worten: jede pazifistische und defaitistische Literatur“.[113]

Die Rückmeldungen durch die Schulen verliefen unterschiedlich, zumal nicht für alle einzelnen Bibliotheken Kataloge existierten. Für die Rotteck-Oberrealschule antwortete Dr. Friedrich Ludin (1875–1941). Er war gerade erst zum Rektor befördert worden, nachdem der bisherige Rektor, der Sozialdemokrat Dr. Albert Kuntzemüller (1880–1956), am 23. März 1933 von den neuen Machthabern beurlaubt worden war. Ludin, Vater des SA-Gruppenführers Hanns Ludin (1905–1947), versicherte Straub, die Schülerbibliothek bereits in den Osterferien selbst „gereinigt“ zu haben. Sie sei jetzt dem „streng nationalen Mann (Eisernes Kreuz 1. Klasse!)“ Prof. Haase anvertraut.[114]

Der Rektor des Berthold-Gymnasiums, Dr. Josef Lengle (1871–1954), nahm auf Wunsch Straubs eine Prüfung vor und benutzte dafür eine „Schwarze Liste vom hiesigen Studentenausschuss“. Beim Unterrichtsministerium beantragte er, drei Bücher aussondern zu dürfen. „Zugleich frage ich an, was mit den ausgeschiedenen Büchern geschehen soll. Die Vertreter des Studentenausschusses, die die Prüfung der Büchereien selber vornehmen wollten, haben die Auslieferung der Bücher zum Verbrennen gefordert.“[115] Straub belehrte Lengle, dass es fraglich sei, ob die Studenten-Liste vollständig sei, dass er aber seine Prüfung anhand einer angekündigten amtlichen Liste noch einer Revision unterziehen könne. „Z.B. dürfte das von Ihnen bis jetzt nicht ausgeschiedene Buch über den früheren Reichspräsidenten Ebert darunter fallen.“[116]

Bei den städtischen Schulen verfuhr Straub so, dass er ihnen ihre Kataloge mit Markierungen bei den auszusondernden Büchern zurückschickte.[117] Auf die Aussage des für die Schülerbibliothek der Neuburg Oberrealschule zuständigen Dr. Baumann „Undeutsche Bücher kommen keine in die Hände der Schüler"[118] insistierte Straub, „diese dürfen aber nicht nur nicht ausgeliehen, sondern müssen auch vernichtet werden".[119] In anderen Fällen erklärte sich Straub damit einverstanden, dass Listen angelegt wurden, die zwischen zu vernichtenden oder nur auszusondernden und besonders aufzubewahrenden Büchern unterschieden.[120] Letzteres wurde auch vom Unterrichtsminister Dr. Otto Wacker (1899–1940) für Bücher eingefordert, die einen besonderen künstlerischen Wert hätten oder aber Kenntnisse über „den Gegner" enthielten.[121] Im Falle der Hindenburg-Schule drückte Straub seine Freude aus, durch die Prüfung „in eine so mustergültig geordnete Bücherei einen Blick werfen zu können".[122]

3.1.5.2 Katholische Bibliotheken

Straub versuchte, systematisch auch nicht-städtische Bibliotheken zu erfassen. So wandte er sich an den katholischen Stadtdekan, Münsterpfarrer Constantin Brettle (1859–1937). Die Stadtverwaltung sei sich klar darüber, dass die ihm unterstehenden Bibliotheken des Borromäus-Vereins keine Bücher und Schriften besäßen, die gegen die Sittlichkeits-Paragrafen verstößen. „Da zu den von der Stadtverwaltung zu beseitigenden Büchern aber auch solche falscher pazifistischer Richtung gehören", bat er „unter dem Gesichtswinkel der Gleichschaltung sämtlicher städtischen Bibliotheken um Entfernung auch dieser eventuell bei Ihnen befindlichen Literatur."[123] Nach einem Monat hakte Straub bei Brettle nach, weil er noch keine Antwort erhalten hatte, und kritisierte dessen Hinhaltetaktik.[124]

In der katholischen Presse erschienen durchaus fragwürdige Stellungnahmen zum Thema. Dabei wurde unter dem Titel „Ein ernstes Wort zur Bücherverbrennung" reklamiert, dass der Kampf gegen „Schmutz und Schund" so alt wie die Kirche selbst sei und diese keine äußere Anregung benötige. „Die Mittel waren auf katholischer Seite nicht nur die Scheiterhaufen, sondern die Arbeit für das gute Buch (...) Ueber neue Verbündete freuen wir uns." Befremdend sei aber, die Kirche nicht als die maßgebliche Instanz zur Beurteilung anzusehen und dass untergeordnete Stellen sogar katholische Zeitungen zum Verbrennen sammelten. „In Karlsruhe hatten einige Mädchen, die das Hitlerkleid trugen, die Keckheit, ausgerechnet im Alten Vinzentiushaus, das die Bibliothek des Borromäusvereins beherbergt, nach Schmutzschriften zu fragen!" Feinde christlicher Lehre wie Mathilde Ludendorff (1877–1966) würden dagegen geschont.[125] Die Schriftstellerin führte mit ihrem Ehemann General Erich Ludendorff, der im November

1923 zusammen mit Hitler in München geputscht hatte, eine völkisch-religiös-neugermanische Bewegung an. Da die NSDAP allerdings auch keine rechtsextremen Organisationen neben sich duldete, wurde der dazugehörige Tannenbergbund in Baden im Oktober 1933 vom Innenminister aufgelöst und verboten.[126]

Die Freiburger Kommission erhielt ein Schreiben der Zentralstelle der Borromäus-Bibliotheken, in dem ebenfalls auf die Vorreiterrolle der Kirche verwiesen wurde. Straub antwortete öffentlich darauf, rechnete in gewohnter Weise mit der Zentrumspartei ab und warf ihr Unwahrhaftigkeit vor, da sie sich mit dem Atheismus verbündet und nichts gegen ein so „übles Subjekt wie Bert Brecht“ getan habe.[127]

Aus dem katholischen Spektrum ist auch ein Antwortschreiben der Bibliothek des deutschen Caritasverbandes an die städtische Pressestelle überliefert. Darin bestand Direktor Heinrich Auer (1884–1951)[128] sowohl auf dem überörtlichen als auch auf dem wissenschaftlichen Charakter der Bibliothek und lehnte deshalb den Zugriff der Kommission ab. Auf Anforderung der Kommission legte er eine Liste der Bücher des Philosophen Friedrich Wilhelm Förster (1869–1966) im Besitze der Bibliothek bei. Förster war in rechten Kreisen verfemt, unter anderem, weil er Pazifist war und das Deutsche Reich für den Ausbruch des Ersten Weltkrieges verantwortlich machte. Allerdings versicherte Auer: „Bücher nichtnationaler Gesinnung sind für die Allgemeinheit gesperrt und werden nur einwandfreien Personen zur Verfügung gestellt, welche diese Werke nachgewiesenermaßen zu ernsthaften wissenschaftlichen Arbeiten benötigen.“[129]

Nach den Erinnerungen eines Mitarbeiters der Caritasbibliothek soll diese Material für die Verbrennungen seitens HJ und SA abgegeben haben, wenn auch ganz anderes, als jene beabsichtigten. Demnach habe man neben einigen für die Bibliothek unbrauchbaren Büchern auch einen Packen des NS-Blattes „Völkischer Beobachter“ übergeben. „Ein HJler spiesste den Packen auf seine Heugabel und freute sich an dem schönen Feuer.“[130] Es ist nicht gut nachvollziehbar, wie der Bibliothekar Zeuge sowohl der Abgabe als auch der Freude konkret jenes Hitlerjungen während des Feuers gewesen sein soll. Insofern könnte letztere Formulierung überspitzt sein. Dennoch verweist sie darauf, wie wenig Ahnung gerade die jungen Inquisitoren hatten, was sie da einsammelten.

Straub wollte auch eine Stellungnahme des Erzbistums erzwingen. Dazu schaltete er Kerber ein, der ein ausführliches Schreiben an den Erzbischof richtete. Dieses wurde in Abschrift an sieben Stellen verschickt und die Presse berichtete darüber.[131] Kerber mischte darin Vorwürfe und unterschwellige Drohungen an die Kirche bzw. die Zentrumspartei mit anbiedernden Elementen. Zunächst beglückwünschte er Gröber zur vollendeten Bereinigung der Bibliotheken in der Bischofsstadt, die in „wochenlanger schwerer

Arbeit" geleistet worden sei, denn sie habe dem „christlichen Wiederaufbau Deutschlands" gedient. „Euer Exzellenz machen sich keine Vorstellung, aus wieviel Kloaken der literarische Unrat während der letzten Jahre sich in die Häuser christlicher Familien ergoss, und es darf nach dem erschreckenden Tatbestand, den wir vorgefunden haben, uns wirklich nicht wundern, wenn der Parteienstaat des Zentrums und der Sozialdemokratie dem Untergang und der (…) Verachtung des (…) Volkes verfallen musste, wenn man bedenkt, dass das Zerstörungswerk (…) der jüdischen und marxistischen Literaten von niemandem mit sichtbarer, kraftvoller Hand gehemmt, im Volk seinen Fortgang nehmen und die Moral beim jugendlichen wie beim gereiften Alter ungestraft verwüsten durfte."[132]

Die Säuberung habe erst durchgeführt werden können, „nachdem der unfähige und vielköpfige Ausschuss zur Bekämpfung von Schmutz und Schund unter dem Parteiregiment des Zentrums aufgelöst und ersetzt wurde durch einen dreiköpfigen Ausschuss, dem ich selber angehöre. Er hat mit der notwendigen Hilfe der SA und der Hitlerjugend, ebenso der Polizei seine Aufgabe nunmehr durchgeführt".[133] Die Aufforderung Kerbers an Gröber, die Borromäus-Bibliothek und Pfarrbüchereien durch den Ausschuss prüfen zu lassen, begründete er auf zweierlei Art. Zum einen wolle die „Gerechtigkeit im Dritten Reich" „für alle gleich sein". Es dürfe deshalb nicht gesagt werden können, der Ausschuss sei bei diesen Büchereien anders verfahren als bei den anderen. Zweitens stellte Kerber die Prüfung als eine Art Service dar, den der Ausschuss dem „Oberhirten" ermögliche.[134]

Kerber behauptete, der Nationalsozialismus schütze das Christentum durch die Tat. Und er verwies darauf, dass er (im Interesse der Amtskirche) gegen freireligiösen Unterricht eingeschritten sei: „Ich habe durch eine Verfügung diesem für eine christliche Stadt unwürdigen Zustand ein Ende gemacht, indem ich sofort nach Bekanntwerden dieses Skandals dafür gesorgt habe, dass öffentliche Gebäude für die Erteilung freireligiösen Unterrichts nicht mehr zur Verfügung gestellt werden dürfen."[135]

Gröber antwortete Kerber, das Schreiben ist allerdings nicht überliefert. Kerber maß ihm eine solche Bedeutung bei, dass er es sofort Reichsstatthalter Wagner bringen ließ, der sich gerade in der Freiburger Wohnung des Verlagsleiters des „Alemannen", Karl Berckmüller (1895–1961), aufhielt. Von dort kam es nicht mehr zurück.[136]

3.1.6 Abschlussbericht

Mitte Juni 1933 legte Straub einen Abschlussbericht für die Kommission vor. Er ist geprägt von der typischen NS-Terminologie. So sprach Straub von „spontanen Auflehnungen gegen die weitere Zersetzung unseres Volkes mittels untauglichen Schrifttums“. Abermals wurde Verständnis für die angebliche „Selbsthilfe der Studenten“ geäußert, umso wichtiger sei dann aber die von Fachkenntnis geprägte Arbeit der Kommission gewesen. Deren Prüfung der diversen Bibliotheken habe ergeben, „dass ein sehr hoher Prozentsatz des Ausleihmaterials sich aus den vom Reichskuratorium zur Bekämpfung von Schmutz und Schund herausgegebenen Listen der indizierten Bücher zusammensetzt“.[137] Der „Hauptschund“ habe sich in privaten Leihbüchereien befunden, die sich aufgrund der „Verarmung weiter Kreise“ ausgebreitet hätten. Während die meisten Leihbüchereien mit der Konfiszierung des Materials davongekommen seien, habe man in einem Fall die komplette Schließung beantragt.[138] Dabei handelte es sich, so Kerber gegenüber Gröber, um die „allerübelste (...) Zodiak-Leihbücherei“. Der Zodiakus-Verlag mit Buchhandlung befand sich in der Kaiserstraße 135 und war im Zuge des Boykottes jüdischer Geschäfte am 1. April 1933 an den öffentlichen Pranger gestellt worden.[139] Die an Buchhandlungen angegliederten Leihbüchereien seien weniger belastet gewesen als die anderen, hieß es im Bericht. „Weit sauberer“ seien die Lehrer- und Schülerbüchereien gewesen.

In einer Presseerklärung vom 16. Juni 1933 forderte Kerber die Vereinsbibliotheken im Sinne der „Gleichschaltung“ dazu auf, nun ihrerseits mit Prüfungen zu beginnen. „Der Oberbürgermeister überlässt es dem gesunden Ermessen der für die Vereinsbüchereien Verantwortlichen, die nötigen Schritte zu tun.“[140] Tatsächlich aber wurden diese Schritte dann doch nicht ganz deren eigenem Ermessen überlassen. Neben den bereits erwähnten Schreiben an katholische Stellen ist ein Beispiel überliefert, dass Straub Ende Juli 1933 bei der „Museumsgesellschaft“ nachhakte und sich dabei auf Kerbers Aufforderung bezog. Er schrieb dieser alteingesessenen Vereinigung, dass aus deren Bibliothek nach „Mitteilungen aus dem Publikum“ immer noch Bücher ausgeliehen würden, die sonst „längst ausgemerzt“ seien. Deshalb bat er darum, tätig zu werden und ihm Bericht zu erstatten.[141]

Auch ein umgekehrter Fall ist bekannt: Anfang Juli 1933 wandte sich der Oberarzt Professor Dr. Philipp Keller im Namen der Direktion der Universitäts-Hautkliniken an den Oberbürgermeister. Er erbat eine Liste verbotener oder unerwünschter Bücher, um katholische und evangelische Büchereien durchsehen zu können, die den Patienten der Klinik zur Verfügung standen. Straub schickte ihm eine solche zu.[142]

Hauptziel der ersten Aktionen war die Verbrennung der Bücher. Sie wurden von der Freiburger Kommission vor allem an die HJ abgegeben, während sich die Studenten zum Teil selbst ‚versorgten‘. Die Mitglieder der Kommission seien sich, so Straub, dabei „bewusst, nach bestem Wissen und Gewissen gehandelt“ zu haben.[143] In welchem zahlenmäßigen Umfang Bücher, Zeitschriften usw. auf Initiative der städtischen Kommission und in

Zusammenarbeit mit Polizei, SA und Hitlerjugend insgesamt ausgeschieden, abgesondert oder gar verbrannt wurden, lässt sich nicht ermitteln.

Fragen wirft die Beteiligung des Buchhändlers Philipp Harden-Rauch auf, der als Fachberater der Kommission an der Überwachung und „Säuberung" der öffentlichen Büchereien beteiligt war.[144] In den Akten zur Kommission taucht sein Name jedoch nicht auf.

3.1.7 Die städtische Volksbücherei und Volkslesehalle

Die städtische Volksbücherei (später auch Stadtbücherei und Stadtbibliothek genannt) wurde im Bericht der Kommission sonderbarerweise nicht erwähnt, wohl aber in einer gesonderten Presseerklärung der Stadt. In der Lokalpresse wurde daraufhin Mitte Juni knapp ihre „Reinigung" gemeldet.[145] Die damit verbundenen Prozesse waren davon geprägt, dass sie zunächst von Dr. Bruno Berger (geb. 1902) umgesetzt wurden, der seit Ende 1931 kommissarischer Leiter der Volksbücherei war. Berger stand deshalb vor dem Problem, von den Nationalsozialisten gleichzeitig auch mitverantwortlich gemacht zu werden für die von ihnen kritisierten Missstände. Seine politische Haltung und sein Agieren sind schwer einzuschätzen. Seine im August 1933 erfolgte fristlose Entlassung wegen politischer Unzuverlässigkeit ist kaum von seiner widersprüchlichen Persönlichkeit zu trennen.

Vor dem Hintergrund der oben beschriebenen Angriffe aus der „Schmutz- und Schund"- sowie der Volksbücherei-Kommission und aus Angst um seine berufliche Stellung betrieb Berger einerseits eine „Rückwärtsverteidigung" und Anpassung an die neuen Verhältnisse. So erschien Mitte Mai 1933 ein Bericht in der Presse, der auf seinem Vierteljahresbericht der Volksbücherei beruhte. Darin wurde behauptet, die Volksbücherei habe es gar nicht schwer gehabt, sich zu reinigen, denn sie habe „besonders in den letzten Jahren den Hauptakzent ihrer Anschaffungen auf die Pflege deutschbewussten Schrifttums" gelegt. Die Ausscheidungen, die vor Wochen von der Volksbüchereikommission beschlossen worden seien, seien deshalb gemessen am Bücherbestand nicht groß gewesen. Zur Lektüre empfohlen wurden nun unter anderem der Kolonialschriftsteller Hans Grimm, Kriegs- und Freikorps-Schriftsteller wie Ernst von Salomon und Hans Zöberlein und die neu erworbenen Schriften der „Nationalsozialistischen Bibliothek".[146]

In der Akte der „Schmutz- und Schund"-Kommission befindet sich ein längeres Bestandsverzeichnis der Volksbibliothek mit „Literatur über den Neuen Nationalismus und Nationalsozialismus", das auf Frühjahr 1933 datiert ist, aber vermutlich erst im Sommer erstellt wurde. Darin ist neben Werken der NS-Parteigranden etwa die vom sogenannten Freiburger ‚Rasse-

Papst‘ Hans F. K. Günther (1891–1968) verfasste „Rassenkunde des deutschen Volkes“ aufgeführt. Auch Straubs „Architektur im Dritten Reich“ wurde in die Auswahlliste aufgenommen.[147] Die Nazifizierung des Bestandes erfolgte also zeitgleich durch Aussonderungen und Anschaffungen.

Auf der anderen Seite wurden von mehreren Mitarbeitern und Mitarbeiterinnen schon vor 1933 Beschuldigungen gegen Berger erhoben, die sich auf seine problematische Persönlichkeit und Personalführung bezogen.[148] Diese Kritik wurde 1933 politisch aufgeladen und verstärkt. Nun wurde ihm vorgeworfen, mehrfach Distanz zum Nationalsozialismus gezeigt zu haben. In einem anonymen Schreiben wurde seine politische Haltung angezweifelt und es wurden Andeutungen auf seinen zweifelhaften, aktenkundigen persönlichen Ruf gemacht.[149] Ende Juni soll er sich dann explizit negativ geäußert haben, indem er vor Angestellten der Volksbücherei eine Haushaltsrede seines obersten Dienstherren Kerber als „Maul-Diarrhoe“ bezeichnete. Daraufhin wurde er am 19. August 1933 auf Vorschlag von Bürgermeister Dr. Karl Hofner (1878–1968) durch Kerber fristlos entlassen.

Berger bestritt die Äußerung zunächst, später versuchte er, sie umzuinterpretieren. In einer Beschwerde gegen die Entlassung behauptete er, er habe „durch Wort und Tat bewiesen“, dass er gewillt sei, „mit allen Kräften am neuen Staat mitzuwirken“. Sein Onkel, ein Standartenführer und „Organisator der nat. soz. Partei im Odenwald“, habe ihn schon frühzeitig in die Bedeutung der nationalen Bewegung eingeführt. Entsprechend habe er „sofort nach der Revolution nicht lediglich auf Anordnung der Säuberungskommission, sondern aus eigener Initiative die notwendigen Säuberungen vorgenommen“.[150] Doch weder die Überprüfung durch den Landeskommissär, eine eingehende Untersuchung durch den Stadtrechtsrat und späteren Freiburger Oberbürgermeister Josef Brandel (1901–1964), noch ein Prozess vor dem Arbeitsgericht änderten die Entlassung. Die massiven Beschuldigungen und Gegenbeschuldigungen lieferten – neben der politischen Komponente – vielmehr ein Bild menschlich zerrütteter Verhältnisse in der Bücherei. Berger musste sich fortan bis zu seiner Einziehung zum Kriegsdienst 1939 mit prekären Tätigkeiten als Privatlehrer und Schriftsteller durchschlagen.[151]

Der stellvertretende Leiter des Archivamts, Dr. Theodor Zwölfer, wurde kommissarisch mit der Leitung der Volksbücherei beauftragt.

Bemerkenswert ist, dass sich Philipp Harden-Rauch am 10. August, also schon vor Bergers Entlassung und offenbar auf einen Hinweis Kerbers hin, auf die Stelle des Leiters bewarb. Dabei führte er unter anderem seine „verantwortliche Tätigkeit“ als Fachberater der Kommission bei der „Säuberung“ der öffentlichen Bibliotheken an, bei der er sein Wissen unter Beweis gestellt habe. Bei seinen Referenzen nannte er neben anderen Karl Willy Straub und Heinrich Mohr.[152] Straub bewarb sich dann am 1. September noch selbst auf die Stelle und verwies dazu ebenfalls auf seine Tätigkeit in der

Kommission. Mohr setzte sich bei der NSDAP-Kreisleitung und bei Kerber als Oberbürgermeister stark für dessen Favoriten Harden-Rauch ein, der die Stelle dann auch erhielt und am 2. Januar 1934 antrat. Als Gaubeauftragter sowie als Leiter der Landesberatungsstelle für das Volksbüchereiwesen erlangte er auf diesem Gebiet schrittweise die Kontrolle über ganz Baden und das besetzte Elsass.[153] Die folgenden Kontrollen von Buchhandlungen und Bibliotheken wurden nicht mehr von der städtischen Kommission, sondern von ihm und der Polizei durchgeführt (siehe Kapitel 3.2 und 5.1). Das „Schmutz- und Schundgesetz" von 1926 wurde im April 1935 aufgehoben. Stattdessen führte fortan die Reichsschrifttumskammer Listen verbotener sowie unerwünschter Literatur.[154]

Wie wurde die beschriebene Situation an der Volksbücherei im Nachhinein dargestellt? Oberbürgermeister Kerber schrieb 1934 in einem Beitrag über die Aufgaben der städtischen Volkbibliothek: „So war die erste Tat des neuen Reiches in unserer Städtischen Volksbibliothek ein kompromißloses Gericht über alle volksvergiftende und zersetzende Literatur."[155] Eine ausführlichere Darstellung der Situation vor 1933 und der anschließenden „Säuberung" und Neuausrichtung der Volks- beziehungsweise Stadtbücherei erfolgte 1942 aus der Sicht von Harden-Rauch. Darin warf er Berger „geistige Verwirrung" vor. Unter anderem habe dieser 1932 mit Unterstützung der Bücherei-Kommission als „Hurraliteratur" verunglimpfte Kriegsliteratur ausgeschieden und zur politischen Ausgewogenheit auch kommunistische sowie jüdische Zeitschriften in der Lesehalle ausgelegt. Nach dem 30. Januar 1933 habe derselbe Bibliotheksleiter auf einmal Antikriegsromane wie den von Remarque als „bestialisch" bezeichnet. Dem Nationalsozialismus sei es dann vorbehalten gewesen, dem „Chaos ein Ende zu machen".[156]

3.2 Polizei

Wie bereits angesprochen wurde, war seit März 1933 Landrat Karl Dold als (kommissarischer) Polizeidirektor beim Bezirksamt Freiburg für politische Verfolgungsmaßnahmen zuständig. Sein Nachfolger Günther Sacksofsky (1901–1983) wurde im August 1934 in sein Amt eingeführt.[157] An „Säuberungen" von Büchereien und anderen Formen der ideologisch begründeten Verfolgung waren verschiedene Sparten und Dienststellen der Polizei wie Kriminal- und Schutzpolizei sowie Gendarmerie beteiligt. Eine zentrale Rolle nahm aber nach ihrer Gründung die Geheime Staatspolizei (Gestapo) als politische Polizei ein – zunächst unter dem Dach und später neben der Polizeidirektion. Deshalb sind zunächst ein paar Angaben zur Gestapo nötig.

Im Zuge der Zentralisierung und Ausweitung von polizeilichen Machtbefugnissen wurde in Baden im August 1933 erst das Landeskriminalpolizeiamt und dann umgehend das Geheime Staatspolizeiamt geschaffen. Innerhalb der Polizeidirektion Freiburg war auf der höchsten Führungsebene Regierungsrat Ernst Beil (1903–1973, später Namensänderung in Beyl) als Referent für die Kriminalpolizeistelle zuständig. Sie wurde geleitet von Kriminaloberinspektor Andreas Knapp als „technischem Leiter" und Kriminalkommissar Otto Dürr als dessen Stellvertreter. Ab wann genau die (in den ersten Jahren noch badische) Gestapo in Freiburg unter diesem Namen auftrat, ist nicht ganz klar. Im Oktober 1933 antworteten jedenfalls Landrat Dold und Kriminalkommissar Traub unter „Landeskriminalpolizeistelle – Geheime Staatspolizei – Freiburg i.Br." auf eine Anfrage des Amtsgerichts zum Schicksal der sozialdemokratischen „Arbeiter-Sport-Heim Genossenschaft Freiburg".[158] Karl Traub (1888–1945) war von 1933 bis 1945 Leiter der Gestapo-Außenstelle.[159]

In einem Gliederungsplan vom November 1933 wurde die Gestapo-Außenstelle als „Fachabteilung III" der Landeskriminalpolizeistelle Freiburg aufgeführt. Betont wurde aber, dass sie innerhalb des Kriminaldienstes eine selbständige Stellung einnehme und unmittelbar und allein verantwortlich dem Polizeidirektor unterstehe. Sie bestand anfangs nur aus fünf Beamten und zwei Hilfspolizisten und war zuständig für die Amtsbezirke Freiburg, Emmendingen, Müllheim, Neustadt, Staufen und Waldkirch. Entsprechend war sie sowohl berechtigt als auch darauf angewiesen, laufend Beamte von Kriminal- und Schutzpolizei sowie Gendarmerie für konkrete Aufgaben mit heranzuziehen. Angesichts immer neuer Aufgabengebiete blieb dies auch so, obwohl die Gestapo mehr Mitarbeiter bekam. Gleichzeitig schottete sie sich immer mehr ab und wurde im Zuge der „Verreichlichung" schrittweise aus den Bezirkspolizeibehörden herausgelöst.

Dies drückte sich auch räumlich aus: Befanden sich ihre Diensträume in den ersten Jahren im Bezirksamt in der Kaiser- beziehungsweise Adolf-Hitler-Straße, wurden diese zur Absonderung (in Freiburg erst) 1939 in ein Gebäude gegenüber vom Friedrichsbau-Kino und 1941 in die Goethestraße 33 verlegt.[160] In diesen verschiedenen Räumlichkeiten wurden unter anderem die Razzien in Buchhandlungen und Beschlagnahmungen von Büchern geplant und abgewickelt. Ihre Verhörräume und Zellen waren Orte der Angst für alle politisch Verfolgten. Die Räumlichkeiten waren dabei viel kleiner, als die heutige Vorstellung von der quasi allmächtigen Gestapo nahelegt.

Während sich die Tätigkeit der städtischen Kommission anhand ihrer eigenen Unterlagen verfolgen ließ, sind die Akten der Polizei nach heutigem Kenntnisstand nicht mehr erhalten. Die folgenden Ausführungen stützen sich deshalb auf Spuren in anderen Beständen und können kein umfassendes Bild geben.

3.2.1 Beschlagnahme „marxistischen Vermögens“

Ab März 1933 wurden in Baden schrittweise die als „volksfeindlich“ gebrandmarkten Parteien KPD und SPD sowie die Gewerkschaften und alle ihnen zugehörigen Organisationen und Vereine von der Arbeiterwohlfahrt bis zu den Naturfreunden aufgelöst. Ihr Eigentum wurde von der Polizei beschlagnahmt und enteignet. Dazu gehörten neben Haus- und Grundbesitz das gesamte bewegliche Vermögen und somit auch die Vereinsbüchereien sowie sonstige Buchbestände. Die Arbeiterbibliotheken sind bislang kaum Thema der Raubgutforschung gewesen, obwohl von reichsweit 2.500 solcher Einrichtungen mit 1,5 Millionen Bänden ausgegangen wird, die 1933 bei Überfällen geplündert oder danach polizeilich beschlagnahmt wurden.[161]

Es ist bekannt, dass die Bücher teils vernichtet, teils in Bibliotheken der NSDAP, ihrer Gliederungen (etwa der NS-Betriebszellenorganisation bzw. der Deutschen Arbeitsfront) und Verbündeten integriert wurden.[162] In Freiburg kam eine wichtige Rolle dem früher der DNVP nahestehenden Landrat Dold zu: „Seit März 1933 koordinierte er als kommissarischer Polizeidirektor in Freiburg die Zerschlagung der Arbeiterbewegung im Südbadischen. Das erledigte Dold offenbar so professionell, daß er Ende des Jahres zum Landeskommissär in Karlsruhe befördert wurde.“[163]

Der Ablauf war wie folgt: Am 17. März 1933 verfügte Reichskommissar Wagner auf der Grundlage der „Verordnung des Reichspräsidenten zum Schutz von Volk und Staat“ (Reichstagsbrandverordnung) vom 28. Februar 1933, dass sämtliche in Baden bestehenden „marxistischen“ Wehr- und Jugendverbände aufzulösen und ihr Vermögen einzuziehen sei (zum Vorwand dafür siehe Kapitel 4.1). Am 30. März weitete er dies auf alle Turn-, Sport- und Kulturvereine und ihre Verbände aus.[164] Im April bestimmte er, dass sämtliche beweglichen und unbeweglichen Vermögensgegenstände der „marxistischen Sport- und Jugendverbände“ dem Landesausschuß für Leibesübungen und Jugendpflege zu überlassen seien. Dieser habe die Aufgabe, sie der Benutzung und Verwendung durch die SA, SS, Stahlhelm, HJ und andere Verbände, die hinter der „nationalen Regierung“ stünden, zuzuführen. Die Polizeipräsidien wurden beauftragt, Verzeichnisse zu erstellen und die Übergabeverhandlungen zu führen.[165]

Weitere Reichsgesetze und badische Verordnungen über die Einziehung „volks- und staatsfeindlichen“ bzw. marxistischen oder kommunistischen Vermögens vom Mai und Juli 1933 sicherten dieses Vorgehen ab. Sie regelten, dass es sich um dauerhafte Entziehungen handelte, Widerspruch auf dem Rechtsweg wurde ausgeschlossen.[166] Das Land Baden setzte am 22. August 1933 mit Otto Romann und Dr. Walter Britsch (geb. 1908) zwei „Treuhänder“ zur Liquidierung und Verwertung des Vermögens in Karlsruhe ein.[167] Jahrelang ungeklärt war, ob und inwieweit Gläubiger noch offene Forderungen geltend machen konnten. Meist verfielen diese einfach, soweit sie nicht hypothekarisch abgesichert waren. Teilweise wurden jedoch zum Beispiel Forderungen der Gemeinden (etwa für Saal- und Platzmieten oder Gas, Wasser und Strom) an die neuen Nutznießer weitergegeben.[168]

Während es zu Arbeiterbibliotheken etwa in Hannover und Thüringen[169] Untersuchungen gibt, konnten in der Presse, der einschlägigen Literatur[170] und Archiven[171] keine näheren Angaben dazu gefunden werden, wo die in Freiburg beschlagnahmten Buchbestände verblieben. Auch einer Akte der Stadtverwaltung über die Beschlagnahme und Verwaltung des Vermögens politischer und religiöser Organisationen sowie des jüdischen Besitzes sind zu diesem Aspekt keine Details zu entnehmen.[172] Eine Wiedergutmachungsakte der Kommunistischen Partei in Freiburg gibt wenigstens einen einzelnen Hinweis auf den Umfang. Nach einer Schätzung des Kunst- und Versteigerungshauses Sasse aus dem Jahr 1949 betrugen die Wiederbeschaffungskosten des Parteibüros für die Bibliothek mit circa 400 Büchern, Broschüren und Zeitschriften knapp ein Drittel des Gesamtschadens, nämlich 2.000 DM.[173]

Die Freiburger NSDAP unter Kreisleiter Kerber plünderte auch selbständig Bücher. Ein Bericht über Diebstähle bei der Erstürmung des Gebäudes der Verlagsgesellschaft Freiburg m.b.H. („Volkswacht") wird in der Chronologie zum 17. März 1933 behandelt (Kapitel 4.1). Anfang Mai 1933 verfügte Wagner auch offiziell die polizeiliche Beschlagnahme der sozialdemokratischen Druckereien, darunter die der „Volkswacht".[174] Damit war die linksgerichtete oppositionelle Öffentlichkeit auch materiell ausgeschaltet. 1935 versuchte der ehemalige Geschäftsführer der „Volkswacht", Adolf Friedrich, Kerber dazu zu bewegen, die Interessen der Kapitaleinleger zu vertreten. Diese hätten keinerlei Entschädigung erhalten, obwohl der Betrieb durch den „Alemannen" wirtschaftlich genutzt wurde. Kerber lehnte dies ab und informierte die Treuhänder-Stelle im Innenministerium über den Vorstoß.[175]

Später waren auch katholische Druckereien und Verlage betroffen. So beschlagnahmte die Gestapo 1937 die Druckerei Dilger in der Herrenstraße, nachdem diese das Rundschreiben „Mit brennender Sorge" von Papst Pius XI. über die Lage der römisch-katholischen Kirche in Deutschland gedruckt hatte. 1938 konnten Druckerei und Verlag wieder geöffnet werden, doch 1941 erfolgte nach dem Druck eines Hirtenbriefs des Erzbischofs Gröber die erneute Beschlagnahme und Enteignung. Da Körperschaften des öffentlichen Rechts die Möglichkeit hatten, „reichsfeindliches Vermögen" übereignet zu bekommen, bemühte sich die Stadtverwaltung beim Finanzamt Freiburg-Stadt, Abteilung jüdisches Vermögen, um Einrichtungsgegenstände der Druckerei. So bekundete der Leiter der Stadtbücherei Interesse an Werkzeug und Maschinen sowie an der kostenlosen Überlassung eines Brockhaus-Lexikons aus dem Jahre 1832.[176]

3.2.2 Kontrolle von Buchhandel, Leihbüchereien, Lesehallen und Bibliotheken

In Eigenregie und in Kooperation mit anderen Akteuren blieben Polizeistellen mit der Kontrolle des Buchhandels und der Bibliotheken befasst. Eine Grundlage lieferten die Titel-Kataloge der „Zentralpolizeistelle zur Bekämpfung unzüchtiger Bilder, Schriften und Inserate bei dem Preußischen Polizeipräsidium in Berlin", kurz „Polunbi".

Ende März oder Anfang April 1933 beschlagnahmte die Freiburger Außenstelle des Badischen Landespolizeiamts die Druckschriften „Unter der Fahne des Marxismus" (Moskau), „Aufbruch" (Berlin), „L'Humanité" (Paris) sowie Prospekte in der Akademischen Lesehalle der Universität. Das Landespolizeiamt wandte sich anschließend an den badischen Reichskommissar und Innenminister, um sicherzustellen, dass dort keine kommunistischen Schriften mehr ausgelegt würden. Über das Kultusministerium, den Rektor und den Senat der Universität Freiburg landete die Angelegenheit beim Direktor der Universitätsbibliothek, Dr. Josef Rest (1884–1961), zur Stellungnahme.[177]

Eine Reihe weiterer Beispiele von „verfolgungsbedingtem Entzug" von Büchern seitens der Polizei finden sich in den folgenden Kapiteln, insbesondere im Fünften.

3.3 NS-Studentenbund (NSDStB) und Deutsche Studentenschaft (DSt) / AStA

Die Freiburger Hochschulgruppe des Nationalsozialistischen Deutschen Studentenbundes (NSDStB) wurde 1926 gegründet. Nennenswerte Erfolge bei den Wahlen zum Allgemeinen Studentenausschuss (AStA) konnte sie erstmals im Jahr 1930 mit 17,4 % erzielen, 1931 erreichte sie 25,1 %. Die Wahlen des Jahres 1932 wurden von den Gruppen der politischen Mitte wegen der Politisierung durch den NSDStB boykottiert und infolge der sehr geringen Wahlbeteiligung konnte der NSDStB seinen Anteil auf 50,5 % erhöhen. Die Liste „nationale Studentenschaft" erhielt zudem 41,9 %, womit die extreme Rechte den Studentenausschuss auf einmal völlig in der Hand hatte.[178] Versuche, etwa der großen katholischen Liste, diese Wahl beim Ministerium anzufechten, schlugen fehl. Und dann kam es noch härter: „Erste Maßnahme der Nationalsozialisten an der Universität war das in eindeutigem Widerspruch zu den ‚Akademischen Vorschriften' stehende ministerielle Verbot der demokratischen, pazifistischen, sozialistischen und kommunistischen Studentengruppen am 27. März 1933."[179]

Zwar war die NSDStB-Hochschulgruppe von Anfang an mit Aktionen etwa gegen die angebliche „Gefährdung der deutschen Kultur durch volksfremde

Presse“ hervorgetreten,[180] aber die Initiative zu den Bücherverbrennungen ging vom Anfang April 1933 gegründeten Berliner Hauptamt für Presse und Propaganda der Deutschen Studentenschaft (DSt) unter der Leitung von Hans Karl Leistritz (1909–1994) aus. Die DSt war der Zusammenschluss der Allgemeinen Studentenausschüsse. Auch wenn NS-Anhänger eine zentrale Rolle in der DSt spielten, existierten praktisch zwei teilweise miteinander konkurrierende Organisationen. Nach einigen Auseinandersetzungen wurden die DSt und der NSDStB 1936 unter einer einheitlichen „Reichsstudentenführung“ zusammengeführt, wobei der NSDStB das politische Übergewicht hatte.

„In einem Rundschreiben des Hauptamtes [der DSt] erhielten die Studentenschaften der einzelnen Hochschulen die Anweisung, vor Ort Kampfausschüsse zu bilden, denen der Führer der Studentenschaft, drei weitere Studenten, ein Professor, ein Schriftsteller und ein Mitglied von Alfred Rosenbergs ‚Kampfbund für deutsche Kultur‘ angehören sollten. Die Leitung der lokalen Aktionen lag also im wesentlichen bei den nationalsozialistischen Studenten. Eine Beteiligung der Professoren war nur am Rande vorgesehen.“[181]

Informationen über den Freiburger „Kampfausschuss“ liegen kaum vor. Über die Organisation und Aktivitäten der NS-Studenten an der Universität Freiburg lassen sich dagegen einige Feststellungen treffen. Geoffrey J. Giles schrieb 1991, dass die Bücherverbrennung in Freiburg aufgrund von Kompetenzstreitigkeiten zwischen den Führern der DSt und der NSDStB-Hochschulgruppe nicht stattgefunden habe.[182] Diese Konfliktkonstellation ist im Falle Freiburgs aber nicht nachvollziehbar. Prägend für die Situation im April und Mai 1933 war vielmehr ein Personalwechsel zwischen zwei in Freiburg bereits seit Jahren aktiv gewesenen, d. h. erfahrenen Funktionären des NSDStB, die aber beide Ämter in Personalunion ausübten.

Zunächst war dies der in Riga geborene, ab 1919 in Freiburg aufgewachsene Student der Rechts- und Staatswissenschaften Hans Heinrich Freiherr von Delwig-Tiesenhausen (1908–1944).[183] Er war 1930 in die NSDAP und SA eingetreten und Führer der NSDStB-Hochschulgruppe geworden. Im Februar 1931 führte der NSDStB unter Tiesenhausen im Paulussaal eine Veranstaltung im Rahmen der Kampagne gegen Emil Julius Gumbel durch. Angesichts ausfällig werdender Redner und einer zunehmend aufgeheizten Stimmung räumte die Polizei den Saal. Im Anschluss kam es zu einer NS-Demonstration in der Innenstadt mit schätzungsweise 500 bis 700 Teilnehmern, die ebenfalls von der Polizei aufgelöst wurde.[184] Tiesenhausen war auch an direkten Zusammenstößen beteiligt, so mit einem AStA-Mitglied der Roten Studentengruppe.[185]

Im März 1933 wurde er vom Reichsführer des NSDStB, Oskar Stäbel (1901–1977), zunächst kommissarisch zum Bezirksführer Baden-Süd (Hochschulen

Freiburg, Konstanz und Furtwangen) ernannt und dann zum 9. Mai in dieser Funktion bestätigt. Sein Amt als Führer der Freiburger Hochschulgruppe und der DSt gab er am 9. Mai an den im sächsischen Bad Elster geborenen Ermin Künzel (1908–1998) ab.[186] Künzel hatte sich bereits seit 1923, also als Jugendlicher, intensiv nationalsozialistisch betätigt. 1927 gehörte er dem Stab des ersten Reichsführers der HJ, Kurt Gruber (1904–1943), als dessen persönlicher Adjutant an. Er studierte ab dem Wintersemester 1928/29 zunächst Jura und Politikwissenschaften, dann Medizin, schloss das Studium aber angesichts seiner politischen Karriere und gesundheitlicher Gründe nie ab. Er war in seinem ersten Semester Freiburger NSDStB-Hochschulgruppenführer. Nach einem Zwischenspiel in Erlangen ab dem Sommersemester 1931, wo er den dortigen SS-Sturm gründete und führte, kam er Anfang Mai 1933 nach Freiburg zurück. Hier übte er eine führende Rolle in der Freiburger SS aus,[187] übernahm wieder die Leitung der Hochschulgruppe und nun auch die der ganzen Studentenschaft. Bemerkenswert ist Künzels Angabe, die beiden Ämter „auf Anordnung" von Staatskommissar und Kreisleiter Kerber übernommen zu haben.[188]

In Hinsicht auf Künzel und die studentische Bücherverbrennung stellen sich zwei Fragen: Räumte er ihr in den zwei folgenden ereignisreichen Monaten Priorität ein? Und verfügte er über genügend ‚Hausmacht' an der Universität, sie gegebenenfalls auch gegen Widerstände verschiedener Seiten durchzusetzen? Zur letzteren Frage ist zumindest festzustellen, dass seine Funktion als SS-Führer ihm zusätzliche Autorität verlieh. An der Universität sind Netzwerke von SS-Angehörigen auszumachen, die anders als der SA-Wehrsport noch nicht näher betrachtet wurden: Erstens traten 1933 viele Studenten der SS bei,[189] sie besprachen innerhalb der SS auch die Verhältnisse an der Universität (siehe Kapitel 6.8). Zweitens gelang es im Sommer 1933, Mitstreiter aus der SS in neue, strategisch wichtige Posten zu bringen. Zu nennen sind die Mediziner Dr. Hellmut Haubold (1905–1968), Leiter des Amtes für Arbeitsdienst der Freiburger Studentenschaft sowie Referent für Arbeitsdienst und Arbeitslager des Bezirkes Baden-Süd des NSDStB, und Dr. Heinz Riedel (geb. 1904), Führer der Assistentenschaft sowie Leiter des „Rassenamtes" der Studentenschaft sowie gleichzeitig des „Rassenamtes" der Freiburger SS.[190]

Für die Frage der Prioritäten ist Künzels erster Tätigkeitsbericht vom 2. Juni 1933 zu prüfen. Zunächst ist erwähnenswert, dass er keine Streitigkeiten mit seinem Vorgänger erwähnte. Er ging aber auch weder auf das Thema der Bücherverbrennung ein noch auf die Stürmung des Hauses der jüdischen Studentenverbindung Neo-Friburgia (siehe Kapitel 4.7). Selbst Rektor Heidegger, bei dessen Amtseinführung er gesprochen hatte, erwähnte er mit keinem Wort. Im Zentrum des Berichts standen die Gewinnung der alleinigen politischen Macht unter den Studierenden (Ausschaltung der um

Abbildung 8: Studenten- und SS-Sturmführer Ermin Künzel, Führer der Deutschen Studentenschaft auf Reichsebene Andreas Feickert (1910–1977), HJ-Bannführer 113 Fritz Knoll und Oberbürgermeister Franz Kerber anlässlich einer Rede Feickerts am 28. Januar 1935 an der Universität (v.l.n.r.). Q.: Freiburger Studentenzeitung, 5.2.1935.

Begrüßung Feickerts durch die Führer der Freiburger Jugend

Einfluss konkurrierenden Stahlhelm-Hochschulgruppe und Unterordnung und Erziehung der studentischen Korporationen) und in letzter Konsequenz an der Hochschule insgesamt, sowie als Pilotprojekte die Einführung von Wehrsport und Arbeitsdienst.[191]

Aktivitäten in Richtung „Säuberungen" und Verbrennungen gingen sowohl von Tiesenhausen als auch von Künzel und ihren Mitarbeitern aus. Wie Ingo Toussaint mit Blick auf den AStA anmerkte, gehörte es zu den „grotesken Kapiteln der Wissenschaftsgeschichte, daß die Zensurmaßnahmen, die im Dritten Reich an den Hochschulbibliotheken durchgeführt wurden, auf die Initiative eines Teils ihrer Benutzerschaft zurückgehen."[192] Nachdem der AStA bereits für die „Säuberung" der Akademischen Lesehalle gesorgt hatte und bei UB-Direktor Rest vorstellig geworden war, setzten Studentenführer Tiesenhausen und der Jura-Student Ralf Maus[193] am 22. April 1933 nach. Sie wandten sich an das Ministerium des Kultus und Unterrichts: „Die Studentenschaft bittet die Leitung der Universitätsbibliothek Freiburg veranlassen zu wollen, diejenigen Bücher, die in der Akademischen Lesehalle aus kulturpolitischen Gründen entfernt wurden, für die Ausgabe in der Universitätsbibliothek ebenfalls zu sperren. Wir bemerken hierzu, dass sich [sic] Herr Direktor Rest auf Vorstellung der Studentenschaft hin in dieser Angelegenheit von sich aus nichts unternehmen wollte, was bei der politischen Einstellung dieses Herrn durchaus verständlich ist." Dem Schreiben war eine Liste vorläufig zu entfernender Bücher beigelegt, die 29 Titel enthielt.[194]

3.3.1 Griff nach den städtischen und Schulbibliotheken

Bevor in der Chronologie auf die studentische Beteiligung an Bücherverbrennungen eingegangen wird, sollen hier die „Sammel"-Aktionen vorgestellt werden, die parallel zu denen der städtischen Kommission stattfanden. Laut einem Schreiben Künzels erteilte Kerber ihm eine Generalvollmacht: „Auf Anordnung des Herrn Bürgermeisters Dr. Kerber ist der Führer der Studentenschaft berechtigt, eine Durchsicht und Säuberung der städt. und staatlichen Bibliotheken vorzunehmen. Das vorgefundene Material wird zur Verbrennung bestimmt, anlässlich der Gesamt-Jugendveranstaltung gegen Schmutz und Schund. Der Führer der Studentenschaft beauftragt Herrn stud. med. Werner Düsselmann (geb. 1911) mit der Durchführung dieser Anordnung und bestimmt Montag, den 31. Mai 1933 als Termin zur Vollzugsmeldung."[195]

Kerbers Vollmacht ist insofern bemerkenswert, als sie sich auch auf staatliche Schulen außerhalb des städtischen Machtbereichs erstreckt haben soll. Dafür wären das Kultusministerium bzw. der Landeskommissär oder das Bezirksamt zuständig gewesen. Zudem untergrub Kerber mit der Vollmacht auf den ersten Blick auch die Autorität und Kontrolle seiner eigenen Kommission. Andererseits nahm er diesen Anschein aber möglicherweise gerne in Kauf, um den politischen Druck auf alle von den Maßnahmen Betroffenen zu maximieren. In der Öffentlichkeit wurde das städtische Vorgehen nämlich mit den autonomen und teilweise als unqualifiziert angesehenen Aktionen der Studenten begründet, die als Ausdruck des „Volkszorns" der Stadt den Weg ebneten.

Der im lothringischen Merlenbach geborene Düsselmann war seit Mitte 1931 Mitglied der NSDAP und seit April 1932 auch der SA. Im Wintersemester 1932/33 gehörte er für die „Großdeutsche Fraktion" dem AStA-Vorstand an, nach seinen Angaben jedoch im Auftrag des konkurrierenden NSDStB. Im Sommersemester 1933 wurde er Organisationsleiter, Stellvertreter und persönlicher Referent sowohl des NSDStB-Hochschulgruppen- als auch des Studentenführers. Außerdem wechselte er im Mai 1933 von der SA zur SS.[196] Kompetenzstreitigkeiten bestanden also nicht, Düsselmann unterstand vielmehr in allen drei Sparten direkt Künzel.[197] Künzels ‚rechte Hand' Düsselmann war mit einer Größe von 1,87 Metern und 95 Kilogramm Gewicht eine physisch imposante Erscheinung.[198] Dies dürfte auch eine Rolle für die folgenden Aktionen gespielt haben.

Wie systematisch Studenten 1933 Aktionen in verschiedensten Freiburger Bibliotheken durchführten, lässt sich nicht sagen. Anhand von vier Schulen lassen sich aber beispielhaft Erkenntnisse zur studentischen Vorgehensweise und den schulischen Reaktionen darauf gewinnen. So prüfte der Rektor des staatlichen Berthold-Gymnasiums die eigenen Bibliotheken anhand einer

Schwarzen Liste des AStA. Er hielt die Studenten, die die Herausgabe der ausgesonderten Bücher forderten, aber zunächst hin: Unter Verweis auf deren Forderung fragte er beim Unterrichtsministerium in Karlsruhe an, was er machen solle. Davon setzte er auch das Bezirksamt und die städtische Pressestelle in Kenntnis.[199] Dass Straub daraufhin in Zweifel stellte, ob diese Schwarze Liste ausreichend für eine Prüfung sei, wurde bereits erwähnt.[200] Die Direktion der städtischen Handelsschule übergab den Studenten dagegen direkt Bücher zur Verbrennung und schickte Straub eine entsprechende Liste zur Kenntnis.[201]

Wie selbstbewusst und rabiat die Studenten vorgingen, wird aus einem Bericht des Rektors der Hindenburgschule, Josef Weber, deutlich. Am Samstagnachmittag, den 20. Mai 1933, seien sechs Studenten, darunter Düsselmann und von Schalk, in der Schule erschienen. Dies sei eine für eine Schule ungewöhnliche Zeit, während der er selbst abwesend gewesen sei. Sie hätten vom Hausmeister auf „gebieterische Art" die Öffnung der Schülerinnenbücherei gefordert. Dieser habe auf besonnene Art geantwortet, dies in Abwesenheit des Rektors nicht tun zu dürfen und ohnehin keine Schlüssel dafür zu haben. Daraufhin hätten sie sich mit dem gleichen Ansinnen an die Verwalterin der Bücherei für die Oberstufe, Prof. Kohlund, gewandt. Mit deren Schlüsseln seien sie in die Bücherei eingedrungen. Dort hätten sie elf Bücher entnommen, „die alle schon zuvor von Fräulein Kohlund und mir selbst zum Ausscheiden bestimmt waren."[202] Die Handlungen von Weber und Kohlund dürfen dabei nicht gleichgesetzt werden. Dr. Johanna Kohlund (1878–1968) war eine der ersten Studentinnen der Universität Freiburg, Vorreiterin insbesondere der akademischen Frauenbewegung und gehörte bis zu deren Auflösung der linksliberalen Deutschen Demokratischen Partei (DDP) an. 1934 verlor sie aus politischen Gründen ihre Stelle als Lehrerin am Hindenburg-Gymnasium.[203]

Rektor Weber bezeichnete den „Zweck der Vernichtung ungeeigneten Büchermaterials" als „hochwichtig" und wünschte, dass dieser „durch solche Willkür unerfahrener junger Leute" keinen Schaden nehme. „Wenn ich mir gestatte, Ihnen über das eigenartige Vorgehen der beiden jungen Herren Kenntnis zu geben, so geschieht dies in der Überzeugung, daß sie ihre Befugnisse überschritten und ohne Wissen und Willen ihrer Auftraggeber gehandelt haben".[204] Straub antwortete Weber mit dem bereits zitierten Lob über die mustergültig geordnete Schulbücherei und meinte lapidar, dieses „dürfte Sie den unangenehmen Vorfall, den Sie uns in Ihrem Schreiben vom 27. Mai mitteilen, vergessen lassen."[205]

Dass die Studenten rabiat vorgingen, war kein Einzelfall. Bruno Berger bezeichnete ihr Verhalten in der ebenfalls betroffenen Volksbücherei als übergriffig und kritisierte, „dass einige der zur Verbrennung abgeholten Bücher, die dann aber aufgrund weiterer Sichtung nicht alle verbrannt werden sollten und nicht verbrannt wurden, nicht mehr zurückkamen, sondern von Studenten entwendet wurden."[206]

Welche Bücher konkret beschlagnahmt wurden, lässt sich im Fall des Realgymnasiums in der Zähringerstraße 15 nachvollziehen, denn es sind zwei von Düsselmann verfasste Listen überliefert. Sie wiesen 14 Bücher der Lehrer- und zwei der Schülerbibliothek aus, darunter sozialdemokratische politische Literatur und „Im Westen nichts Neues".[207] Einen Teil der von ihr beschlagnahmten Bücher übergab die Studentenschaft im Mai der Universitätsbibliothek. Diese retournierte jedoch diejenigen Bücher, die sie bereits selbst besaß.[208]

3.4 Hitlerjugend (HJ)

Wie war die HJ als Akteur 1933 aufgestellt? Der Forschungsstand zur ‚frühen' Freiburger HJ ist sehr dünn. Bernd Hainmüller, der sich mehr mit ihrer späteren Phase befasst hat, meint, sie habe 1933 noch kaum eine Rolle im Leben der Stadt gespielt. Sie sei vielmehr randständig gegenüber den katholischen Jugendkreisen gewesen. Das erstmalige große Auftreten der HJ im Juni 1933 sei entsprechend ein „Reinfall" gewesen, weil beide von ihr geplanten Bücherverbrennungen ausgefallen seien.[209] Ihre Stellung habe sich wesentlich erst mit dem Reichsgesetz vom 1. Dezember 1936 geändert, als sie zur Staatsjugend erklärt wurde.

Es ist richtig, dass man die gesellschaftliche Durchdringung und Formierung der Jugend durch die HJ im Jahre 1938 bei weitem nicht mit der im Sommer 1933 vergleichen kann. Es ist aber meines Erachtens falsch, die Freiburger (und badische) HJ des Jahres 1933 aufgrund ihrer noch geringeren Mitgliederzahlen auch als politisch randständig abzutun. Deshalb ist es nötig, hier zuerst einordnende Hinweise zu ihrer Entwicklung und dann zu den beiden „Kampfwochen" 1933 zu geben. Dass die beiden Bücherverbrennungen nicht einfach ersatzlos ausfielen, wird unten in der Chronologie dargelegt.

3.4.1 Von der Randgruppe zur Staatsjugend

Ansätze für NS-Jugendorganisationen gab es schon 1922. Die Parteigliederung unter dem Namen Hitler-Jugend entstand 1926, in Baden erfolgte die Gründung 1927. Die Mitgliederzahlen bewegten sich hier von zehn bis 15 im ersten Jahr über 300 im Folgejahr bis zirka 1.700 (mit Jungvolk, Bund deutscher Mädel, BdM und Jungmädeln) Ende 1931.[210] In diesen Zahlen spiegelt sich, dass die badische HJ vor 1933 mit Schwierigkeiten beim

Aufbau der Organisation zu kämpfen hatte und schlechter dastand als die sonstige Parteiorganisation. Ein Faktor waren interne Querelen um ihren Führer Felix Wankel (1902–1988), hemmend wirkte aber „vor allem das Verbot der parteipolitischen Betätigung wahlunmündiger Schüler durch die badischen Schulbehörden", wie Tobias Wöhrle erklärt. In einem Rückblick eines Freiburger HJ-Angehörigen wurde die Situation deshalb umso heroisierender beschrieben: „29. Juli [1932]: Wir sind in unserer Schule vier Mann von der Hitler-Jugend. In der großen Pause stehen wir zusammen, wie immer. Argwöhnisch werden wir von allen Seiten beobachtet, von Lehrern und Schülern. Jeder weiß: die sind von der HJ! Erst vor kurzem war ein strenges Verbot verlesen worden: ‚Zugehörigkeit zu den NS-Formationen wird auf das strengste bestraft!' Zwei von uns wurden mit HJ-Abzeichen angetroffen und von dem Zentrums-Schuldirektor ‚letztmalig' verwarnt."[211] Doch die „fanatische Liebe" zu ihrem „Führer" sei so groß gewesen, dass sie sich dafür „gern von der Schule und aus dem Elternhaus stoßen lassen".[212] Das Landespolizeiamt hatte freilich schon 1930 festgestellt, dass viele Jugendliche den Bestrebungen der Nationalsozialisten sympathisch gegenüberstünden.[213]

Mit der Übernahme der HJ-Führung im Gau Baden durch Friedhelm Kemper (1906–1970)[214] im Jahr 1932, die er bis 1945 ausübte, und im Sog der allgemeinen Entwicklung setzte jedoch eine deutliche Expansion ein. Die Mitgliederzahlen stiegen bis Anfang 1933 auf über 5.000 an und bis Anfang Mai bereits auf 18.000. Der HJ-Bann Baden wurde zum „Gebiet" und Kemper zum „Gebietsführer" erhoben. Bis Anfang Dezember 1933 vervielfachte sich die Mitgliederzahl gleich mehrfach auf etwa 140.000. 1935 stand sie bei 177.353 Mitgliedern.[215] Der Zuwachs lag unter anderem daran, dass der badische Staat die Lehrerschaft nach der Machtübernahme im Gegensatz zu früher anwies, die HJ zu unterstützen.[216]

Neben individuellen Eintritten wurden auch ganze Vereinigungen und Gruppen aufgesogen, z. B. der „Alemannengau" des 1920 von Wilhelm Kotzde-Kottenrodt (1878–1948) gegründeten völkischen „Bund Adler und Falken", der sich bereits selbst aufgelöst hatte. Ende Juni 1933 riefen Gebietsführer Kemper sowie Josef von Kienle die bisherigen Mitglieder zur Fortsetzung ihrer Arbeit in der HJ auf. Kemper hatte dem Bund früher selbst angehört, Kienle war dessen Führer gewesen. Nun gehörte Kienle im Range eines Gefolgschaftsführers dem Stab des HJ-Gebietes an.[217] Im Juli 1933 wurden die badischen Kolonialpfadfinder und ähnliche Jugendgruppen als Kolonialscharen übernommen, um ein weiteres Beispiel zu nennen.[218] Mit der Zeit wurden schrittweise auch die katholische Jugend und ihre Organisationen einbezogen. So wurden im Dezember 1934 eine neue Gefolgschaft und ein neues Fähnlein aus Schülern des im selben Jahr eingerichteten Jesuiteninternats Stella Matutina in St. Blasien gebildet.[219]

Zu den Skurrilitäten dieser Zeit gehörte die Bekanntmachung des NSDAP-Ortsgruppenleiters Unterwiehre, Eduard Schäfer, und seiner Familie im „Alemannen": Sie zeigten „hocherfreut" die „Geburt eines kräftigen Hitler-Jungen" „Adolf Horst" an, wobei sich der zweite Vorname auf Horst Wessel bezogen haben dürfte. Obwohl man der HJ erst ab dem Alter von zehn Jahren als „Pimpf" angehören konnte, spiegelte sich hier schon der Anspruch der lückenlosen Verfügung der Partei über die Menschen „von der Wiege bis zur Bahre". Und er verdeutlicht die Stimmungslage kleiner Funktionäre im Machtrausch.[220]

In Baden entwickelte sich die HJ nun schneller als anderswo, und das bereits vor der reichsweiten Deklarierung zur „Staatsjugend", wie Ingeborg Wiemann-Stöhr anhand von Angaben im Amtsblatt Baden nachzeichnet: Im Sommer 1935 waren durchschnittlich 68,8 % der sogenannten „arischen" Schüler und Schülerinnen in der HJ organisiert. Nach einem Werbefeldzug im Oktober 1935, der durch die Unterstützung des Kultusministeriums auch systematisch in den Klassenzimmern durchgeführt wurde, stieg der Anteil landesweit auf 87,9 %. Wiemann-Stöhr kommt zu dem Schluss, dass der Organisationsgrad der badischen Schülerschaft in der HJ damit weit über dem Reichsdurchschnitt lag. Dessen Wert habe laut verschiedenen Angaben in der Literatur zwischen 45 % im Dezember 1935 und 60 % im Jahr 1936 gelegen. Dies, ebenso wie der dienstliche Zwang der Lehrer, die HJ zu fördern, sei bislang kaum wahrgenommen und auch nicht in den Auswirkungen beschrieben worden. Dabei gab es erhebliche Unterschiede je nach Schulformen – die höheren Schulen wiesen höhere Quoten auf –, aber auch zwischen einzelnen Schulen. Freiburg bildete dabei als Stadt das „Schlusslicht": Meldete das Stadtschulamt Karlsruhe 99,1 %, waren es in Freiburg 82,9 %. Die niedrigste Quote der höheren Schulen wiesen zu diesem Zeitpunkt das Gymnasium Konstanz mit 50 % und das Friedrich-Gymnasium Freiburg mit 54,8 % auf.[221]

Mitte 1933 waren die Zahlen noch weit entfernt von einem Staatsjugend-Monopol, belegen aber schon ein rasantes Wachstum. Und der Blick auf die Zahlen darf nicht darüber hinwegtäuschen, dass frühe und freiwillige HJ-Angehörige im Sinne junger „alter Kämpfer" eine andere Motivation hatten als diejenigen, die später zunehmend hineingezwungen wurden oder eine Mitgliedschaft als normal erlebten. Auch die Freiburger HJ verfügte 1933 durchaus über Schlagkraft, selbst wenn ihr Spielmannszug im August einmal nach einer Gottesdienststörung eine Schlägerei mit katholischen Jugendlichen verlor.[222] Schon vor 1933 hatte die „Volkswacht" zum Beispiel darauf hingewiesen, dass Hitlerjungen an nächtlichen Wehr- bzw. „Bürgerkriegsübungen" mit bewaffneten SA-Leuten im Sternwald teilnahmen.[223] Außerdem kam es auch zu tätlichen Auseinandersetzungen: Anfang Juli 1932 beleidigten zwei „Nazischüler" vor dem Gebäude der „Volkswacht" stehende Angehörige des demokratischen Wehrverbandes „Reichsbanner Schwarz-Rot-Gold". Während der folgenden verbalen Auseinandersetzung zog einer der Jugendlichen ein Messer und verletzte damit einen Mann.[224] Solche Vorfälle waren in Freiburg zwar nicht an der Tagesordnung, aber sie kamen durchaus vor.

3.4.2 Aufbau und Führer der südbadischen HJ

Der Aufbau der HJ wandelte sich im Laufe ihrer Expansion. In Freiburg war vor 1933 zunächst eine Bezirksführung ansässig. Sie wurde dann – in Anlehnung an das frühere hiesige Infanterie-Regiment Nr. 113 – in den „Unterbann 113" (Freiburg, Emmendingen, Waldkirch, Staufen, Neustadt) umgewandelt. Die nächsthöhere Gliederungsebene war der „Bann Südbaden", neben Freiburg (113) zählten dazu Konstanz (114) und Lörrach (142).[225] Im Sommer 1933 wurde der „Unterbann 113" in „Bann 113" und der „Bann Südbaden" in einen gleichnamigen „Oberbann" mit der Nummer I/21 umgewandelt, also in den „Bann I" des HJ-Gebiets 21 (Baden).

Einer der ersten Anführer im Bezirk war der in Lörrach geborene Herbert Kukuk (1913–2001). Er gehörte der HJ seit 1928 an, war ab 1. September 1929 Bezirksführer Freiburg und dann bis Mitte 1933 Führer des Unterbanns 113. 1932 verbrachte er drei Monate im Gefängnis wegen Vergehen gegen das „Gesetz zum Schutz der Republik". Ab Mitte 1933 war er hauptamtlicher Stabsleiter des Oberbanns und machte dann Karriere in der Reichsjugendführung, der NSDAP und der SS.[226]

Ein anderer früher Funktionär war Fritz Vossler (geb. 1905).[227] Er trat erstmals 1923 und nochmals 1929 der NSDAP bei. 1931 gründete er zunächst die HJ in Lahr und war dann von April bis Dezember 1932 HJ-Bezirksleiter in Freiburg. Es stellt sich die Frage, wie die zeitliche Überschneidung im Amt mit Kukuk zu erklären ist. Naheliegend ist ein Zusammenhang mit Kukuks Gefängnisaufenthalt. Vossler arbeitete in Freiburg hauptberuflich als Schriftleiter und Chef vom Dienst beim „Alemannen". An ihm wird noch einmal das Gewaltpotenzial dieser „alten Kämpfer" deutlich, denn gegenüber seinem Schweizer Redaktionskollegen Hans von Wyl (1899–1983) brüstete er sich mit der Teilnahme an verschiedenen Ausschreitungen. Die übelste war der Überfall auf den jüdischen Dentisten Gustav Bloch (1894–1944) aus Sulzburg im März 1933. Vossler, Karl Berckmüller (der Verlagsleiter des „Alemannen") und weitere Parteifunktionäre, SA-Angehörige sowie ein SS-Mann aus Freiburg überfielen Bloch nachts. Auf einem Feld zwischen Heitersheim und Eschbach vollzogen sie eine Scheinhinrichtung mit Schusswaffen, misshandelten ihn anschließend schwer und ließen ihn bewusstlos auf dem Feld zurück.[228]

Abbildung 9: Alfred Tröller als Wehrmachtsoffizier (Aufnahme ca. 1936). Q.: BA-MA PERS 6/71164.

Am 1. Oktober 1933 wurde Vossler als Pressereferent in den Stab des Oberbanns I/21 berufen. 1934 wechselte er als stellvertretender Leiter ins NSDAP-Gaupresseamt. Später wurde er zunächst Pressereferent der Landesstelle Baden des Reichspropagandaministeriums und danach bei der ebenfalls diesem Ministerium unterstehenden Reichskulturkammer. Nachdem Vossler und Kukuk Funktionen im Oberbann erhielten, übernahm Fritz Knoll – von etwa Ende Juni 1933 bis Anfang 1935 – die Führung des Banns 113. Er muss also ebenfalls unmittelbar in die folgenden Ereignisse verwickelt gewesen sein.[229]

Im Sommer 1933 führte der in Weinheim geborene Alfred (Fred) Tröller (1904–1962) die ganze südbadische HJ, zunächst als Bann-, dann als Oberbannführer. Er war 1923 in den badischen Polizeidienst eingetreten, 1929 zur Einsatzbereitschaft nach Freiburg versetzt und zum Polizei-Leutnant, dann am 1. August 1933 zum Oberleutnant befördert worden.[230] Die Gründe, warum Tröller – nach dem früheren Verbot für badische Beamte, sich in der NSDAP zu betätigen – im neuen NS-Staat direkt die Führung übertragen bekam, sind nicht bekannt. Allerdings gehörte er zu den Unterzeichnern eines Wahlaufrufes an alle badischen Polizei- und Gendarmerie-Beamten zugunsten der NSDAP bei den Reichstagswahlen am 5. März 1933. Diesen Aufruf hatten auch der Kommandeur der uniformierten Polizei (Schutzpolizei) Freiburgs, Major Ludwig Aufhammer, und Hauptmann Karl Heinrich Brenner unterzeichnet.[231] Aufhammer hatte schon im Juni 1932 vertraulich Nationalsozialisten über Drohungen informiert, die der SPD-Reichstagsabgeordnete Stefan Meier (1889–1944) und der Reichsbanner-Führer Heinrich Seger (gest. 1944) angeblich gegen letztere im Dienstzimmer des Polizeidirektors in seinem Beisein geäußert haben sollten.[232] Dem war allerdings die bewaffnete Stürmung des Gewerkschaftshauses durch die SA vorausgegangen, wobei es bei einer Schlägerei mit der Reichsbanner-Schutzwache Verletzte gegeben hatte. Diese Aktion, wie auch Misshandlungen durch die SA auf offener Straße, hatten sich im Anschluss an eine Veranstaltung mit dem Hohenzollern-Prinzen August Wilhelm von Preußen, genannt „Auwi", (1887–1949) ereignet.[233]

Brenner wurde von Kemper (in dessen Funktion als badischer Sonderkommissar für Jugendpflege und Jugendbewegung) zum 1. Mai 1933 zum Führer des „Freiburger Ausschusses für Leibesübungen und Jugendpflege" (FA) berufen. Darin waren fast alle entsprechenden Vereine, also auch die katholischen, und damit einige Tausend Mitglieder zusammengeschlossen. Zu fragen wäre, inwieweit der FA aufgrund der oben angeführten Verordnung Wagners von der Beschlagnahme „marxistischen Vermögens" profitierte. Als Ziel für die Freiburger Jugend gaben Brenner und sein abgelöster Vorgänger, Professor Ludwig Aschoff, der gleichzeitig Ehrenpräsident der Freiburger Turnerschaft von 1844 war, den Ausbau von Gelände- und Wehrsport im Sinne des „Führers" vor.[234] Zu diesem Zweck wurde sogleich eine Geländesportschule errichtet, deren Gesamtleitung Brenner und deren technische Leitung Tröller übernahmen.[235] Tröller wurde zudem von Kemper zum Vertreter des FA im „Führerrat" des Landesausschusses bestimmt.[236]

Im August 1933 setzte Kemper dann eine neue „Jugendführung im Kreis Freiburg" unter Brenner ein. Dabei berief er Vossler als Schriftführer und Pressewart des „Führerrings". In der Kreisjugendführung, die ihren Sitz in der Uhlandstraße 5 hatte, waren neben dem HJ-Bann 113 weiterhin auch noch die katholische und die evangelische Jugend sowie die Schulen vertreten.[237] Das Verhältnis zwischen HJ auf der einen und FA bzw. Kreisjugendführung auf der anderen Seite dürfte dem von NSDStB und AStA bzw. DSt entsprochen haben: Eine zahlenmäßig noch randständige Gruppe kontrollierte eine erheblich größere. Entsprechend dürfte Tröllers Rolle, obwohl er Brenner bei der Polizei rang- und befehlsmäßig untergeordnet war, als bedeutender eingestuft werden.

Weitere Funktionäre, die im Zusammenhang mit den folgenden „kulturellen Kampfwochen" öffentlich in Erscheinung traten, waren der (Ober-) Bann-Propagandaleiter Werner Stübel (1914–1945) und der (Ober-)Bann-Schulungsleiter Hermann Speth (geb. 1912 oder 1913). Stübels Vater Otto Stübel (geb. 1868) war als geschäftsführendes Vorstandsmitglied der Deutschnationalen Volkspartei in Freiburg politisch aktiv. Werner war im Oktober 1930 in die HJ eingetreten, während er das Berthold-Gymnasium besuchte. An diesem legte er 1934 auch das Abitur ab.[238]

3.4.3 Die zwei badischen „kulturellen Kampfwochen"

Die erste HJ-Großveranstaltung fand am 7. und 8. Mai 1933 in Karlsruhe statt. Es handelte sich um ein „großes Gebietstreffen" für Baden und Württemberg mit über 20.000 HJ-Angehörigen. Selbst wenn die angegebene Zahl der

Teilnehmer aus propagandistischen Zwecken etwas übertrieben gewesen sein sollte, lässt sie auf einen deutlichen Mobilisierungserfolg schließen, der ohne bereits aufgebaute Strukturen nicht möglich gewesen wäre. Die Kinder und Jugendlichen wurden massiv im Sinne der NS-Propaganda beeinflusst. Robert Wagner verkündete etwa: „Wir stehen an der Schwelle eines großen und gewaltigen Zeitabschnittes unserer Geschichte und ihr seid die Träger dieser gewaltigen Zeitenwende, dieser großen Umwälzung. Unseren Gegnern muß diese Kundgebung heute bedeuten, daß ihre Zeit endgültig vorüber ist, daß diese Zeit versinken mußte, weil ein neuer Mensch entstanden ist, der nicht mehr ausgelöst sein will aus dem deutschen Staat, dessen ganzer

Abbildung 10: Ankündigung der ersten badischen „kulturellen Kampfwoche", Q.: Der Alemanne, 11.6.1933.

Unser Kampf gegen Schmutz und Schund

Kulturelle Kampfwoche in Baden vom 12. bis 17. Juni 1933

NSPD. Karlsruhe, 10. Juni.

Am 12. Juni beginnt in ganz Baden die kulturelle Kampfwoche. Zwischen 14.15. u. 14.30 Uhr spricht in diesem Tage der Gebietsführer der Hitlerjugend, Kemper, einen Kampfaufruf am Rundfunk. Am Mittwoch, den 14. ds. Mts., zwischen 14.45 und 15.00 Uhr hält Josef von Kienle einen Vortrag über das Thema: „Buch und Zeit." Den Höhepunkt der Veranstaltungen im Rahmen der Kampfwoche bildet die

große Sonnenwendfeier in Karlsruhe mit Bücherverbrennung

am Samstag, den 17. Juni, abends 9 Uhr. Auf dieser großen Kundgebung, die gleichfalls durch Rundfunk verbreitet wird, wird Kultusminister Dr. Wacker sprechen.

Zur Verbrennung gelangen folgende Bücher: (wobei zu berücksichtigen ist, daß die Liste infolge der ungeheuren Menge von Schmutz- und Schundliteratur keinen Anspruch auf Vollständigkeit erheben kann).

Unterhaltungs-, Theater- und Musik-Literatur

Nathan Asch, Schalmon Asch, Henry Barbusse, Berthold Brecht, Max Brodt, Alfred Doeblin, Lion Feuchtwanger, Ernst Glaeser, Walter Hasenclever, Arthur Holidscher, Erich Kaestner, Alfred Kerr, Irmgard Kaun, Gina Kaus, Kurt Klaeber, Alexandra Kollontay, Peter Lampel (nur: Verratene Jungen), Emil Ludwig, Klaus Mann, Robert Neumann, Iwan Olbracht, Ernst Ottwald, Erich Maria Remarque, Ludwig Renn, Alfred Schirokauer, Arthur Schnitzler, Upton Sinclair, Adrienne Thomas, Ernst Toller, Kurt Tucholsky, Jakob Wassermann, Franz Werfel, Zuckmayer, Arnold Zweig, Stefan Zweig, Vicky Baum, Joachim Ringelnatz, Klabund, Dr. Markuse, sämtliche Monatszeitschriften „Das Leben", „Das Magazin", „Die Revue des Monats" und ähnliche.

Musikwerke

Alban Berg, Hans Eisler, Berthold Goldschmidt, Alois Haba, Erich Katz, Erich Korngold, Ernst Krenek, Arnold Schönberg, Franz Schreker, Richard Tauber, Alexander Tansmann, Kurt Weil (Dreigroschenoper).

Politische und wissenschaftliche Werke

Max Adler, L. Bauer, August Bebel, Eduard Bernstein, A. Blos, Otto Deutsch, Karl Diehl, Friedrich Engels, F. W .Foerster, Sigmund Freud, E. J. Gumbel, Werner Hegemann, Th. Heuß, R. Hilfferding, Magnus Hirschfeld, M. Hillquist, K. Kautsky, S. Kracauer, Lassalle, Erich Kästerer, A. Landsberger, Fürst Lichnowsky, Lenin, Henri Lichtenberger, Karl Liebknecht, Thomas Mann, Karl Marx, E. Noelting, Otto Nippold, Berthold Otto, Hugo Preuß, Walter Rathenau, Frhr. v. Schoenaich, Theodor Wolff, Urbantschitsch, Claus Wehberg, Julius Wolf, W. Windegg.

Gottlosen-Literatur

Th. Brennecker, K. Brupbacher, K. Carwin, Duncker, H. Effenroth, Hartwig (Vors. des Freidenkerverbandes), Emil Hoellein, Edwin Hörnle, Dr. Max Hodamm, E. Krischa, K. Loewenstein, H. Malowsky, F. Menken, G. Most, H. Siewers, Dr. A. Siemsen, H. Peus, Fr. Wendel, A. Zapp.
Agitationsbibliothek des Freidenkerverbandes,
Leninbibliothek,
Monistische Monatshefte,
Monistische Bibliothek,
Neuland- und Antireligiöse Zeitschrift,
Volkstümliche Freidenkerschriften.

Gebietsführer Kemper wird ebenso wie verschiedene andere hervorragende Redner, während der Kampfwoche in mehreren badischen großen Städten sprechen.

Lebensinhalt darin besteht, daß er seinem Volk und Vaterland leben, und, wenn es sein muß, auch sterben will. (Beifall)."[239]

Auch in der Rede des „Reichsjugendführers" Baldur von Schirach (1907–1974) wurde das Bild des treu seine Pflicht erfüllenden, Entbehrungen bis zum Tod in Kauf nehmenden Hitlerjungen propagiert. Und er forderte offen zu Gewalt auf: „Ich erwarte von euch, daß ihr, wenn die Führer der marxistischen Volkspest es wagen sollten, wieder aufzustehen, daß ihr die ersten sein werdet, um sie an die Laternen aufzuhängen." Der Kampf richte sich nicht nur gegen Marxisten, sondern auch gegen „reaktionäre bürgerliche Kräfte", die sich der Revolution entgegenstemmten.[240]

Die Freiburger fuhren mit mehreren Lastkraftwagen und einer angeblich „großen Zahl erwartungsfreudiger Hitlerjugend" zu diesem Gebietstreffen nach Karlsruhe. Dort regnete es fast dauernd und besonders stark während der Feier im Hochschulstadion – gleichsam ein Menetekel für die kommenden Bücherverbrennungen. Trotzig wurde berichtet: „Unsere völlig durchnäßten Kleider konnten uns nicht davon abhalten, nachher in tadelloser Ordnung am Reichsjugendführer vorbeizumarschieren."[241]

Unmittelbar danach kündigte Gebietsführer Kemper für den Juni zwei „kulturelle Kampfwochen" an: die erste gegen „Schmutz und Schund" und die zweite für deutsche Heimatdichter, Maler und Komponisten. Zum Leiter der Aktionen bestimmte er von Kienle, die Propaganda übertrug er Ernst Baur, Unterbannführer im Stab in Karlsruhe.[242] Die erste „Kampfwoche" fand vom 12. bis 17. Juni statt. Sie wurde eingeleitet mit der Publikation einer Liste einzusammelnder und zu verbrennender Bücher, einer Rundfunkansprache Kempers am 12. Juni sowie mit Vorträgen. Eine groß inszenierte Verbrennung war in Karlsruhe für den 17. Juni geplant. Es sollten aber flächendeckend und auch in kleinen Orten Aktionen stattfinden. Damit unterschied sich die Kampfwoche grundlegend von der auf Universitätsstädte beschränkten Aktion der DSt. Es wurden Instruktionen an die HJ und Informationen über die Organisation der badischen HJ veröffentlicht.[243] Die Abläufe werden unten im Einzelnen in dargestellt.

Die zweite „Kampfwoche", die ‚andere Seite der Medaille', wurde zugunsten der als „rein deutsch" angesehenen Heimatdichter, Maler und Komponisten vom 26. Juni bis zum 1. Juli veranstaltet.[244] Den Auftakt bildete wiederum eine Ansprache Kempers im Süddeutschen Rundfunk, den Abschluss bildete eine Großveranstaltung in der Karlsruher Festhalle.[245] Die Freiburger HJ war in diesem Zeitraum aber „wegen Organisationsfragen und außergewöhnlicher dienstlicher Inanspruchnahme bei der Bewuvo nicht in der Lage",[246] sich an der zweiten „Kampfwoche" zu beteiligen. Sie holte dies in einer ‚langen Woche' vom 9. bis zum 19. Juli nach. Durch die Verschiebung geriet sie in eine Welle des „Freiburger Pressekampfes", in dem der „Alemanne" versuchte, seine Konkurrenz auszuschalten.[247]

Im „Alemannen" erschien zur Einstimmung in die zweite „Kampfwoche" ein Beitrag des Bann-Propagandaleiters Werner Stübel über „Hitlerjugend im Kampf um Kunst und Kultur". Darin versuchte er zu begründen, warum „ausgerechnet die Hitler-Jugend eine Künstler- und Dichterehrung" veranstalte, statt etwa nach „rechter Jungenart ihr Wesen zu treiben".[248]

Abbildung 11: HJ-Ankündigung der völkischen Künstler-Ehrung. Q.: Der Alemanne, 8.7.1933.

Am 9. Juli fand die erste Kundgebung im historischen Kaufhaus statt, um den Willen der HJ „zum Neuaufbau und ihr Bekenntnis zur deutschen Seele" zu zeigen, wie es der – aufgrund des Pressekampfes exklusive – Berichterstatter der Feier, Emil Kunzmann (geb. 1892), im „Alemannen" formulierte.[249] Zu den persönlich anwesenden Geehrten zählten die Komponisten Heinrich Zöllner und Julius Weismann sowie die Autoren Heinrich Mohr, Wilhelm Kotzde-Kottenrodt, Friedrich Schlag, August Ganther, Karl Willy Straub, A. M. Grüninger und Emil Strauß. Damit gehörten zwei Personen zu diesem Kreis, die als Protagonisten der städtischen Säuberungskommission literarische Konkurrenz aus dem Weg geräumt hatten. Mohr wurde vom Berichterstatter als „unser Feldprediger mit der Feder, unser geistlicher Schriftsteller, in dessen Werken das heitere Gemüt Hebels, die Volkstümlichkeit Hansjakobs und die Innigkeit eines Alban Stolz aufleben" bezeichnet. Straub sei „ein Ringer und Sucher um Mensch und Gottheit und um die deutsche Art".[250] HJ-Bannschulungsleiter Späth (Speth) wandte sich in seiner Begrüßung drohend gegen „Spießer und Nörgler", die „das tätige Eingreifen der neuen Jugend als Anmaßung deuten möchten und damit ihre Verständnislosigkeit für das Wollen und Wirken dieser bewußt schaffenden Jugend unter Beweis stellen".[251]

Die individuelle Ehrung erfolgte durch Schul-Professor Hermann Schwarzweber (1884–1972). „Und jedesmal, wenn ein neuer Name erklang, überreichte ein Hitlerjunge, dessen Kameraden mit ihren Bannern Ehrenwache standen, dem Geehrten einen Strauß duftender Blumen."[252] Mohr sprach seitens der Gefeierten und dankte dafür, „daß der David der Hitlerjugend den zynischen Goliath der Verflachung und Ehrfurchtslosigkeit entscheidend besiegte, Dank an den Herrgott, der unser geliebtes Volk mit solch herrlichem Erwachen segnet."[253] Mohr und Schwarzweber waren auch persönlich befreundet.[254] Nach dem Vortrag von Gedichten und Gesängen wandte sich die Festgesellschaft der auf dem Münsterplatz angetretenen

HJ zu. Auf eine kurze Ansprache von Fred Tröller folgte eine Rede des Hauptschriftleiters des „Alemannen", Fritz Kaiser. Dieser sprach über die „Revolution" des Nationalsozialismus, die nicht nur zerschlage, sondern „in der verödeten deutschen Seele wieder das Gute und Göttliche" wachrufe. Dabei hob er nochmals den „furchtlosen Kämpfer Heinrich Mohr" hervor. Den Abschluss bildete ein „Ehrenspalier" der HJ, durch das die Geehrten unter Marschmelodien der NS-Kapelle hindurchzogen – diesmal hinaus in einen sonnigen Tag, wie nach den Erfahrungen des bis dahin regnerischen Sommers hervorgehoben wurde.[255]

Begleitend zur Veranstaltung brachte der „Alemanne" eine Beitragsfolge zur Ehrung heimatlicher Künstler, unter anderem eine autobiografische Skizze „unseres städt. Pressechefs und Dichters Karl Willy Straub".[256] In Rückblicken führte Straub seinen bescheidenen literarischen Erfolg vor 1933 und die Bezeichnung als „Unzeitgemäßen" durch Kritiker darauf zurück, dass er sich künstlerisch wie politisch „nie untreu geworden" sei. „Die Ehrung durch die Hitlerjugend nach der Machtergreifung im Kaufhaussaal der Stadt Freiburg, die einem anderen vielleicht gleichgültig bleiben könnte", sei für ihn deshalb „die äußere Belohnung" für sein „Durchhalten" gewesen.[257]

Der zweite Hauptakt dieser „Kampfwoche" fand am 19. Juli statt. Es war eine „Weihestunde" für den katholischen Geistlichen und bis heute weit bekannten badischen Schriftsteller Heinrich Hansjakob (1837–1916) auf dem Rathausplatz (damals noch Franziskanerplatz). Dies diente der Konstruktion einer historischen, spezifisch badischen Linie heimatverbundener Dichter bis in die NS-Gegenwart. Nach Angaben des „Alemannen" handelte es sich um eine „gewaltige Kundgebung", zu der sich eine „vieltausendköpfige Menschenmenge" eingefunden habe. Ein Teil der HJ stand Spalier, ein anderer marschierte mit Fackeln ein, die bei einer derartigen Inszenierung nie fehlen durften. Zunächst begrüßten – vom Balkon des Rathauses herab – Kerber und Stübel die Menge.[258]

Die Hauptrede hielt wiederum Heinrich Mohr für seinen „toten Freund Hansjakob", wie es hieß. Hansjakob war von 1884 bis 1913 Stadtpfarrer in St. Martin gewesen, der größten Pfarrei Freiburgs. Mohr verknüpfte nun Hansjakobs früheren Arbeitsplatz mit dem gegenüberliegenden Rathaus, auf dessen Balkon bzw. Altan die Freiburger SA im März 1933 (widerrechtlich und gegen den Willen von Oberbürgermeister Bender) die Hakenkreuzfahne gehisst hatte. Mohr behauptete, Hansjakob hätte bei dem Anlass ebenfalls eine solche Fahne aus seinem Fenster herausgehängt, wenn er noch gelebt hätte. „Hitlerjugend und Hansjakob – das ist Blut vom gleichen Blute! (...) Ja, hört meine sichere Überzeugung: heute stände Heinrich Hansjakob unter dem Banner Adolf Hitlers geschart, lange vor dem Abschluß des Konkordates mit Rom würde er, freimütig und ehrlich wie immer, in die Welt hinaus eine nicht minder freudiges Aufsehen erregende als auf wilden

Widerspruch stoßende Schrift gesandt haben über die vom Nationalsozialismus zu erwartenden Segnungen für die katholische Kirche und das Christentum überhaupt."[259]

Mohr erklärte Hansjakob zum Propheten, Vorläufer und Wegbereiter Hitlers. Und er ging auf die äußerst scharfe Kritik ein, die 1912 in der katholischen Zeitung „Badischer Beobachter" am für die Amtskirche unbequemen Hansjakob geäußert worden war. Sie hatte zu seiner Pensionierung und dem Wegzug nach Haslach im Kinzigtal geführt. Mohr verband dies mit einem antisemitischen Vergleich, der vor allem etwas über Mohr selbst aussagte: „So herzlos, geistlos schmähen sonst nur die entarteten Judenblätter über die Priester."[260]

Die Vereinnahmung Hansjakobs durch die Nationalsozialisten kann zum Teil darauf zurückgeführt werden, dass er ein Vertreter der von ihnen favorisierten Heimatliteratur war. Ein wesentlicher Anknüpfungspunkt war aber auch, dass er wie sein Lehrer Alban Stolz (1808–1883) mit seinen Werken antisemitische Anschauungen verbreitete.[261] Zudem wandte er sich gegen die Frauenemanzipation.[262] Dennoch war diese Vereinnahmung absurd, denn der streitbare, gegen Autoritäten ankämpfende und widersprüchliche Hansjakob war gleichzeitig auch demokratisch, antimilitaristisch, pazifistisch und teilweise antikolonial eingestellt.[263]

Als Beispiel für die andauernde Vereinnahmung unter Beteiligung von Freiburger Akteuren sind hier noch die Feierlichkeiten zu seinem 100. Geburtstag in seinem Geburts- und Sterbeort Haslach zu erwähnen.[264] Dort wurde 1936 unter dem Vorsitz des Bürgermeisters ein Festkomitee gebildet, in das einige katholische Würdenträger wie Prälat Benedikt Kreutz berufen wurden. Auch der Hansjakob-Kenner Heinrich Auer, Direktor der Caritasbibliothek in Freiburg, gehörte dazu. Beide sollten bei der für 1937 geplanten großen Festversammlung volkstümliche Reden halten. Wegen der starken katholischen Präsenz im Komitee alarmierte jedoch die NSDAP-Ortsgruppe die Gauleitung, die den Ausschluss von Kreutz und Auer durchsetzte. Die Gaukulturstelle stellte im Folgenden sicher, dass die Veranstaltung im weltanschaulichen Sinne der Partei verlief. Und der Gau Baden der „Reichsschrifttumskammer" bestimmte Karl Willy Straub zum Festredner. Bei der Hauptfeier am 22. August 1937 schilderte er Hansjakob als „Vorkämpfer deutschen Wesens". Dieser habe mit seinen Werken eine „wichtige Grundlage des 14-jährigen Kampfes unseres Führers Adolf Hitler" geschaffen. Im Gegensatz zu dem „Juden Berthold Auerbach" sei Hansjakob eine „urwüchsige deutsche Eiche", die so richtig in „das neue Deutschland" passe.[265] Berthold Auerbach (1812–1882) stammte aus Nordstetten (Horb am Neckar) und hatte schon vor Hansjakob die literarische Gattung der Dorfgeschichte geprägt.[266] Die Freiburger Volksbibliothek sonderte Auerbachs Werke aus und übergab sie 1939 der Universitätsbibliothek.[267]

Wie an diesem und anderen Beispielen ersichtlich ist, eroberten sich Freiburger Akteure der kulturellen „Machtergreifung" und „Gleichschaltung" wie Straub und Harden-Rauch[268] einen dominanten Platz im ‚Kulturbetrieb' und die Ehrung bestimmter Heimatdichter war nicht vom Antisemitismus zu trennen.

3.4.4 Weitere Entwicklung

Im August 1933 begann Oberbannführer Tröller mit der Einrichtung einer HJ-Führerschule in Freiburg, da der weltanschaulichen Schulung und Festigung der breit expandierenden Organisation hohe Priorität zugemessen werden sollte.[269] Die Schulung befasste sich „mit der Deutschen Geschichte und dem Wesen des Nationalsozialismus, der aus dieser Geschichte heraus erwachsen ist", wie Oberbann-Schulungsleiter Hermann Speth in einem Förderantrag an Kerber angab. Er führte dazu weiter aus: „An der Durchführung sind bis heute beteiligt: Professor Sailer, K.W. Straub, Schriftsteller, Wilhelm Kotzde, Schriftsteller, Pfarrer Mohr, Privatlehrer Angel [Herbert Angell, H.W.] und die entsprechenden Hitlerjugendführer."[270]

Am Reichsparteitag im September 1933 nahmen 800 südbadische HJ-Angehörige teil. Im Oktober 1933 fand in Freiburg eine Tagung des Oberbanns mit – laut HJ-Pressestelle – über 700 HJ-Führern statt. Tröllers Rede, die er am 14. Oktober 1933 bei einem Aufmarsch auf dem Münsterplatz hielt, gibt Einblicke in sein NS-typisches Gedankengut.[271] Zum „Horst-Wessel-Tag" am 24. Februar 1934 hielt er eine Ansprache in der städtischen Festhalle im Stadtgarten. Dabei griff er in Anwesenheit von Ministerpräsident Köhler konkret den Leiter des „Erzbischöflichen Gymnasialinstituts" (gemeint war das Gymnasialkonvikt in der Zähringerstraße 11), Dr. Hugo Herrmann an, der Schüler-Freikarten für den Propagandafilm Hitlerjunge Quex abgelehnt habe.[272] Als weiteren Organisationserfolg aus Sicht der HJ sei noch die Sonnwendfeier des Oberbanns am 24. Juni 1934 auf dem Feldberg erwähnt. Bei der Feier, zu der Stabsleiter Kukuk auch Kerber eingeladen hatte, sprachen Gauleiter Wagner und Gebietsführer Kemper vor 6.000 aufmarschierten HJ-Angehörigen der Banne Freiburg, Lörrach und Donaueschingen, darunter 1.000 BdM.[273]

Kernprobleme der wachsenden HJ waren aber ihre Unterfinanzierung und die Beschaffung, Einrichtung und Unterhaltung von eigenen Heimen. Es bestand eine andauernde Unzufriedenheit wegen unzureichender Unterstützung durch die Freiburger Stadtverwaltung. Dies sollte aber nicht zu dem Schluss verleiten, Kerber habe der HJ besonders distanziert gegenübergestanden. Er wurde als Oberbürgermeister ständig mit Wünschen und Forderungen aller möglichen Partei-Gliederungen und zugehöriger

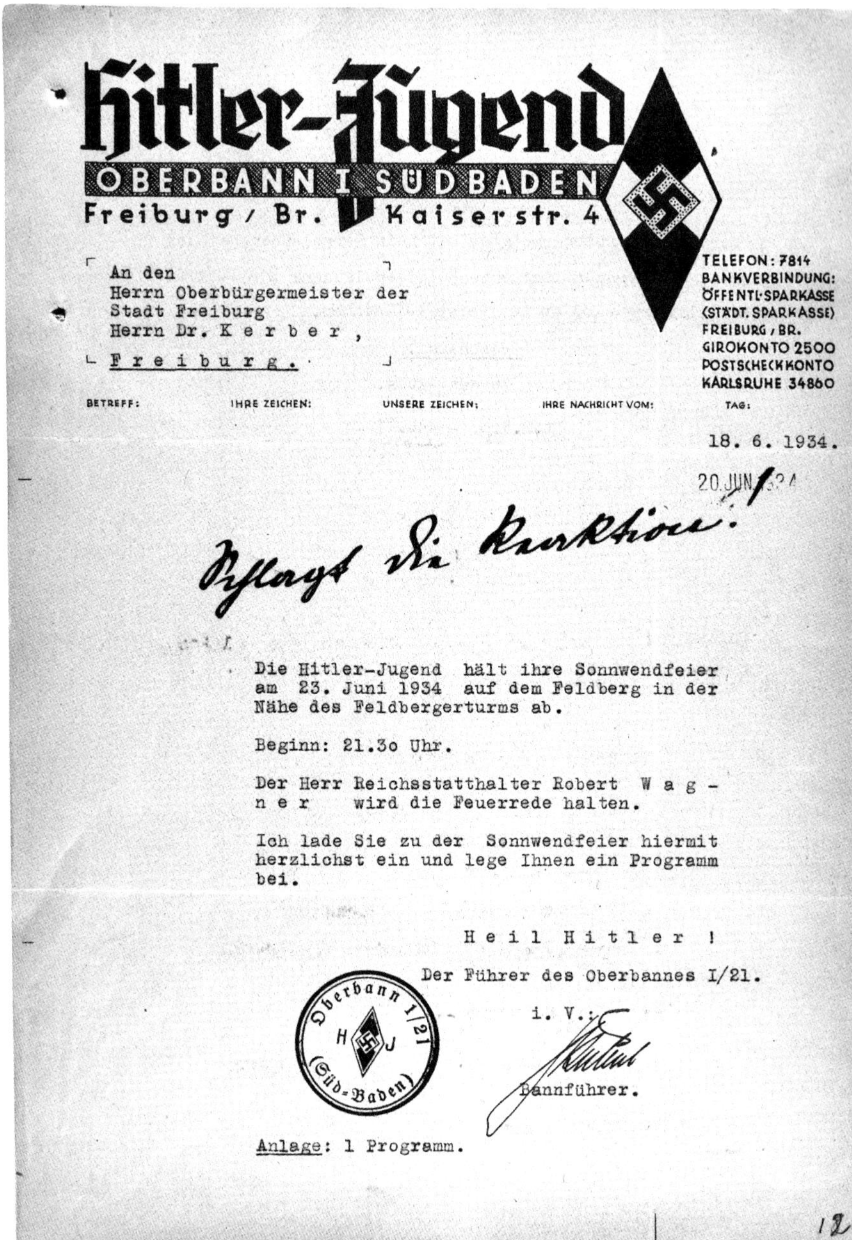

Hitler-Jugend
OBERBANN I SÜDBADEN
Freiburg / Br. Kaiserstr. 4

An den
Herrn Oberbürgermeister der
Stadt Freiburg
Herrn Dr. K e r b e r ,

F r e i b u r g .

TELEFON: 7814
BANKVERBINDUNG:
ÖFFENTL. SPARKASSE
(STÄDT. SPARKASSE)
FREIBURG / BR.
GIROKONTO 2500
POSTSCHECKKONTO
KARLSRUHE 34860

BETREFF: IHRE ZEICHEN: UNSERE ZEICHEN: IHRE NACHRICHT VOM: TAG:

18. 6. 1934.

20. JUN. 1934

Die Hitler-Jugend hält ihre Sonnwendfeier am 23. Juni 1934 auf dem Feldberg in der Nähe des Feldbergerturms ab.

Beginn: 21.3o Uhr.

Der Herr Reichsstatthalter Robert W a g n e r wird die Feuerrede halten.

Ich lade Sie zu der Sonnwendfeier hiermit herzlichst ein und lege Ihnen ein Programm bei.

H e i l H i t l e r !

Der Führer des Oberbannes I/21.

i. V.:

Bannführer.

Oberbann I/21 (Süd-Baden) HJ

Anlage: 1 Programm.

12

Abbildung 12: Einladung von Bannführer Kukuk an Kerber vom 18. Juni 1934.
Q.: StadtAF C4/XIII/32/01.

Organisationen konfrontiert. Es mag angesichts der Macht der NSDAP im totalitären Staat verwundern, aber es war die Regel, dass diese ständig von der Stadt den Verzicht auf die Zahlung von Mieten oder Nebenkosten forderten. Die Gliederungen unterschieden sich stark darin, ob und auf welcher Organisationsebene sie selbst Gelder akquirieren konnten. Trotz des ständigen allgemeinen Machtzuwachses der SS waren beispielsweise deren Freiburger Einheiten teilweise zu stark verschuldet, um bestimmte, von oben angewiesene Veranstaltungen durchführen zu können.[274] Dabei spielte teilweise auch Korruption eine Rolle.

Aus Sicht der HJ kam neben der zu geringen Höhe der Förderung das strukturelle Problem hinzu, von ihren grundsätzlich jungen und zum Teil auch armen Mitgliedern nur sehr geringe Eigenbeiträge fordern zu können. 1935 richtete der Verwaltungsführer der badischen HJ ein für die Lage beispielhaftes Gesuch an Kerber. Dieser sollte der Dienststelle der Freiburger HJ in der Kaiserstraße 4 die Stromschulden erlassen. Der Bann 113 habe die Stadt bisher noch nicht zu sehr belastet, schrieb er. Das war eine höflich formulierte Kritik an mangelnder Förderung, verbunden mit der Aussage, dass andere Großstädte die HJ finanziell sehr gut unterstützen. Außerdem sei der Bann 113 der wirtschaftlich am schlechtesten aufgestellte im ganzen Gebiet 21.[275] Welche Faktoren dafür neben dem etwas niedrigeren Organisationsgrad in Freiburg eine Rolle spielten, wäre weiter zu untersuchen.

Für die weitere Entwicklung, Aktivitäten (etwa das „Großgeländespiel“ 1938) und Führer der HJ ist auf die Publikationen von Bernd Hainmüller und Heiko Haumann hinzuweisen.[276] Bemerkenswert ist noch, dass sich während des Zweiten Weltkriegs eine von nur fünf Reichssportschulen der HJ in Freiburg befand.[277]

3.5 Kampfbund für deutsche Kultur (KfdK)

Ein weiterer zu nennender Akteur war der KfdK; im Mai 1933 rief er in Freiburg zusammen mit der DSt zur Bücherverbrennung auf und richtete mit ihr eine Sonnwendfeier aus. In diesem Zusammenhang trat Dr. Ludwig Klaiber (1896–1952) für den KfdK in Erscheinung, als Bibliothekar und wissenschaftlicher Referent an der Universitätsbibliothek war er auch dort mit „Säuberungen“ befasst.[278]

Der KfdK wurde 1928 vom NS-Chefideologen Alfred Rosenberg (1893–1946) zunächst unter dem Namen „Nationalsozialistische Gesellschaft für deutsche Kultur“ gegründet, dann aber bald in „Kampfbund für deutsche Kultur“ umbenannt, um einen parteiübergreifenden Anschein zu erwecken. Die Gründung der Ortsgruppe Freiburg erfolgte im Dezember 1930 unter

Leitung des Schriftstellers Dr. Wilhelm Kotzde-Kottenrodt. Er vertrat dabei den verhinderten Maler und Professor Hans Adolf Bühler (1877–1951), Vorsitzender der zuvor gegründeten Ortsgruppe Karlsruhe. Die Freiburger Ortsgruppe gelobte „Feindschaft und Tod allen Beeinflussungen undeutscher Art" und die Befreiung einer organisch gedachten „Kulturseele" von „zersetzenden und erstickenden fremden Einflüssen", wozu vor allem „Kulturbolschewismus" gezählt wurde.[279] Die Gründung ist lokal im Kontext von jahrelangen, teilweise offen rassistischen Angriffen von Kulturkonservativen und Nationalsozialisten auf neue Entwicklungen im Kulturbetrieb wie die Jazz-Musik[280] oder die Debatten um den Film Panzerkreuzer Potemkin von Sergei Eisenstein[281] zu sehen.

Im April 1933 wurde der Bauwirtschaftssyndikus Dr. Alexander Szilagi durch die Reichsleitung des KfdK zum Ortsgruppenleiter ernannt. Er führte eine angeblich stark besuchte Versammlung durch und formulierte in einem Zeitungsbeitrag, nach der politischen „Machtübernahme" sei nun die „geistige Erneuerung" im Sinne der NS-Weltanschauung die wichtigste Aufgabe. Dieser widme sich der KfdK mit seinen Fachgruppen vom Theater über die Hochschule und die Wissenschaft bis zum Deutschtum im Ausland. Die Zugehörigkeit zur NSDAP sei keine absolute Voraussetzung zur Mitgliedschaft im KfdK, wohl aber die „glühende Hingabe an das Streben um Reinigung und Aufwärtsrichten deutschen Wesens in Kunst und Kultur". Szilagis Appell, nun alle persönlichen und egoistischen Unstimmigkeiten und Differenzen auszuschalten, deutet darauf hin, dass es in der völkischen Kulturszene Auseinandersetzungen gab.[282]

In seiner Wohnung in der Heimatstraße 10 betrieb er die Geschäftsstelle mit eigenen Sprechstunden.[283] In dieser Phase der „Gleichschaltung" auf allen Ebenen erlangte der KfdK zunehmend Einfluss. Für die Neubesetzung einer Reihe von städtischen Ausschüssen schlug er dem Staatskommissar bzw. Oberbürgermeister Kerber erfolgreich Kandidaten vor. Letzterer räumte Szilagi auch maßgeblichen Einfluss ein, etwa bei der Benennung von Straßen. Kerber sperrte der Volkshochschule den städtischen Zuschuss mit der Begründung, deren Leiter sei politisch nicht zuverlässig. Gleichzeitig wurde angekündigt, der KfdK werde einen Ersatz bieten und eine „nationale Volkshochschule" in die Wege leiten.[284] Freiburger KfdK-Mitglieder errangen im Sommer 1933 höhere Posten: So wurde sein Freiburger Fachreferent für das Sangeswesen, der Handelsschulassessor Dr. Hans Rathmann, als Bundesführer des 45.000 Sänger und Sängerinnen umfassenden Badischen Sängerbundes eingesetzt.[285] Das NSDAP-Mitglied Wilhelm Kotzde-Kottenrodt wurde zum Leiter der „Landschaft Alemannen-Schwaben" (vor allem Baden, Württemberg, Hohenzollern) im „Reichsbund Volksbund und Heimat" ernannt, der der NSDAP nahestand. Hans Teichmann, Organisationsleiter der Freiburger KfdK-Gruppe, wurde ihm als Organisationsleiter zur Seite gestellt.[286] Es wurde sogar ein eigenes KfdK-Orchester aufgebaut.[287] 1934 wurde der KfdK auf Weisung Alfred Rosenbergs mit dem Reichsverbund „Deutsche Bühne“ zur „NS-Kulturgemeinde“ verschmolzen und in die NS-Gemeinschaft „Kraft durch Freude“ integriert.[288]

4 Chronologie der Bücherverbrennungen 1933

Die folgende Zusammenstellung rekonstruiert detailliert die von verschiedenen Akteuren anberaumten Termine für Bücherverbrennungen im Frühjahr und Sommer 1933. Stellenweise werden ergänzend ausgewählte öffentliche Ereignisse aufgeführt, die im selben Zusammenhang gesehen werden können.

4.1 17. März – Überfall auf die „Volkswacht"

Im Standardwerk von Julius H. Schoeps und Werner Treß werden als „Phase 1" Bücher- und Fahnenverbrennungen erfasst, die sich noch vor der studentischen Kampagne ereigneten. Sie wurden im Rahmen von Übergriffen durch NSDAP, SA und SS auf die Arbeiterbewegung oder auch durch die HJ auf Schulhöfen durchgeführt.[289] In dieser Liste müsste auch Freiburg ergänzt werden. Den Vorwand für eine Welle schwerer Repressionen durch das neue Regime in Baden bildete folgendes Ereignis: In den frühen Morgenstunden des 17. März 1933 drangen auf Anordnung von Reichskommissar Wagner Polizisten in die Wohnung des Freiburger SPD-Landtagsabgeordneten Christian Daniel Nußbaum (1888–1939) ein, um ihn in „Schutzhaft" zu nehmen. Dabei erschoss er die Polizeibeamten Karl Schelshorn und Johann Baptist Weber. Ob dies aus Erregung und Furcht angesichts der dramatischen politischen Situation, der Razzia zur Schlafenszeit oder aufgrund seiner bereits bestehenden psychischen Probleme geschah, ist bis heute umstritten. Reichskommissar Wagner stilisierte den Vorfall jedoch eindeutig zur geplanten „marxistischen Bluttat". Er ließ alle badischen Abgeordneten von SPD und KPD festnehmen, die Wehr- und Jugendverbände sowie alle Zeitungen beider Parteien verbieten, noch bevor dies auf Reichsebene getan wurde. Von der SPD wurden unter anderem der Reichstagsabgeordnete Stefan Meier, der Landtagsabgeordnete Philipp Martzloff (1880–1962), die Stadträte Emil Grumbach (1875–1960) und Reinhold Zumtobel (1878–1953) in „Schutzhaft" genommen.

Noch am selben Tage überfielen NSDAP-, SA-, SS- und Stahlhelm-Mitglieder die sozialdemokratische „Verlags-Gesellschaft Freiburg m.b.H." in der Predigerstraße, die dort die Tageszeitung „Volkswacht" produzierte. Angeblich versammelten sich auch Tausende erregter Bürger und Bürgerinnen vor dem Gebäude.[290] Die Eindringlinge holten eine schwarz-rot-goldene Fahne heraus, zerbrachen den Schaft, verbrannten die Fahne und hissten eine schwarz-rot-weiße sowie eine Hakenkreuz-Fahne auf dem

Abbildung 13: Das ehemalige SPD-Verlagsgebäude, nun mit Hakenkreuzfahnen. Q.: Der Alemanne, 3./4.6.1933.

Verlagsgebäude des Alemanner

In diesem Hause befinden sich Verlag, Schriftleitung und Druckerei des Alemannen

Gebäude. Außerdem wurden 16.000 frisch gedruckte Zeitungsexemplare, Wahlflugblätter und eine Anzahl Bücher auf die Straße geworfen und angezündet. Während des ganzen Vorfalls war die Redakteurin Käthe Vordtriede, Tochter assimilierter Juden, anwesend. Sie bemerkte, dass große Mengen der Bücher, darunter kostbare Sammlerstücke, nicht verbrannt, sondern trotz „des literarischen Urteils der Nazis" gestohlen wurden.[291] Ein größeres Feuer wäre in der engen Innenstadtlage wohl auch viel zu gefährlich gewesen. Außerdem hatten die Nazis noch andere Pläne: Nach der Schließung des Verlagsgebäudes durch die Polizei wurde es sehr schnell vom NS-Konkurrenzblatt „Der Alemanne" in Besitz genommen. Auch wenn Vordtriede meinte, es sei den Angreifern nicht im gewünschten Ausmaß gelungen, die Papiermassen zum Brennen zu bringen, handelte es sich doch um einen veritablen Raubzug der NSDAP.

Verbrennung antifaschistischer Flugschriften und Fahnen am Gewerkschaftshaus.

Abbildung 14: Verbrennung antifaschistischer Flugschriften und Fahnen am Heidelberger Gewerkschaftshaus im März 1933. Q.: Heidelberger Neueste Nachrichten, 13.3.1933.

4.2 10. Mai – Studenten, Heidegger und die Frage der Verbrennung vor der Universität

In einem Brief vom 3. Mai 1933 berichtete Vordtriede ihrem in der Schweiz befindlichen Sohn, dass vor dem Hörsaal II der Universität ein „Schandpfahl" errichtet werden solle. An diesem könnten „nach dem Muster von Berlin, Kiel usw." Zettelchen mit Reißnägeln befestigt werden. „Da kann jeder den Titel eines jüdischen Buches anheften", erläuterte sie bitter.[292] Auch die bevorstehenden Bücherverbrennungen erwähnte sie: „Am 12. [sic!] Mai ist in allen Universitätsstädten die öffentliche Verbrennung von allen aus Bibliotheken ausgemerzten Büchern von Juden – wahrscheinlich die Phänomenologie Husserls obenauf."[293]

Anfang Mai brachte die „Freiburger Studentenzeitung" zunächst nur den allgemeinen Aufruf „Wider den deutschen Ungeist" der DSt.[294] Am 8. Mai folgte in den Lokalzeitungen ein gemeinsamer Aufruf der Freiburger Studentenschaft, die bis zu diesem Tag noch von Tiesenhausen geführt wurde, und der Ortsgruppe des KfdK. Darin wurde eine Bücherverbrennung für den 10. Mai im Rahmen der reichsweiten Aktion angekündigt. In martialischem Duktus propagierten sie, die DSt wolle „den geistigen Kampf gegen die jüdisch-marxistische Zersetzung des deutschen Volkes bis zur völligen Vernichtung" durchführen. Die Freiburger Bevölkerung wurde aufgerufen, den Unterzeichnern alle Schriften und Bücher „jüdisch-marxistischen Schrifttums“ aus den Büchereien, Buchhandlungen und Antiquariaten zu schicken, damit diese öffentlich verbrannt werden könnten. „Das Feuer der Vernichtung wird uns zugleich zur lodernden Flamme des begeisterten Ringens um den deutschen Geist, die deutsche Sitte und den deutschen Brauch“, hieß es weiter.[295]

In seinem oben erwähnten Vortrag bezeichnete Michael Koltan den Aufruf als einen Ausdruck des Dilettantismus im Vorgehen der Freiburger Studentenschaft, da er lediglich von der Zentrale der DSt übernommen worden sei und keine Angaben zu Zeit und Ort enthalten habe.[296] Allerdings erschien gleichzeitig ein weiterer, bislang übersehener und zumindest etwas konkreterer Aufruf: „Diese Säuberung wird am 10. Mai auch in Freiburg vor sich gehen. Die Studentenschaft der Universität Freiburg richtet an alle die Aufforderung, bei der Vernichtung der Schundliteratur mitzuhelfen. Deshalb werden alle Buchhandlungen, Antiquariate und Leihbüchereien gebeten, ihren Bestand an den in Frage kommenden Büchern bis zum 10. Mai mittags der Studentenschaft zuzusenden oder diese abholen zu lassen.“[297]

Ludwig Klaiber von der KfdK-Ortsgruppe flankierte den Aufruf: „Die Politik einer allzu wahllosen Anschaffungsbereitschaft, die sozusagen kritiklos für Jud, Christ, Heid und Hottentot [sic] die Bücherschäfte [sic] frei hielt soll nun Platz machen einer zielbewußten Pflege unseres eigentlichen deutschen literarischen Kulturgutes. (...) Und in diesem Sinne betrachten wir auch die in nächster Zeit von der Deutschen Studentenschaft veranstalteten Bücherverbrennungen als einen symbolischen Akt der Ausmerzung ungesunder und in ihrem innersten Wesen undeutscher Elemente aus unserem völkischen Schrifttum.“[298] Koltan sah bei der DSt „fanatischen Haß“ am Werke, bei Klaiber sah er dagegen „hohe[n] sittlichen Ernst“ in Form von „ekelerregender Anständigkeit“ gegeben.[299]

Ob und gegebenenfalls in welcher Form in Freiburg am 10. Mai eine Verbrennung stattfand, ist umstritten. Im Folgenden erörtere ich die verschiedenen Ansichten und Erklärungsansätze dazu. Eine gewichtige Stimme im Hinblick auf die Universität Freiburg in der NS-Zeit war Gerhard Ritter (1888–1967). Er war ab 1925 Ordinarius für Geschichte in Freiburg, gehörte der konservativ-deutschnationalen Opposition an und wurde 1944 durch die Gestapo inhaftiert. Nach Kriegsende erhielt er deshalb eine zentrale Rolle bei der „Entnazifizierung“ der Universität und war insofern eigentlich gut informiert. Auf die Frage nach Bücherverbrennungen sagte er in einem – erst viel später veröffentlichten – Interview: „Ja, die haben hier nicht stattgefunden.“ Und auf die konkrete Nachfrage, ob die Aktion vom 10. Mai 1933 in Freiburg nicht durchgeführt worden sei, antwortete er: „Ich weiß nichts davon.“[300] Man muss seine Aussage zur Kenntnis nehmen, sonderbar bleibt jedoch, wie er das Thema damit vom Tisch wischte und nicht einmal auf die Aufrufe einging.

Entscheidender für die weitere Geschichtsschreibung war aber eine Behauptung von Martin Heidegger. Er äußerte sie unter anderem im berühmten „Spiegel-Interview", das 1966 geführt wurde, aber erst 1976 nach seinem Tod abgedruckt werden durfte. Darin behauptete er: „Ich habe die geplante Bücherverbrennung, die vor dem Universitätsgebäude stattfinden sollte, verboten".[301] Die Deutsche Presseagentur wählte für ihre Zusammenfassung des ganzen Interviews sogar den Sensationstitel „Heidegger verbot die Bücherverbrennung".[302] Belege lieferte Heidegger für seine Behauptung nie, sie wurde fortan aber immer weiter transportiert, obwohl sich Hugo Ott kritisch damit befasste.[303] Hier ist nicht der Ort, die umfangreiche Debatte über sein Rektorat oder gar darüber hinaus zu rekapitulieren.[304] Ich gebe nur beispielhafte Hinweise, die zum Verständnis der Situation um den 10. Mai herum wichtig sind, und greife die Frage dann im Abschnitt zum 24. Juni nochmals auf.

Nach dem politisch bedingten, mehr oder weniger erzwungenen Rücktritt des gewählten und demokratisch gesinnten Rektors Wilhelm von Möllendorff (1887–1944) wurde Heidegger mitten im tobenden Prozess der „Gleichschaltung" am 24. April zum Rektor der Universität Freiburg gewählt (im Oktober des Jahres wurde er von Kultusminister Wacker als „Führer-Rektor" eingesetzt und damit bestätigt). Am 1. Mai trat Heidegger öffentlichkeitswirksam in die NSDAP ein, worüber die Presse in Kenntnis gesetzt wurde.

Im „Alemannen" erschien ein begeisterter Artikel, verbunden mit einer Würdigung seiner Philosophie. „Wir Freiburger Nationalsozialisten sehen in diesem Akt mehr als eine äußerliche Anerkennung der vollzogenen Umwälzung und der bestehenden Machtverhältnisse. Wir wissen, daß Martin Heidegger in seinem hohen Verantwortungsbewußtsein, in seiner Sorge um das Schicksal und die Zukunft des deutschen Menschen mitten im Herzen unserer herrlichen Bewegung stand, wir wissen auch, daß er aus seiner deutschen Gesinnung niemals ein Hehl machte und daß er seit Jahren die Partei Adolf Hitlers in ihrem schweren Ringen um Sein und Macht aufs wirksamste unterstützte, daß er stets bereit war, für Deutschlands heilige Sache Opfer zu bringen, und daß ein Nationalsozialist niemals vergebens bei ihm anpochte."[305]

Inwieweit die Aussagen zu Heideggers Haltung vor 1933 den Tatsachen entsprachen, soll hier nicht diskutiert werden. Dies ist hinsichtlich der Ereignisse am 10. Mai weniger relevant als der real kundgetane öffentliche Schulterschluss beider Seiten in diesem Moment. Zur Klärung seiner politischen Rolle im Frühsommer 1933 und seiner Haltung zu den Bücherverbrennungen ist diese Charakterisierung im „Alemannen" jedoch ebenso bedeutsam wie seine berühmte Rektoratsrede. Der „Alemanne" verglich Heidegger nicht nur mit Hitler persönlich, sondern auch mit dem Philosophen Johann Gottlieb Fichte: „Wie einst Fichte seine geistige Kraft und

Der Philosoph Martin Heidegger ist in die NSDAP. eingetreten
Näherer Bericht siehe Seite 2

Abbildung 15: Schlagzeile zu Heideggers Parteieintritt. Q.: Der Alemanne, 3.5.1933.

Autorität der Volkserhebung von 1813 nicht versagte, so hat auch Heidegger die Größe unserer Zeit richtig erkannt und erfüllt."[306]

Der Leiter der Hochschulabteilung im Ministerium des Kultus und Unterrichts, Ministerialrat Dr. Eugen Fehrle (1880–1957), gratulierte Heidegger zum Parteieintritt. Dieser dankte ihm dafür und antwortete: „Wir müssen jetzt alles daran setzen, um die Welt der Gebildeten und Gelehrten für den neuen nationalpolitischen Geist zu erobern. Das wird kein leichter Waffengang werden."[307] Und am 9. Mai druckte der „Alemanne" ein Glückwunschtelegramm Heideggers an NSDAP-Gauleiter Robert Wagner ab: „Hocherfreut über die Ernennung zum Reichsstatthalter grüßt den Führer der Grenzmark mit einem kampfverbundenen Sieg Heil der Rektor".[308]

Dass Heidegger sein angebliches Verbot in den Zusammenhang mit aufkommenden Konflikten mit der NSDStB-Hochschulgruppe oder der DSt stellte, hielt Ott für „schwer verständlich". Der Führer der radikal antisemitischen und antimarxistischen DSt auf Reichsebene, Gerhard Krüger, der in aller Stille die „Aktion gegen den undeutschen Geist" vorbereitet hatte, sei mit Heidegger „bekannt, ja vertraut" gewesen.[309] Insgesamt betrachtet ist Heideggers selbstentlastende, nachträgliche Aussage nicht glaubhaft und steht im Widerspruch zu seiner pro-nationalsozialistischen Haltung mindestens in diesem Zeitraum. Ein angebliches Verbot Heideggers kann somit nicht zur Klärung der Frage herangezogen werden, ob am 10. Mai eine Bücherverbrennung stattfand oder nicht.

Geoffrey J. Giles ging 1991 ebenfalls davon aus, dass sie nicht stattgefunden habe, gab aber einen anderen Grund an. So ging er von Kompetenzstreitigkeiten zwischen dem Führer der DSt und dem Führer der Hochschulgruppe des NSDStB als der maßgeblichen Parteiorganisation aus.[310] Er betonte, dass auch das „Nichtzustandekommen" kein Ruhmesblatt sei, denn es bleibe der in der Presse veröffentlichte flammende Aufruf des Studentenführers dazu.[311] In seiner 1995 erschienenen Studie über Studenten im Dritten Reich notierte auch Michael Grüttner, dass in Freiburg keine Bücherverbrennung stattgefunden habe.[312]

Eine Schwierigkeit besteht darin, dass sich in den Lokalzeitungen zwar die Ankündigungen finden, aber weder Meldungen über den Vollzug noch über den Ausfall bzw. eine Absage. Warum aber berichtete die Presse nicht? Eine naheliegende Erklärung bietet ein Blick auf die dichte Folge von

Aufruf!

Die deutsche Studentenschaft ist entschlossen, den geistigen Kampf gegen die jüdisch-marxistische Zersetzung des deutschen Volkes bis zur völligen Vernichtung durchzuführen. Als Sinnbild dieses Kampfwillens gelte

die öffentliche Verbrennung

des jüdisch-marxistischen Schrifttums am 10. Mai 1933.

Deutsche, sammelt auch zu diesem Kampf. Bekundet die Kampfgemeinschaft auch öffentlich. Schickt uns aus den Büchereien, Buchhandlungen und Antiquariaten alle Schriften und Bücher, die der Verbrennung anheim fallen sollen. Jeder bringe, was er findet oder melde es zur Abholung durch uns.

Das Feuer der Vernichtung wird uns zugleich zur lodernden Flamme des begeisterten Ringens um den deutschen Geist, die deutsche Sitte und den deutschen Brauch.

Die deutsche Studentenschaft
i. A. Die Studentenschaft der Universität Freiburg,
Der Kampfbund für deutsche Kultur.

Abbildung 16: Aufruf der DSt und des KfdK. Q.: Der Alemanne, 8.5.1933.

Mittwoch, den 10. Mai 1933, abends 7 Uhr
vor dem Kaufhaus auf dem
MÜNSTERPLATZ
FREIBURG IM BREISGAU

Aufmarsch

der SA, SS, PO, HJ, des Stahlhelm, NS-Studentenbundes u. der Studentenschaft der Universität Freiburg; ferner Fahnenabordnungen der NSBO und der NS-Beamten-Fachschaften (nur in Uniform) zur Entgegennahme des ersten Beschlusses unserer neu formierten städtischen Kollegien:

Ernennung des Herrn Reichspräsidenten Generalfeldmarschall v. Hindenburg, unseres Führers und Volkskanzlers Adolf Hitler, des Reichsstatthalters Robert Wagner

zu Ehrenbürgern der Stadt Freiburg i. Br.

Die obengenannten Formationen stehen 6.15 Uhr abends abmarschbereit in der Falkensteinstraße.

NSDAP. - Kreisleitung, Standarte 113

Abbildung 17: Ankündigung des Massen-Aufmarsches der Formationen inklusive der Studentenschaft auf dem Münsterplatz. Q.: Der Alemanne, 10.5.1933.

Großereignissen um den 10. Mai herum. Sie absorbierten die öffentliche Aufmerksamkeit und auch die Organisationskraft der Studentenschaft. So fand unter anderem am 8. Mai in der Universität eine Kundgebung der NSDStB-Hochschulgruppe mit deren Bundesführer Dr. Oskar Stäbel statt. Dabei sprach er über „Student und Hochschule im neuen Staat". Der Kundgebung, die vom Hörsaal I zusätzlich in die Vorhalle des Kollegiengebäudes I übertragen wurde, wohnten nach Presseangaben der Rektor und über 1.000 Studierende bei.[313] Und am 10. Mai selbst fand abends die erste Sitzung des neuen, „gleichgeschalteten" Bürgerausschusses (Stadträte und Stadtverordnete) im historischen Kaufhaus statt. Bei dieser Gelegenheit wurden Adolf Hitler, Paul von Hindenburg und Robert Wagner das Ehrenbürgerrecht der Stadt verliehen. An dem Massenaufmarsch der Formationen aus diesem Anlass auf dem Münsterplatz nahm auch die Studentenschaft teil.[314]

Im Gegensatz zu den Zeitzeugen Ritter oder Heidegger gab es Autoren, die meinten, dass eine Bücherverbrennung am 10. Mai stattgefunden habe.

Manche stützten sich aber nur auf die Ankündigung und hatten die Realisierung nicht überprüft.[315] Anders sieht es bei der 1970 publizierten Aussage des Zeitzeugen Ernesto Grassi (1902–1991) aus: „Dann, plötzlich hereinbrechend, zerstörend, die Jahre von Dreiunddreißig an: Heideggers Rektorat, seine Antrittsrede; unter seinem Rektorat die Verbrennung der jüdischen, marxistischen Bücher, der Zeugnisse der ‚zersetzenden' Wissenschaft." Und er verortete die Verbrennung auch eindeutig, wodurch eine Verwechslung mit späteren Aktionen der HJ ausgeschlossen ist: „Vor der Universitätsbibliothek loderte das Feuer."[316]

Grassi war ein italienischer Philosoph, dem Umkreis von Heidegger zugehörig, und arbeitete als Lektor am Seminar für romanische Philologie der Universität Freiburg.[317] Sein sich wandelndes Verhältnis zu Heidegger, seine zwiespältige Positionierung zwischen Humanismus, Faschismus und Nationalsozialismus vor 1945 sowie seinen späteren Umgang damit hat Wilhelm Büttemeyer untersucht.[318] Auch wenn man die Möglichkeit bedenken muss, dass sich Grassi 1970 vielleicht vom belasteten Heidegger abgrenzen wollte, so ist seine Aussage doch sehr konkret. Der Freiburger Historiker Hugo Ott griff sie in seiner frühen Heidegger-Biografie auf und verstärkte sie: „Ich habe mit Zeitzeugen gesprochen, die diese Darstellung bestätigen."[319]

Die Namen der Zeitzeugen nannte Ott leider nicht, aber für ihn stand damit fest, dass es eine studentische Bücherverbrennung gegeben hatte. Dass in der Presse keine Meldung über eine Absage oder Verschiebung erschien, wie es in allen sonstigen Fällen geschah, stützt die Annahme. Dass andererseits aber auch kein Vollzugsbericht erschien, legt gleichzeitig nahe, dass diese Aktion gegebenenfalls in einem beschränkten Rahmen durchgeführt wurde. Es kann angenommen werden, dass sich die Studentenführung damit nicht „schmücken" konnte und deshalb auf einen eigenen Bericht verzichtete. Dafür sprechen die geschilderte sonstige Inanspruchnahme der NS-Studenten, die große Konkurrenzveranstaltung sowie schließlich noch das schlechte Wetter am 10. Mai.[320]

4.3 31. Mai – DSt und die „allgemeine Jugendveranstaltung"

Wie gezeigt wurde, setzten setzten auch nach dem 10. Mai Düsselmann und seine Kameraden ihre Requisitionsversuche in Schulbibliotheken fort. Mitte Mai kündigte der Studentenführer Künzel eine (weitere) Bücherverbrennung im Rahmen einer „Gesamt-Jugendveranstaltung gegen Schmutz und Schund" an. Als „Termin zur Vollzugsmeldung" bestimmte er den 31. Mai. Dabei blieb offen, ob er nur die Beendigung der „Säuberungsaktionen" oder auch einen konkreten Termin für die Verbrennung meinte.[321] Nach Heideggers Amtsantritt am 23. April erfolgte am 27. Mai die offizielle Rektoratsübergabe mit seiner bekannten Rede. Hätte er der DSt Bücherverbrennungen verboten, hätte dies nun umso mehr Geltung erlangt. Am 29. Mai lud der von Künzel beauftragte Düsselmann jedoch Kerber zu einer Bücherverbrennung im Rahmen einer „allgemeinen Jugendveranstaltung" am 31. Mai um 22 Uhr ein. „Wir werden uns erlauben, Sie im Falle einer Zusage abzuholen, da der Platz noch nicht bestimmt ist."[322]

Diese Kurzfristigkeit kann an organisatorischer Unfähigkeit Düsselmanns, genauso aber auch an Abstimmungsschwierigkeiten mit weiteren Akteuren gelegen haben. Der Brief erreichte Kerber frühestens am 30. Mai, sodass seine Teilnahme schon deshalb fraglich gewesen wäre. Am 31. Mai teilte die Studentenschaft Kerber kurzfristig mit, dass die Bücherverbrennung an diesem Tage nicht stattfinde. In Kerbers Information darüber an die Pressestelle und die Mitglieder der städtischen Kommission ist keine Begründung enthalten und es stand auch kein neuer Termin fest.[323] War damit nun von studentischer Seite „alles vorbei"?[324]

4.4 14. und 17. Juni – Münster- und Exerzierplatz

Der nächste Termin einer Bücherverbrennung wurde für den 14. Juni vorgesehen, dann aber auf den 17. Juni verschoben.[325] Es handelte sich dabei aber nicht einfach um eine Ersatz- oder Nachholveranstaltung für den 10. Mai, wie teilweise angenommen wurde.[326] Zwar war sie von den studentischen Aktionen im Reich inspiriert, hatte aber andere organisatorische Hintergründe: die Bildung der städtischen Kommission und die landesweite „erste kulturelle Kampfwoche gegen Schmutz und Schund" der HJ.[327] Flankierend erschien ein „Aufruf der badischen Lehrer zur Aktion gegen die Schundliteratur". Darin wurde auf die Sammlung am Freitagnachmittag (16. Juni) durch die Freiburger HJ hingewiesen, der zwei Sammelwagen zur Verfügung stünden, mit denen sie die Hauptstraßen der Stadt abfahren werde. Bücher, die nicht direkt an den Wagen abgeliefert werden könnten, möge man auf der Geschäftsstelle der HJ in der Kaiserstraße 4 abgeben.[328]

Diesmal war ein umfangreiches Programm vorgesehen: Es sollte mit dem Antreten auf dem Karlsplatz um 21 Uhr beginnen, danach folgten ein Fackelzug bis vor das Münsterportal und schließlich eine halbkreisförmige Aufstellung um das „kleine Bücherfeuer" vor der mittleren Portalsäule. Dabei sollten „Volk ans Gewehr" und das „Horst-Wessel-Lied" gesungen werden sowie „Kampfrufe der Hitlerjungens" ertönen. Einleitende Worte wollte der Bannführer Südbaden der HJ Alfred Tröller sprechen, während Pfarrer Albert von der städtischen Kommission für die „Feuerrede" vorgesehen war. Um 21.40 Uhr war dann der Abmarsch zum Exerzierplatz auf dem heutigen Messegelände geplant, wo das „große Bücherfeuer" entzündet werden sollte.

„Heraus mit Schmutz und Schund"

Lest deutsche Dichter! – Die Aktion der Hitler-Jugend

Gestern mittag begann die groß angelegte Aktion der Hitlerjugend gegen den literarischen Schmutz und Schund, der ungehindert jahrzehntelang die deutsche Volksseele vergiften konnte. Vom Mühlburgertor und vom Durlachertor zogen je zwei Kolonnen des Jungvolks mit ihren Füh-

rern durch die Kaiserstraße, deren Buchhandlungen als erste gesäubert wurden, zum Marktplatz. Vor jedem Buchladen, vor jeder Bibliothek ließen die Führer ihre Jungens halten, kräftige junge Kehlen schmetterten den Schaulustigen, die sich rasch gesammelt hatten, den Kampfruf der Säuberungsaktion in die Ohren: **Heraus mit Schmutz und Schund! Lest deutsche Dichter! Dann betrat eine Abordnung von sechs Jungens unter ihrem Führer den Laden und verlangte die Herausgabe sämtlicher unter das Schund- und Schmutzgesetz fallender Bücher.** Ein Kommando von 12 Jungens hielt unterdessen den Eingang frei und sicherte gegen die rasch zusammengelaufene, neugierig vordrängende Menge. In den mitgeführten Leiterwagen wurden die gesammelten Bücher dann ins Bezirksamt geführt, wo im Laufe des Nachmittags **fünf bis an den Rand mit Schmutzlektüre gefüllte Wagen entleert wurden** Bis zum Ende der Aktion steht auf dem Marktplatz eine Wache der Hitlerjugend, die alle zwei Stunden abgelöst wird und das Transparent „Heraus mit Schmutz und Schund" trägt und die so der Bevölkerung diese dringend notwendige Säuberung des deutschen Geistesgutes eindringlich in Erinnerung ruft.

Abbildung 18: „Heraus mit Schmutz und Schund", Foto der Karlsruher HJ-Sammelaktion. Aus dem Artikel geht hervor, dass die Herausgabe von Büchern fast überfallmäßig vorgenommen wurde. Q.: Der Führer, 16.5.1933.

Nach einer Ansprache von Oberbürgermeister Kerber sollte dort schließlich der Ausklang an Biwak-Feuern stattfinden.[329]

Warum gleich zwei Feuer vorgesehen waren, wurde in den Ankündigungen nicht erläutert. Dies hatte zwei Gründe: Ein größeres Feuer auf dem Münsterplatz bzw. sogar direkt am Portal des Münsters wäre zu gefährlich gewesen. Dass aber genau dieser Ort gewählt wurde, dürfte neben seiner zentralen Lage auch eine drohende Botschaft an das Erzbistum gewesen sein. Der andere Grund kann beim Studium der einschlägigen Quellen leicht übersehen werden und wurde bislang auch noch nie in Betracht gezogen. Er dürfte aber damals völlig klar gewesen sein und musste dementsprechend gar nicht besonders erwähnt werden: Auf dem Exerzierplatz und im dortigen Winterer-Stadion fand am 17. und 18. Juni 1933 auf Initiative des FA unter der Gesamtleitung von Polizei-Hauptmann Brenner (siehe Kapitel 3.4.2) das erste sogenannte „nationale Geländesporttreffen" statt. Polizei-Leutnant Tröller hatte die technische Leitung inne, womit die enge Einbindung der HJ auch in dieses Treffen belegt ist.

An diesem Treffen sollen 80 Mannschaften von SA, SS, Stahlhelm, HJ, Studenten sowie Sport- und Turnvereinen aus Oberbaden mit insgesamt 800 bis 1.000 Personen teilgenommen haben. Sie zelteten auf dem Exerzierplatz und waren offenbar als geeignetes Publikum für die zweite Inszenierung gedacht. Für Samstagnachmittag war ein (paramilitärischer) Gepäckmarsch auf den Roßkopf-Gipfel geplant und die Teilnehmer wurden erst nachts zurückerwartet. Somit erklärt sich auch die späte nächtliche Terminierung des Abmarsches vom Münsterplatz. Diese Verbrennung war dann sicher nicht mehr für die meisten ‚normalen' Schüler und Schülerinnen gedacht.[330] Zum Exerzierplatz als Veranstaltungsort ist noch zu erwähnen, dass dieser nicht weit vom (heute noch bestehenden) israelitischen Friedhof lag. Auch hierin könnte eine drohende Botschaft gesehen werden.

Neben der HJ und der städtischen Kommission waren weitere Akteure an der Planung beteiligt.[331] So sagte der Feuerwehrkommandant Scholl „bereitwilligst" eine unentgeltliche Mitwirkung der Feuerwehrkapelle zu. Tröller beschaffte bei Gottfried Zipf[332] die Fackeln (vorgesehen waren 200), die aus der Handkasse Kerbers bezahlt wurden. Gewollt war auch das Erscheinen der Freiburger Schüler und Schülerinnen am Münsterplatz, doch ergab sich ein praktisches Problem: Eine kurzfristige Verständigung der Schulen war auf dem Dienstweg nicht mehr möglich, da sie wegen der Mitwirkung der Lehrkräfte bei der gerade stattfindenden Volkszählung geschlossen waren.[333] Deshalb gab Straub eine Pressemeldung heraus, wonach sich Schüler und Schülerinnen der städtischen Schulen beteiligen sollten, die Volksschulen vom 7. Schuljahr an, die höheren Schulen ohne Altersbegrenzung.[334]

Grundlegende Fragen wirft die Erwähnung eines „Aktionsausschusses für die Bücherverbrennungen" in einem Beschluss Kerbers auf. Dessen Vorsitzender sei von Straub über Planungen für den 17. Juni informiert worden.[335] Näheres ist darüber nicht bekannt. Seine Existenz spricht dafür, dass die Ereignisse und Abläufe in Freiburg möglicherweise weniger chaotisch waren, als dies bislang angenommen wurde. Es könnte sich um den Ausschuss gehandelt haben, dessen Bildung ursprünglich die DSt unter Leitung des Studentenführers vorgegeben hatte.[336]

Der große symbolische Akt mit dem kleinen Feuer fiel sehr kurzfristig aus. Der HJ-Bann ließ über die Presse mitteilen: „Wegen nichtendenwollenden Regens am Samstagabend mußte die Kundgebung auf dem Münsterplatz ab-

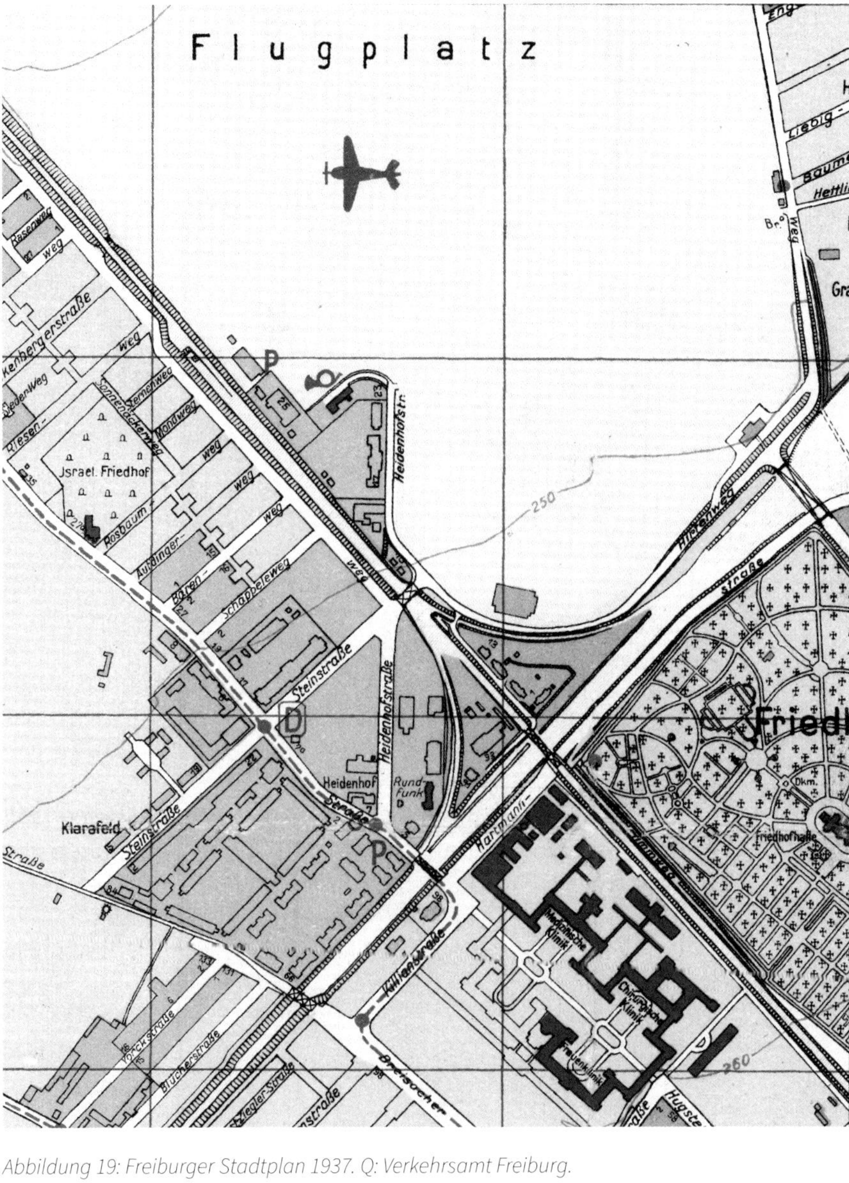

Abbildung 19: Freiburger Stadtplan 1937. Q: Verkehrsamt Freiburg.

gesagt werden." Der folgende entscheidende Satz wurde bislang aber von all jenen übersehen oder ignoriert, die behaupteten, in Freiburg habe es keine Bücherverbrennung geben: „Die große Masse der Bücher wurde schon auf dem Exerzierplatz verbrannt."[337] Wahrscheinlich fand auch dieses Feuer ohne großes Publikum statt. Aufgrund des Starkregens wurden die Teilnehmer

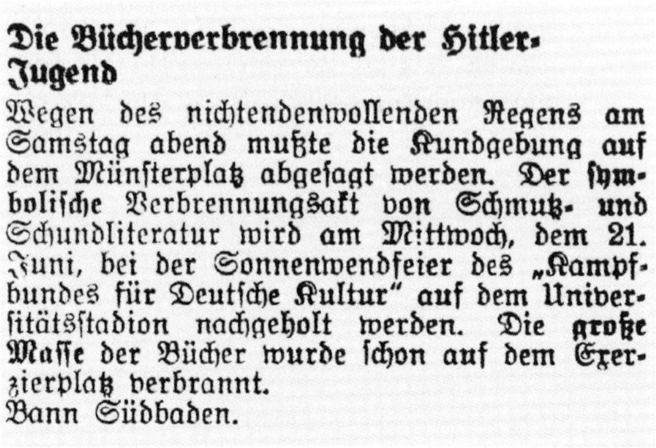

Die Bücherverbrennung der Hitler-Jugend

Wegen des nichtendenwollenden Regens am Samstag abend mußte die Kundgebung auf dem Münsterplatz abgesagt werden. Der symbolische Verbrennungsakt von Schmutz- und Schundliteratur wird am Mittwoch, dem 21. Juni, bei der Sonnenwendfeier des „Kampfbundes für Deutsche Kultur" auf dem Universitätsstadion nachgeholt werden. Die große Masse der Bücher wurde schon auf dem Exerzierplatz verbrannt.
Bann Südbaden.

Abbildung 20: Mitteilung des HJ-Banns: „Die große Masse der Bücher wurde schon auf dem Exerzierplatz verbrannt." Q.: Der Alemanne, 20.6.1933.

des Gepäckmarsches nämlich in die Polizeikaserne umquartiert,[338] leider sind darüber bislang keine weiteren Einzelheiten bekannt.[339]

Doch die HJ kündigte sogleich den nächsten Versuch an: „Der symbolische Verbrennungsakt von Schmutz- und Schundliteratur wird am Mittwoch, dem 21. Juni, bei der Sonnenwendfeier des ‚Kampfbundes für Deutsche Kultur' auf dem Universitätsstadion nachgeholt werden".[340]

4.5 21. Juni – Britisches Tief über dem Universitätsstadion

Kurz vor dieser Sonnwendfeier erschien in Zeitungen ein Beitrag von Adolf Wendelin von Sperber[341] mit dem Titel „Wider den deutschen Ungeist". Dieses provokante Wortspiel mit der eigentlichen Parole „Wider den undeutschen Geist" zielte nicht gegen die Verbrennungen, sondern forderte im Gegenteil eine Radikalisierung: „Der Sturmangriff wider den undeutschen Geist ist im Gange. Die Scheiterhaufen, die die Blütenlese volksfremder Literatur gefressen haben, sind kürzlich erst verglommen, und der Angriff geht weiter. (…) Der undeutsche Geist mußte sterben, damit deutscher Geist siegt!" Nun bestehe aber die Gefahr, dass „deutscher Ungeist" an die Stelle des ausgerotteten „Unkrauts" trete. Allerorts träten neue unbefugte Spießer in die Lücke, die das Wesen der Revolution nicht verständen, um undeutschen Schund mit deutschem Ersatzschund zu ersetzen. Ihr Kitsch in Form von bürgerlichen Nippesfiguren, Miniatur-SA-Männern in Glasvitrinen oder Kissen und Aschenbechern mit Hakenkreuzen müsse genauso bekämpft werden.[342]

Bei der für 20.30 Uhr angesetzten Sonnwendfeier am 21. Juni sollten Jugendverbände und wiederum Schüler und Schülerinnen einmarschieren und die vereinigten Männergesangvereine vaterländische Chöre singen. Außerdem sollte die NS-Kreiskapelle unter ihrem (später geschassten) Kapellmeister Georg Zörgiebel[343] auftreten. Doch auf der selben Zeitungsseite,

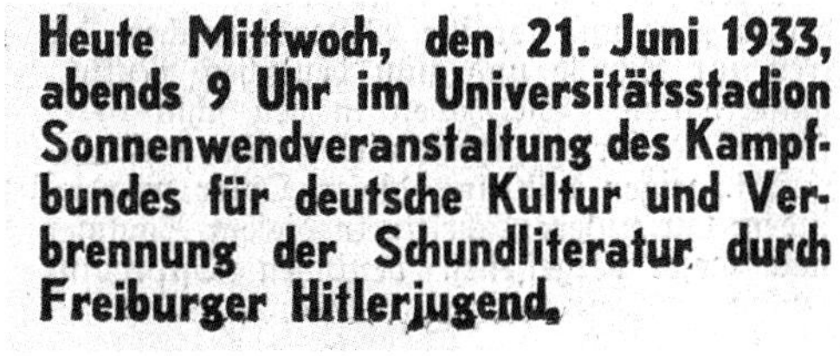

Heute Mittwoch, den 21. Juni 1933, abends 9 Uhr im Universitätsstadion Sonnenwendveranstaltung des Kampfbundes für deutsche Kultur und Verbrennung der Schundliteratur durch Freiburger Hitlerjugend.

Abbildung 21: Ankündigung der Sonnwendfeier mit Bücherverbrennung. Q.: Der Alemanne, 21.6.1933.

auf der morgens das Programm bekannt gegeben wurde, konnte man auch den Wetterbericht lesen. Er prognostizierte, dass ein „britisches Tief" an diesem Tage einen gewaltigen Niederschlag von 8,5 Liter pro Quadratmeter bringen werde.[344] Und so wurden auch diese Feier und damit die symbolische Bücherverbrennung in letzter Minute abgesagt, aus Verantwortung für die Gesundheit vor allem der Schuljugend, wie es hieß.

4.6 24. Juni – Sonnwend- und Bücherfeuer und noch einmal die Heidegger-Frage

Trotzig wurde eine Ersatzveranstaltung für Samstagabend, den 24. Juni angekündigt. Sie wurde nun gemeinsam vom KfdK und der DSt veranstaltet. Vorgesehen war wiederum die Beteiligung von Jugendverbänden und Schülerschaft.[345] Rektor Heidegger lud noch am 21. Juni die Dozentenschaft zur zahlreichen Teilnahme an der „Bismarck- und Sonnwendfeier" der „Studentenschaft" ein und gab das Programm bekannt. Es war vorläufig, denn darin waren weder sein eigener Auftritt noch eine Bücherverbrennung enthalten. In einer am 23. Juni an den Oberbürgermeister gerichteten Einladung schrieb er dann plötzlich von der „Sonnwendfeier der Universität". Diese Aneignung der Veranstaltung verlieh ihm offenbar die Berechtigung, sich selbst an Kerber zu wenden. Und es hatten noch Programmänderungen stattgefunden: „Die einheitliche Gestaltung der morgigen Sonnwendfeier mit den anderen Schulen und Jugendverbänden ist erst heute Vormittag festgelegt worden."[346] Die Formulierung könnte ein Hinweis auf den koordinierenden „Aktionsausschuss" sein. Ob damit auch die Beteiligung der HJ mit einem eigenen Feuer gemeint war, ist weder gesichert noch ausgeschlossen. Bewiesen ist soweit nur, dass Heidegger persönlich in den Vorbereitungsprozess involviert war. Entsprechend seiner Vorstellung vom „Führer-Rektor" dürfte er eine Art Anspruch auf die Oberhoheit erhoben haben.

Am 24. Juni regnete es erneut extrem stark. Die Schüler und Schülerinnen wurden deshalb zum Großteil wieder nach Hause geschickt, teilweise waren sie auch gar nicht erst erschienen. Studierende versammelten sich vor der Universität und marschierten mit Gesängen zum Universitätsstadion, wo sich auch Teile des Lehrkörpers der Universität eingefunden hatten. Der Historiker und Privatdozent Dr. Robert Stadelmann (1902–1949) hielt eine Bismarck-Rede.[347] „Neue Wasserströme ergossen sich über den Platz, zischend jagten die Böen in die brennende Lohe: ein ungemein packender Anblick! (...) In dieser tiefernsten Stimmung wirkten sodann die Worte Sr. Magnifizenz des Rektors der Universität, Prof. Dr. Heidegger, umso ergreifender".[348]

Dessen Sonnwendfeuerspruch ist in einer kürzeren Berichts- und einer etwas längeren und abweichenden Gesamtfassung überliefert. Dabei sagte er laut Pressebericht unter anderem: „Sommersonnenwende 1933! – Die Tage vergehen, sie werden wieder kürzer. Unser Mut aber steigt, das kommende Dunkel zu durchbrechen. Niemals dürfen wir blind werden im Kampf. Flamme künde uns, leuchte uns, zeige uns den Weg, von dem es kein Zurück mehr gibt! Flammen zündet, Herzen brennt!"[349] In der Druckfassung hieß es: „Flamme! Dein Lodern künde uns: Die deutsche Revolution schläft nicht, sie zündet neu umher und erleuchtet uns den Weg, auf dem es kein Zurück mehr gibt. Die Tage fallen – unser Mut steigt. Flammen zündet! Herzen brennt!"[350] Anschließend wurde das Horst-Wessel-Lied gesungen und die Studierenden marschierten zurück zur Universität.[351]

Wieder verdanken wir den in sarkastischem Ton gehaltenen Beobachtungen und Kommentaren der verfolgten Journalistin Käthe Vordtriede eine wichtige Aufzeichnung: „(...) und als einige Wochen später die grosse Verbrennung der undeutschen, defaitistischen und jüdischen Literatur im Stadion der Universität stattfand, gab es nur ein merkwürdig kleines Feuer aus den Büchern eines Leiterwagens, der witzigerweise von einem Ochsen gezogen wurde, nach der Meinung der akademischen Bilderstürmer das wahre Symbol für Sigmund Freud und Franz Werfel."[352] Dass hier nur ein kleines Bücherfeuer entfacht wurde, begründete Vordtriede damit, dass die Nazis die im März bei der „Volkswacht" gestohlenen – teils wertvollen – Bücher lieber behielten als sie zu verbrennen.[353] Allerdings ist auch zu bedenken, dass zu diesem Zeitpunkt schon Bücher verbrannt oder abgegeben worden waren.

Nun stellt sich nochmals die Frage, wie Heidegger zu den Bücherverbrennungen und konkret zu der von Vordtriede beschriebenen stand. Ein schriftlicher Beweis, dass er darüber informiert war bzw. dazu ausdrücklich positiv Stellung bezog, liegt zwar nicht vor. Seine Haltung lässt sich jedoch auf andere Weise rekonstruieren. Um zu einer plausiblen Einschätzung zu kommen, gehe ich im Folgenden auf drei Aspekte ein, nachdem ich seine politische Positionierung im Abschnitt zum 10. Mai bereits eingeordnet habe: Erstens Heideggers Feuerspruch, zweitens, noch einmal zusammenfassend, inwieweit er als Redner vorab mit einer Bücherverbrennung rechnen musste, und drittens seine „Richtigstellung" zur Bücherverbrennungs-Liste.

Zunächst zum Feuerspruch Heideggers: Er bezog sich explizit auf die „deutsche Revolution" und nicht nur auf die Flammen eines Sonnenwendfeuers. Letzteres sollte diese symbolisieren. Seine Worte können im Kontext der „Machtübernahme“ mit ihren permanent außerordentlich pathetischen Inszenierungen auch als Metapher auf den Licht bringenden bzw. wegweisenden „Führer“ Adolf Hitler interpretiert werden. Heinrich Mohr hatte bereits in seiner Ansprache zum „Tag der nationalen Arbeit“ am 1. Mai vor Zehntausenden Zuhörern und Zuhörerinnen auf dem Münsterplatz Gott gebeten, Hitler zu segnen mit seinem Lichte und seiner Kraft. Gott habe ihn als Führer der Nation erwählt.[354]

Zum zweiten Aspekt ist zunächst festzuhalten, dass der Programmpunkt „Bücherverbrennung“ in den Ankündigungen und nachträglichen Berichten zum 24. Juni nicht mehr auftauchte. Daraus ergibt sich Interpretationsspielraum bei der Frage, ob Heidegger klar gewesen sein kann oder muss, dass hier – neben dem Sonnwendfeuer – auch Bücher verbrannt werden sollten. Dies erscheint als sehr wahrscheinlich: So wurden im Rahmen der „kulturellen Kampfwoche“ der HJ viele Bücherverbrennungen mit Sonnwendfeiern verbunden, allen voran die prominenteste Veranstaltung am 17. Juni in Karlsruhe. Dabei hielt Kultusminister Wacker eine Rede über die Bedeutung der Bücherverbrennung, während ein Holzscheiterhaufen mit Büchern am Denkmal des Großherzogs Karl Friedrich brannte.[355] Auch die Waldkircher HJ beging die Verbrennung erst nach mehreren ausgefallenen Terminen – 17. und 24. Juni sowie 1. Juli – im Rahmen einer Partei-Sonnwendfeier am 8. Juli 1933 auf dem Kandel.[356] Wie in Freiburg wurde am Ende auch hier in der Ankündigung bzw. Werbung für die Sonnwendfeier der Programmpunkt Bücherverbrennung nicht mehr genannt.

Abbildung 22: Ankündigungen einer Bücherverbrennung in Waldkirch und eines Sonnwendfeuers auf dem Kandel. Q.: Der Elztäler, 16.6. und 6.7.1933.

Kampfwoche gegen Schmutz u. Schund
Durchführung in Waldkirch

Freitag, den 16. Juni, ab 17 Uhr
Einsammeln der Bücher

Samstag, den 17. Juni, abends ½9 Uhr
Feierliche Verbrennung der Bücher auf dem Marktplatz.

1. Lied: O Deutschland hoch in Ehren.
2. Verlesung eines Manifestes und kurze Ansprache des Gefolgschaftsführers der Hitlerjugend, Rudi Keller.
3. Uebertragung der Rede des Kultusministers Dr. Wacker in Karlsruhe.
4. Lied: Volk ans Gewehr.
5. Verbrennung der Bücher.

Schlußlied: Ich hab mich ergeben.

Wir bitten die Bevölkerung von Waldkirch und Umgebung, sich an der Veranstaltung zahlreich zu beteiligen.

Sonnwendfeier auf dem Kandel.

Am Samstag, 8. Juli 1933, abends bei Einbrechen der Dunkelheit, findet auf dem Kandel unsere

Sonnwendfeier

verbunden mit einem großen Kreistreffen sämtlicher Parteigenossen und Formationen des gesamten Kreises Waldkirch statt.

Wir laden zu dieser Feier sämtliche Vereine, sowie die gesamte Bevölkerung des Elztals höflichst ein.

Abmarsch in Waldkirch:
Marktplatz, abends 6.30 Uhr.

Es ist Pflicht eines jeden Parteigenossen, an dieser Feier teilzunehmen. — Die Feier findet nur bei günstiger Witterung statt.

NSDAP. Kreisleitung Waldkirch
Der Kreispropagandaleiter:
A. Häußermann.

Außerdem hatte, wie dargestellt, die Freiburger HJ öffentlich angekündigt, ihren für den 17. Juni geplanten symbolischen Münster-Akt bei der Sonnwendfeier des KfdK am 21. Juni nachzuholen. Die Veranstaltung am 24. Juni war definitiv der Ersatz für den 21. Juni und der KfdK war wiederum Mitveranstalter. Die HJ hatte bis dahin ihren Willen bewiesen, trotz widriger Wetterlage unbedingt noch ein Feuer im Beisein von Publikum anzuzünden. Vor diesem Hintergrund musste davon ausgegangen werden, dass sie dies nunmehr am 24. Juni versuchen würde. Außerdem waren die Veranstalter des 24. Juni, der KfdK und die DSt, selbst zwei Hauptakteure der Bücherverbrennungen. Schließlich war auch die für den 31. Mai vorgesehene studentische Bücherverbrennung ausgefallen. Deshalb konnte zumindest damit gerechnet werden, dass (auch) die NS-Studentenschaft diese nachholen wollte.

Der dritte Aspekt liegt in einer Richtigstellung, die von der ansonsten außerordentlich breit aufgestellten Heidegger-Forschung bis zu meinem Beitrag in der Badischen Zeitung übersehen worden war. Im „Alemannen“ waren am 11. Juni 1933 diverse Artikel und Ankündigungen mit näheren Instruktionen zur „Kampfwoche“ der HJ sowie eine in mehrere Bereiche gegliederte Liste mit für die Bücherverbrennungen einzusammelnden Werken abgedruckt worden.[357] Am 19. Juni – fünf Tage vor der Veranstaltung am 24. Juni – druckte der „Alemanne“ eine von Heidegger unterzeichnete Richtigstellung der Universität Freiburg an den Nationalsozialistischen Pressedienst ab, die sich auf diese Liste bezog. Heidegger beanstandete – ohne grundsätzliche Kritik zu äußern –, dass unter den Autoren der zu verbrennenden Werke auch der Freiburger Professor für Nationalökonomie Karl Diehl (1864–1943) aufgeführt sei. Dies müsse aber ein Versehen sein, denn der Gelehrte sei ein scharfer Gegner des Marxismus und Kommunismus. Diehl sei gerade in letzter Zeit von dieser Seite heftig bekämpft worden.

Heidegger bat um Richtigstellung in den Zeitungen, in denen diese Liste verbreitet worden war. Und seine Stimme hatte Gewicht: „Der Alemanne“ und der „NS-Pressedienst“ erklärten dazu, dass die schwarze Liste auf derjenigen beruhe, auf Grund derer die Verbrennungen in Berlin stattgefunden hätten. Sie sei dem Pressedienst von der HJ-Gebietsführung zur Verfügung gestellt worden. „Wir entsprechen dem Wunsch Sr. Magnifizenz um so lieber, als es uns vollkommen fern liegt, einen verdienten Gelehrten mit der Schmutz- und Schundliteratur in Verbindung zu bringen.“ Möglicherweise handele es sich um eine Namensverwechslung. „Die Hitlerjugend bedauert gleichfalls das Mißverständnis auf das tiefste [sic] und wird ihrerseits alles tun, um den Fall restlos aufzuklären. Auf alle Fälle wurde die Absetzung des beanstandeten Namens veranlaßt.“[358] Dass der „Alemanne“ eine solche Erklärung in eigener Sache abdruckte, war eine absolute Ausnahme.

Abbildung 23: Richtigstellung Heideggers zur Liste zu verbrennender Werke. Q.: Der Alemanne, 19.6.1933.

Tages-Anzeiger

Stadttheater: 20—22.30: La Serva Padrona — Der zerbrochene Krug.

Casino-Künstlerspiele: „Internat. Ringkämpfe".

Casino-Lichtspiele: „Die Nacht im Forsthaus" oder „Der Fall Roberts".

Friedrichsbau-Lichtspiele: „SA.-Mann Brand".

Central-Lichtspiele: „Die heilige Flamme".

Harmonie-Lichtspiele: „Die kleine Schwindlerin"

Union-Theater: „Abenteuer im Engadin".

Stadtgarten: Unterhaltungskonzert täglich 16 bis 18 Uhr, Dienstag, Donnerstag und Sonntag 20.15 Uhr Konzert.

Volksbibliothek und Volkslesehalle (Münsterplatz 15): Ausleihstunden werktäglich 11—13, 16 bis 18 Uhr, Samstags 11—13 Uhr. — Lesesaal geöffnet werktäglich 9—14, 16—20 Uhr; Sonntags 11—16 Uhr.

Augustinermuseum, Wenzingerhaus: Geöffnet von Dienstag bis Freitag von 10.30—12.30 Uhr, 14.30—16.30 Uhr, Sonntag 11—13 Uhr.

Museum für Naturkunde (Gerberau 32): Geöffnet Dienstag bis Samstag 10.30—12.30 Uhr, 14.30 bis 16.30 Uhr. Sonntags von 11—13 Uhr.

Freiburger Flughafen. Freiburg—Stuttgart—München ab 9.20 Uhr. Freiburg—Baden-Baden—Karlsruhe—Mannheim—Frankfurt ab 9.25 Uhr. Freiburg—Konstanz ab 18.10 Uhr.

Faulerbad (Faulerstraße): Werktags von 8—20 Uhr. Sonntags von 9—19 Uhr. Gemeinschaftsbad: Dienstags, Donnerstags und Samstags ab 13 Uhr, Sonntags ab 9 Uhr.

Lorettobad (Lorettostraße): Werktags von 8—19 Uhr. Sonntags von 9—17 Uhr.

*

Richtigstellung

(Privattelegramm des „Alemanne".)

Karlsruhe. Von der Albert Ludwigs-Universität Freiburg i. Br. Rektorat geht dem „Nationalsozialistischen Pressedienst" folgendes Schreiben zu:

„In der hiesigen Zeitung „Der Alemanne" vom 11. ds. Mts. ist in dem Artikel über die kulturelle Kampfwoche in Baden bei der Aufzählung der zu verbrennenden Werke unter dem Abschnitt „Politische und wissenschaftliche Werke" der Name des Professors für Nationalökonomie, Herr Geh.-Rat Karl Diehl, aufgeführt. Die Einreihung dieses Mannes unter die übrigen beruht offenbar auf einem Versehen, denn der genannte Gelehrte war von jeher ein scharfer Gegner des Marxismus und Kommunismus und er ist gerade in letzter Zeit von dieser Seite aufs heftigste bekämpft worden.

Ich bitte, von Ihrer Stelle aus die einzelnen Zeitungen, die den Artikel veröffentlicht haben, zu einer entsprechenden Berichtigung veranlassen zu wollen. Mit vorzüglicher Hochachtung! gez. Heidegger."

Wir entsprechen dem Wunsch Sr. Magnifizenz um so lieber, als es uns vollkommen fern liegt, einen verdienten Gelehrten mit der Schmutz- und Schundliteratur in Verbindung zu bringen. Die Liste der zu verbrennenden Werke wurde dem „Nationalsozialistischen Pressedienst Baden" durch die Führung der Hitlerjugend Baden zur Verfügung gestellt. Auf Anfrage bei dieser wurde dem „Nationalsozialistischen Pressedienst Baden" mitgeteilt, daß die Namen der unter Schmutz und Schund zu zählenden Autoren einer schwarzen Liste entnommen wurden, die die „Zeitschrift der Leihbüchereien" zusammengestellt hat und auf Grund deren in Berlin die Verbrennungen vorgenommen wurden. Ob der auf der Liste unter „Politische und wissenschaftliche Werke" aufgeführte Karl **Diehl** mit dem Freiburger Gelehrten, Geheimrat Karl **Diehl** identisch sein soll, konnte von der Führung der Hitlerjugend bisher noch nicht

Friedrichsbau-Lichtspiele

SA.-Man

Nun sind lange Reihen von Filmprogrammen einfach ausgewischt, versunken vor der Größe und Gewalt dieses ersten deutschen SA.-Tonfilms. Dieses deutsche Drama, dieses Hohelied des braunen Hitlersoldaten, dieser erhebende Kampf des deutschen Arbeiters um sein Volk, um sein Vaterland, stellt das Wuchtigste und Ergreifendste dar, was filmisches Schaffen je erreichen konnte. Es wächst hoch über „Blutendes Deutschland", „Schwarzhemden" oder „Deutschland erwacht" hinaus. Da geht es auch nicht nur um geschichtliche Episoden, um

den Zusammenklang einer nationalen Schau. Das blutwarme, grausam-harte Leben packt deine Nerven und dein Herz und hämmert dir, der du schon wieder einschlafen wolltest, und brüllt dir, der du gerade langsam am Vergessen warst, die unauslöschbare Erinnerung an den Kampf in deine Seele, den der unbekannte SA.-Mann für dich gewagt und gewonnen hat.

Das Drama kokettiert nicht mit billigen Effekten, leistet sich keine schauspielerischen Arabesken, hebt nicht auf theatralische Wirkung ab, ist frei von allem Schmalzig-Rührseligen, appelliert weder an Tränendrüsen noch an Rachegefühle. Mit unerbittlicher Folgerichtigkeit und tiefer Wahrhaftigkeit rollt das Geschehen ab und zeigt am Schicksal des einzelnen das Los einer Bewegung, eines Volkes, das unter dem Voranleuchten einer großen

Die Richtigstellung Heideggers belegt nicht nur, dass er das Thema Bücherverbrennungen genauestens verfolgte, sondern kann durch ihre auf ein Detail beschränkte Kritik im Umkehrschluss als Zustimmung interpretiert werden. Er schritt auch vor Ort am 24. Juni nicht dagegen ein. Insgesamt erscheint seine Behauptung, die Bücherverbrennung an der Universität verboten zu haben, damit als unglaubwürdige Schutzbehauptung.

4.7 28. Juni – Feuer im Garten der Neo-Friburgia

Am 28. Juni stürmten mehrere Hundert Studenten, darunter SA- und SS-Mitglieder, das Verbindungshaus der jüdischen Studentenverbindung Neo-Friburgia in der Basler Straße 44. Politisch verantwortlich war dafür Studentenführer Ermin Künzel. Dabei hissten sie wie im Fall der „Volkswacht" die Hakenkreuzflagge auf dem Haus. SS-Angehörige nahmen willkürlich sechs jüdische Verbindungsmitglieder in „Schutzhaft" und die SA stellte eine Wache auf. Es kam zu Diebstählen, darunter von Briefen. Im Vorgarten wurde Inventar verbrannt. Dass dabei insbesondere auch Bücher verbrannt wurden, ist denkbar und wäre zu klären.[359]

4.8 17. Juni bis 8. Juli – Bücherverbrennungen in Südbaden

Die Ereignisse im weiteren südbadischen Umland sind nach meiner Kenntnis bislang lokalhistorisch kaum erfasst. Dementsprechend sind Bücherverbrennungen in der Region auch nur selten Teil der Erinnerungskultur. Es verwundert also nicht, dass in einer (vorläufigen) Liste des Stadtarchivs Karlsruhe mit Orten der Bücherverbrennungen in Baden für Südbaden lediglich Emmendingen aufgeführt wird. Umfangreicher ist die Kartierung des Projektes „Verbrannte Orte", die laufend ausgebaut wird und in die auch die Rechercheergebnisse dieser Studie integriert wurden.[360] Der folgende, ebenfalls nur vorläufige Überblick zeigt, dass auch in Südbaden einige Orte betroffen waren. Er beruht weitgehend auf zeitgenössischen Pressemeldungen in Freiburger Zeitungen. Eine breitere Analyse der jeweiligen kleineren Lokalzeitungen könnte noch weitere betroffene Orte zutage bringen.

Die meisten Bücherverbrennungen waren wie in Freiburg für den 17. Juni 1933 im Rahmen der „Kulturellen Kampfwoche" der HJ angesetzt. Berichte liegen für Emmendingen[361], Kenzingen (vor dem Rathaus, mit Beteiligung aus Köndringen)[362], Müllheim[363], Säckingen (Rathausplatz)[364], Schopfheim (Robert-Wagner-Platz)[365], Villingen[366], Waldkirch[367] und Waldshut[368] vor. Lörrach[369] und Neustadt[370] sowie Rheinfelden (am Schulhaus, mit einer Rede von Hauptlehrer Eck und Beteiligung aus Wyhlen und Grenzach)[371] folgten eine Woche später. Die Liste ließe sich in nördlicher Richtung fortsetzen, etwa am Beispiel von Lahr im Ortenaukreis.[372]

Obwohl es – wie in Freiburg – überall sehr stark regnete, wurden die Verbrennungen also an vielen Orten dennoch durchgeführt. Dadurch fiel die Zahl der Teilnehmenden allerdings geringer aus und es gab Probleme, die Feuer zu entzünden und in Gang zu halten. Teilweise übertönte der aufschlagende Regen die Reden. In Schopfheim, wo der HJ-Führer aus Zell im Wiesental eine Rede hielt und Bürgermeister Dr. Keser die Aktion unterstützte, löschte der Regen das Feuer vorzeitig. Dies veranlasste den Berichterstatter zu der zynischen Bemerkung, dass die gesammelten Schriften (selbst) zum Verbrennen zu schlecht gewesen sein könnten.[373]

In Kenzingen nahmen unter Leitung von HJ-Gefolgschaftsführer 6/113 Karl Engler außer HJ, Jungvolk, Mädchenschar und „Küken" noch Parteifunktionäre sowie SA- und SS-Angehörige an der Kundgebung teil. Die Stadtmusik spielte „Deutschland erwache!". Hier wurde von einem „mächtigen Feuer" berichtet, das aus dem Bücher-„Scheiterhaufen" loderte.[374]

Für Emmendingen ist neben den Zeitungsmeldungen ein Schriftstück der HJ vom 13. Juni 1933 überliefert, das sehr gute Einblicke gewährt. Darin befiehlt der Führer der HJ-Schar Emmendingen unter dem Betreff „Dienstart: Bücherverbrennung" den Antritt der gesamten HJ-Gefolgschaft 4/113 am Abend des 17. Juni am Schwarzwälder Hof. Den ihm untergebenen Kameradschaftsführern verbot er die Genehmigung von Beurlaubungen. Er wies sie an, „sofort die schon im Alemannen bezeichneten Bücher" sammeln zu lassen und gab Beispiele für „Schund & Schweinerei" sowie „sonstiges Material, mit dem wir heute nicht mehr einig gehen." Es sei dafür zu sorgen, dass kein HJ-Angehöriger derartige Sachen für sich zurückbehalte. Bei der Sammlung müsse in jedem Haus, in jeder Bibliothek und in jeder Buchhandlung nachgefragt werden.[375] Die Sammlung habe „peinlichst genau und sorgfältig durchgeführt zu werden" und wenn in einem benachbarten Ort keine HJ sei, so seien einige Hitlerjungen dort hinzuschicken.[376]

Die Verbrennung erfolgte auf dem Adolf-Hitler-Platz (Marktplatz) beim Rathaus unter Beteiligung von Gefolgschaftsführer Rolf Helber[377], Bannpropagandaleiter Werner Stübel, Bannschulungsleiter Speth und NSDAP-Kreisleiter Dr. Theo Rehm. Die Emmendinger SS erschien zur Absperrung. Trotz des Regens sei eine „stattliche Menge" erschienen und die „Emmendinger Bürger" hätten der Veranstaltung bis zum Ende beigewohnt.[378]

In Lörrach führte der HJ-Bann 142 am 23. und 24. Juni eine Bücher-Sammlung durch. Dazu wurde für zwei Tage eine Kiste auf dem Marktplatz aufgestellt und an beiden Abenden Sammlungen in vorher angekündigten Straßen durchgeführt. „Die hiesige Bevölkerung wird gebeten, den Sammlern die ganze Schmutz- und Schundliteratur zum Fenster hinauszuwerfen." Wann die Verbrennung stattfand, ist unklar, aber für den 27. Juni wurde eine Rede des HJ-Gebietsführers Kemper angekündigt.[379]

In Neustadt im Schwarzwald wurden am 24. Juni eine Sammlung und abends eine Verbrennung auf dem Rathausplatz durchgeführt. Das ist der einzige bekannte Fall, bei dem mit „Fräulein Roschach" eine Frau die Hauptrede hielt. Anschließend „marschierten SA, Stahlhelm, Arbeitsdienst

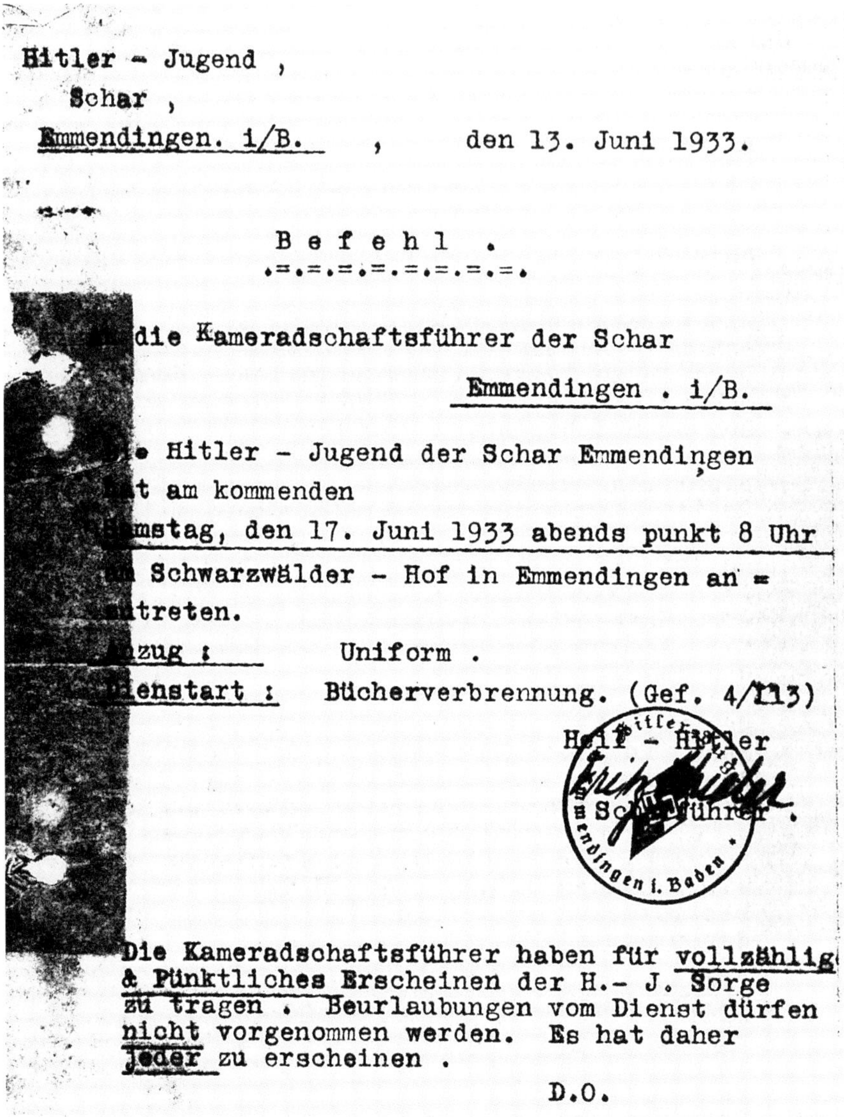

Hitler - Jugend ,
Schar ,
Emmendingen. i/B. , den 13. Juni 1933.

Befehl .

die Kameradschaftsführer der Schar
Emmendingen . i/B.

e Hitler - Jugend der Schar Emmendingen
t am kommenden
mstag, den 17. Juni 1933 abends punkt 8 Uhr
Schwarzwälder - Hof in Emmendingen an =
treten.
zug : Uniform .
ienstart : Bücherverbrennung. (Gef. 4/113)

Heil - Hitler
Scharführer .

Die Kameradschaftsführer haben für vollzählig
& Pünktliches Erscheinen der H.- J. Sorge
zu tragen . Beurlaubungen vom Dienst dürfen
nicht vorgenommen werden. Es hat daher
jeder zu erscheinen .

D.O.

und die Schüler der hiesigen Schulen zusammen mit der Hitlerjugend auf den Fullberg, wo eine Sonnwendfeier stattfand."[380]

Die badische HJ deklarierte ihre erste „Kampfwoche" – trotz des Regens – als Erfolg. Nach vorläufigen Statistiken seien mehrere Tausend Bücher gesammelt und verbrannt worden, hieß es Ende Juni. Auch die Nachfrage nach Schundschriften durch die Jugend habe stark nachgelassen, wurde behauptet.[381] Punktuell griff die Freiburger HJ auch später unmittelbar in

Hitler - Jugend ,
Schar ,
Emmendingen .i/B. , den 13. Juni 1933.

An die Kameradschaftsführer der Schar
Emmendingen . i/B.

Anlässlich der Bücherverbrennung ordne ich noch folgendes an :

Die Kameradschaftsführer haben sofort die schon im Alemannen bezeichneten Bücher ein = sammeln zu lassen.(Hierzu gelten : Remarque-Schund - Hirschfeld = Bücher, Schlager, Schund & Schweinerei = Bilder & Photographien, sonstiges Material, mit dem wir xxxxheute nicht mehr einig gehen.)
Es ist dann alles am Samstag abend mitzu = bringen.
Es ist dafür zu sorgen,dass kein H.- J. etwa derartige Sachen für sich zurückbehält, son = dern dass er sie alle abgibt . Wenn ein H.- J. Mann solche Sachen besitzt sind solche ebenfalls abzugeben.
Bei der Sammlung, die sofort angefangen wer = den muss,ist es so einzuteilen, dass in jedem Haus, in jeder Bibliothek & in jeder Buch = handlung nachgefragt wird und evtl. die Sa = chen gleich oder aber erst später abgeholt wird. (Hierzu gelten die Bibliotheken der Schulen, der Behörden, der Krankenkassen , wie z.B. des G.D.A. , des D.H.V., die Leih = bibliotheken sowie die Bibliotheken der an = deren Jugendbünde.)

Die Sammlung hat peinlichst genau und sorg = fältig durchgeführt zu werden.
Wenn in einem benachbarten Ort keine H.- J. ist, so sind einige H.- J. Leute dort hin zu schicken.
Über den Verlauf der Sammlung ist später Meldung zu machen.

Heil - Hitler
[Unterschrift]
Schar-Führer.

Abbildung 24: Anweisungen der HJ Emmendingen zur Bücherverbrennung, 13.6.1933. Q.: Privat / Hans-Jürgen Günther.

den Buchmarkt ein. Im März 1934 beteiligte sie sich an einer NS-Kampagne gegen den Münchner Kardinal Michael von Faulhaber (1869–1952). Ihm wurde unter anderem vorgeworfen, dass seine Publikation „Judentum, Christentum, Germanentum" abwertende Aussagen über die Trunksucht der Germanen beinhalte. Die HJ erreichte eine „Selbstverpflichtung" der in einer Fachgruppe des Buchhandels zusammengeschlossenen Firmen, das Buch nicht mehr zu verkaufen und vorhandene Werke an den Verlag zurückzuschicken.[382]

4.9 November 1938 – Noch eine übersehene Bücherverbrennung?

1962 gab der Arzt Dr. Kurt Stern (geb. 1901) im Zusammenhang mit einer Entschädigungsforderung eine eidesstattliche Versicherung ab. Sie enthält Hinweise darauf, dass es im Gefolge des Novemberpogroms 1938 nochmals zu einer Bücherverbrennung kam. Seine Angaben stützte er, der bereits 1933 nach London emigriert war, auf die Schilderungen seines Vaters Harry Stern (1865–1943), die ihm dieser zunächst aus Freiburg, und dann aus dem Exil in Amsterdam in Briefen mitgeteilt hatte. Seine Darstellung ist ebenso bestürzend wie anschaulich und bislang nur wenig rezipiert – insbesondere nicht der Hinweis auf eine Bücherverbrennung.[383] Sie soll hier deshalb etwas ausführlicher wiedergegeben werden.

Harry und seine Ehefrau Julie Stern (geb. Darnbacher, 1875–1943) lebten in der Wilhelm-Gustloff-Straße 19 (Basler Straße 19). Während des Novemberpogroms am 10. November 1938 wurden sie zunächst Opfer eines Überfalls durch SS-Angehörige. Offensichtlich waren die Sterns gezielt ausgesucht worden, da sie sehr reich waren. Die SS-Angehörigen, von denen einer mit einer Axt bewaffnet war, traten Harry Stern in den Leib, als er sich ihnen entgegenstellen wollte, bedrohten das alte Ehepaar, randalierten und hinterließen eine Spur der Verwüstung in der großen Wohnung, die wie ein Museum mit Kunstgegenständen aus allen Erdteilen eingerichtet war. Außerdem plünderten sie: „Sie stopften sich die Taschen mit silbernen Gegenständen voll, holten sich aus der Küche Waschkörbe, die sie mit Leinen, insbesondere Tischtüchern und silbernen Gegenständen füllten und schleppten alles, was sie nur irgend schleppen konnten, aus der Wohnung heraus."[384]

Unmittelbar darauf wurde die Ausraubung der Sterns mit staatlichen Mitteln fortgesetzt: Sie waren betroffen von der am 12. November 1938 von Reichsminister Hermann Göring erlassenen „Verordnung über eine Sühneleistung der Juden deutscher Staatsangehörigkeit", die eine 20-prozentige Vermögensabgabe bei Vermögen von über 5.000 Reichsmark vorsah. Alle Jüdinnen und Juden sollten insgesamt eine Milliarde Reichsmark aufbringen, um die in der Pogromnacht von den Nationalsozialisten verursachten Schäden zu beseitigen.[385]

Die Sterns wurden auch nochmals Opfer einer ‚wilden' Parteiaktion: „Einige Zeit nach diesem Vorfall", so habe der Vater berichtet, kam „eine Reihe von Parteimitgliedern in die Wohnung, um sich die angeblich vorhandene ‚Schmutz- und Schundliteratur' abzuholen. Vor dem Hause stand ein bereits mit von anderen jüdischen Familien geholten Büchern beladener Bauernwagen, vor dem Ochsen gespannt waren, [wie] um anzudeuten, dass ein Pferd ein zu edles Tier sei, um solchen Unrat zu befördern. Die Männer erzwangen Eintritt in die Wohnung und begannen die Bücherschränke auszuräumen." Die Täter hätten es fertiggebracht, „eine noch von meinem Urgrossvater herstammende Goethe-Ausgabe mitzunehmen und der Verbrennung zu übergeben. Diese Ausgabe umfasste ausser den dichterischen Werken auch Goethe's naturwissenschaftliche Schriften und umfasste über 100 Bände. Mein Vater versuchte sie zu retten, in dem er dem Anführer erklärte, dass Goethe kein Jude gewesen sei und diese Bücher daher der Verbrennung nicht übergeben werden sollten. Der Anführer der Gruppe erklärte ihm jedoch, Goethe würde nicht mehr gebraucht, da Deutschland in Hitler jetzt eine weit grössere Persönlichkeit zur Verfügung habe. Mein Vater hielt den Männern vor, dass es sich doch keineswegs um jüdische oder aus anderen Gründen politisch-bedenkliche Literatur handele. Es wurde ihm jedoch hierauf geantwortet, man habe keine Zeit dazu, erst alle diese Bücher zu lesen."[386]

Die Gesamtzahl der geplünderten Bücher schätzte Kurt Stern auf mindestens 500, wahrscheinlich aber wesentlich mehr. Darunter hätten sich auch wissenschaftliche Werke aus dem Besitz seines bereits in die Niederlande emigrierten Bruders Paul Stern (1903–1943) und von ihm selbst befunden.

Harry und Julie Stern flüchteten 1939 zu ihrem Sohn Paul nach Amsterdam. 1940 wurden sie durch den „Reichsführer-SS und Chef der deutschen Polizei" ausgebürgert und die Gestapo beschlagnahmte ihr restliches Vermögen. Nach der deutschen Besetzung der Niederlande wurden alle drei 1943 nach Sobibor deportiert und kamen dort zu Tode. Vor dem Haus in der Basler Straße 19 erinnern zwei „Stolpersteine" an Harry und Julie Stern.[387]

Ob die „Säuberung" nur vorgeschoben war, um den Raub zu legitimieren, oder ob tatsächlich eine Verbrennung inklusive der Werke Goethes stattfinden sollte und auch tatsächlich stattfand, lässt sich aufgrund des Berichts von Kurt Stern und darauffolgender Ermittlungen nicht klären. Auch lässt sie sich nicht genau datieren.[388] Möglicherweise könnten aber Berichte weiterer von dieser Aktion Betroffener neue Aufschlüsse geben.

5 Fortgesetzter Bücherraub und die Universitätsbibliothek Freiburg als zentrale Sammelstelle

Die Universitätsbibliothek erfüllte als Institution des badischen Staates verschiedene Funktionen innerhalb der NS-Wissenschafts- und Kulturpolitik. In Hinsicht auf das Thema dieser Arbeit ist folgende Weichenstellung zentral: Im Sommer 1933 schälte sich erstens die politische Entscheidung heraus, dass ihre ‚missliebigen' oder verbotenen Bestände nicht vernichtet, sondern der Wissenschaft und besonderen Stellen zur „Gegnerforschung" weiter zugänglich bleiben sollten. Allerdings wurde ein mehrstufiges Kontrollsystem eingerichtet, um die Bestände nur „national zuverlässigen" Nutzern und Nutzerinnen zugänglich zu machen.[389] Darüber, was gerade verboten war, musste sich das Bibliothekspersonal laufend informieren.[390]

Zweitens wurde die Freiburger UB auf dieser Grundlage (neben der Heidelberger Universitätsbibliothek und der Badischen Landesbibliothek in Karlsruhe) eine von drei zentralen Sammelstellen in Baden für alle in anderen Einrichtungen oder auch Privatbesitz beanstandeten oder beschlagnahmten Bücher und Zeitschriften. Andere Aspekte der Geschichte der Universitätsbibliothek sind der Ausschluss jüdischer oder aus anderen Gründen gebrandmarkter Nutzer und Nutzerinnen vom Zugang zu den Leistungen oder die Nichtanschaffung von Werken diskriminierter Autoren. Weiter gab es Ausschlüsse von Mitarbeitern sowie von Buchhandlungen bei der Anschaffung. Spiegelbildlich wurde zunehmend nationalsozialistische Literatur angeschafft. Im Folgenden wird dargelegt, auf welchen verschiedenen Wegen beschlagnahmte Werke während der NS-Zeit in die Universitätsbibliothek gelangten und wem sie bis dahin gehörten.

5.1 Sonderstellung der Universitätsbibliothek – Bücher mit rotem Stern

Die ersten konfiszierten Bücher gelangten durch die Studentenschaft der Universität Freiburg in die UB. Direktor Josef Rest dankte ihr im Mai 1933 für die Übergabe einer „Anzahl von Werken, welche Sie uns anlässlich der Säuberungsaktion gegen die vom nationalen Standpunkt aus unerwünschte Literatur übergeben haben. Es hat sich zu meiner Freude ergeben, dass wir, wie ich s.Zt. schon Herrn Maus sagte, nur sehr wenige Werke dieser unerwünschten Literatur besassen. Da wir keinen Wert darauf legen, diese

Literatur in mehreren Exemplaren zu besitzen, haben wir unsere Exemplare mit den eingelieferten auf ihren Erhaltungszustand verglichen und lassen Ihnen die nachstehend verzeichneten Bücher wieder zugehen. Es steht von uns aus nichts im Wege, dass sie verbrannt werden."[391] Das waren elf Titel von Emil Ludwig über Erich Maria Remarque und René Schickele bis zu Franz Werfel.

Ein weiteres Beispiel für die Wege konfiszierter Bücher in die Universitätsbibliothek sind die regelmäßigen Sendungen seitens der Preußischen Staatsbibliothek von September 1934 bis August 1938.[392] Hinzu kam die „Beute" aus Aktionen, wie sie die städtische Kommission schon im Sommer 1933 gefordert hatte: In einem Memorandum stellte der Gau- und staatliche Landesbeauftragte für das volkstümliche Büchereiwesen Harden-Rauch im Januar 1936 fest, dass die „Säuberung" der öffentlichen Volks- und anderen Büchereien des Landes vor drei Jahren nur in beschränktem Maße erfolgt sei und fortgeführt werden müsse. In den letzten Monaten hätten nun eine ganze Reihe Bibliotheken den Auftrag erhalten, ihre Bestände durchzusehen, indiziertes Schrifttum auszuscheiden, listenmäßig zu erfassen und zur „Abberufung" durch die Landesstelle bereit zu halten. Diese Bestände sollten den drei großen wissenschaftlichen Bibliotheken zur „ernsten Forschung" abgeliefert werden. Alles, was diese nicht bräuchten, solle vernichtet werden.[393]

Rest begrüßte die Übersendung der Bücher an die Universitätsbibliothek, lehnte aber Harden-Rauchs Forderung ab, dass diese in geschlossenen Beständen aufbewahrt und Überschüsse vernichtet werden sollten. Letztere wollte er lieber tauschen. „Nicht auf das Getrenntstellen kommt es an, sondern darauf, dass kein verbotenes oder unerwünschtes Buch an einen nicht einwandfreien Benutzer ausgeliehen wird. In Freiburg werden alle durch die zuständigen Stellen verbotenen Bücher innen und aussen mit einem roten Stern versehen." Und er verwies auf eigene vorauseilende, rein willkürliche Maßnahmen: „Darüber hinaus wird an Bücherausgabestellen genauestens darauf geachtet, dass auch keine anderen Bücher, die zwar nicht oder noch nicht verboten, aber unserer Auffassung nach dem Verkehr entzogen werden sollten, ohne weiteres ausgeliehen werden." Es werde nötig sein, „gerade auf Grund der ehemaligen Bestände der Volksbibliotheken und öffentlichen Lesehallen aufzuzeigen, in welch unverantwortlicher Weise man sich gerade auf diesem Gebiete am Volkskörper versündigt hat (...)."[394]

In der Folge schickte Harden-Rauch der UB mehrfach Pakete mit eingezogenen Büchern, darunter 329 aus den Borromäus-Büchereien der Erzdiözese. Der Eisenbahnerverein schickte 14 verbotene und 122 auszuscheidende Bücher, der Schwarzwaldverein insgesamt 55. Darunter befanden sich Thomas Manns „Die Buddenbrooks" und der pazifistische Erfolgsroman „Die Katrin wird Soldat" von Adrienne Thomas (1897–1980).[395]

Im Sommer 1936 führte das Landeskriminalpolizeiamt Kontrollen in Freiburger Leihbüchereien durch und beschlagnahmte 319 Bücher. Es beauftragte den Freiburger Polizeidirektor Günther Sacksofsky, diese Bücher der Universitätsbibliothek zu „wissenschaftlichen Zwecken" anzubieten und auszuhändigen. Am 1. September 1936 bestätigte die UB einem Kriminalsekretär den Empfang von weiteren 266 Büchern. Am 26. Oktober 1936 führte die Kriminalpolizei gemeinsam mit Harden-Rauch Kontrollen in Buchhandlungen durch. Die dabei beschlagnahmten 14 Titel wurden ebenfalls an die Universitätsbibliothek abgeliefert. Unter den als „staatszersetzend" angesehenen Werken befand sich sogar das aus dem 14. Jahrhundert stammende dreibändige „Dekameron" von Giovanni Boccaccio. Die Welle der Beschlagnahmungen riss nicht ab, so übersandte Philipp Harden-Rauch der Universitätsbibliothek im Januar 1937 wiederum 136 Bände „für die geschlossene Abteilung".[396]

In einem anderen Fall zeigte ein NSDAP-Mitglied, der Hauptlehrer Ferdinand Weber, die Universitätsbibliothek selbst bei der Gestapo an, weil in ihrem Zeitschriftenzimmer eine Ausgabe von „Orient und Okzident" ausliege. Der darin enthaltene Aufsatz von Fritz Lieb (1892–1970) über „Die biblische Botschaft und Karl Marx" sei staatsfeindlich und enthalte Beleidigungen NS-Deutschlands und des „Führers". Dies dokumentierte er durch einige Zitate. In der Tat charakterisierten und demaskierten diese Passagen den Nationalsozialismus in ebenso treffender wie deutlicher Weise.[397] Die Gestapo wandte sich an Universitätsrektor Friedrich Metz, der wiederum den Direktor der UB zur Stellungnahme aufforderte. Dieser entfernte das Heft und beschwerte sich, dass der Anzeigende den Weg über die Gestapo gegangen war. „Hätte Herr Weber uns gleich selbst auf den Inhalt aufmerksam gemacht, dann hätte dies schon früher geschehen können." Er erklärte auch, dass es unmöglich sei, alle 4.000 laufenden Zeitschriften ständig auf ihren Inhalt zu prüfen. Der Titel des Aufsatzes hätte „niemals vermuten lassen, daß darin solche Gehässigkeiten gegen das Dritte Reich eingestreut sind", so Rest.[398]

Welche Kontroll-Maschinerie behördlicherseits mittlerweile in Betrieb war, zeigt folgender Fall: 1938 beschlagnahmte die Leipziger Gestapo die Auflage einer Ausgabe der „Iswestija akademii nauk SSSR", einer Publikation der russischen Akademie der Wissenschaften, die deutsche wissenschaftliche Einrichtungen im Austausch erhielten. Ein Heft war für die „Naturforschende Gesellschaft Freiburg" bestimmt und damit praktisch für die Universitätsbibliothek. Nun suchte ein Freiburger Gestapo-Beamter den Vorsitzenden der Gesellschaft, Prof. Dr. Ludwig Aschoff (1866–1942), zuhause auf und übergab ihm ein Schreiben der Gestapostelle in Leipzig zur Sache. Aschoff wandte sich deshalb an Rest, der wiederum eine Anfrage an die „Reichsaustauschstelle Berlin" richtete: „Ich sehe nicht ganz klar, wieso gerade diese örtliche Stelle zur Beschlagnahme einer einzelnen Nummer einer Zeitschrift kommt, die doch an jeder Universität bekannt ist, und die von der exakten Wissenschaft stark gefragt ist. Da Sie die Tauschbeziehungen mit Russland besonders gut kennen, möchte ich bei Ihnen anfragen, ob ähnliche Schreiben auch dort schon eingegangen sind, und welche Schritte wir Ihrer Meinung nach unternehmen sollen, um Beschlagnahmen ähnlicher Art in Zukunft zu begegnen. Selbstverständlich liegt nichts im Wege, dass wir einzelne behördlich verbotene Nummern einer Zeitschrift sekretieren und deren Benutzung nur unter den von dem Reichswissenschaftsministerium vorgeschriebenen Bedingungen freigeben."[399]

Die Antwort erhielt Rest nicht von der Reichsaustauschstelle, sondern vom Pressereferat der Gestapo-Zentrale in der Berliner Prinz-Albrecht-Straße 8, an die sein Bibliothekskollege die Anfrage einfach weitergeleitet hatte. Sie schickte Rest das Heft zu, nachdem der Referent Dr. Fritz Rang die Seiten zwei bis vier wegen „sowjetisch-propagandistischen Inhalts" entfernt hatte. Zur Vermeidung „weiterer Beanstandungen und Beschlagnahmen" forderte er Rest auf, die Anschrift für den Austausch von der Naturforschenden Gesellschaft in Universität Freiburg zu ändern.[400]

1936 legte der frühe NSDAP-Parteigenosse und Gauschulungsredner Prof. Dr. Wolfgang Aly (1882–1961) dem Kreisschulungsamt der NSDAP ein Bücherverzeichnis der Akademischen Lesehalle der Universität vor. Daraufhin wurde eine erneute Überprüfung der Lesehalle durch den Gaubeauftragten Harden-Rauch eingeleitet. Im Ergebnis musste die Lesehalle der Universitätsbibliothek nochmals 48 Bücher abgeben (siehe auch Kapitel 3.2.2 und 3.3). Rest rügte, dass darunter sogar zehn verbotene gewesen seien.[401] In der Folge wurde die Verwaltung der Lesehalle der UB übertragen. Toussaint meint, dies sei erfolgt, um weitere Einmischungen der NSDAP zu unterbinden. Insgesamt seien durch Harden-Rauchs Vorgehen bis August 1937 etwa 2.350 Bücher in die UB gekommen, „darunter Bücher aus Sasbach, Wertheim, Baden-Baden, Waldshut, Oberwinden, Emmendingen, Bruchsal, Altheim". Nur ein Teil sei zu gebrauchen gewesen und tatsächlich in den eigenen Bestand eingegliedert worden.[402]

Stichproben in Zugangsbüchern späterer Jahre, die die Universitätsbibliothek dem Autor zugänglich gemacht hat, zeigen jedoch, dass auch weiterhin laufend Bücher mit der Herkunftsangabe „Volksbibliothek" in den Bestand aufgenommen wurden. Angesichts der verfemten Autorinnen und Autoren dürfte es sich auch hier in der Regel um beschlagnahmte Bücher gehandelt haben. Ein Teil erhielt hier nicht mehr den roten Stern, sondern den – meistens rot hervorgehobenen – Warnzusatz „S" für Sekretierung. Sie unterlagen also den beschriebenen Zugangsbeschränkungen. Solche Bücher lassen sich noch heute im Bestand finden. So ist ein Exemplar der

1911 erschienenen Autobiografie des SPD-Führers August Bebel mit einem gestempelten roten S in einem roten Kreis versehen.[403] Der 1926 erschienene Titel „Tanzpause" von Vicki Baum ist nur im Zugangsbuch mit einem „S" versehenen, im Buch selbst fehlt es. Es enthält aber einen Hinweis auf seine Provenienz, nämlich den Stempel „Harmonie Mosbach".[404] Ganz ohne „S" blieb dagegen die 1930 publizierte Hitler-Biografie von Ernst Czech-Jochberg, die mehrfach den Stempel „Bezirks-Consum-Verein Lörrach e.G.m.b.H." und dann eben auch den UB-Stempel enthält. Der „arbeiternahe" Bezirkskonsumverein wurde im Sommer 1933 von den Nationalsozialisten „gleichgeschaltet", aber nicht aufgelöst.[405] Vor dem Hintergrund des deutschen Überfalls auf Polen am 1. September 1939 wirft ein Buch Fragen zur Aneignung auf, das über die Volksbibliothek in die UB kam und am 1. Dezember 1939 erfasst wurde. In den „Gesammelten Schriften" von Kurt Eisner finden sich zwei Bibliotheksstempel aus dem annektierten Lodz. Sie wurden von der UB Freiburg mit „Ungültig!" überstempelt und durch einen eigenen Besitzstempel ergänzt.[406]

Die besondere Aufgabe der Universitätsbibliothek, „feindliche" Literatur aufzubewahren, führte 1938 zu einer Anfrage „aus Berlin", die vom Badischen Ministerium des Kultus und Unterrichts an die UB weitergeleitet wurde. Es ging darum, alle Bestände in hebräischer Sprache sowie generell jüdischer Autorinnen und Autoren ausfindig zu machen, um damit die „Judenfrage" zu bearbeiten. Dahinter dürfte die „Gegnerforschung" der Gestapo, des SD oder des „Einsatzstabes Reichsleiter Rosenberg" gestanden haben. Die UB fragte deshalb am 9. November – dem Datum der Pogromnacht – auch bei der Bibliothek der Caritas und der des Konvikts Collegium Borromäus nach. Ob letzteres im höheren Auftrag oder auf Eigeninitiative Rests erfolgte, ist offen. Wie er dem Ministerium mitteilte, würden die UB-Bestände anhand einer von Volkmar Eichstädt verfassten „Bibliographie zur Geschichte der Judenfrage" abgeglichen. Die Caritas besitze etwa 50 Werke jüdischer Autoren. „Eine Auswertung im Sinne einer nationalsozialistischen Erforschung der Judenfrage findet nicht statt", so Rest.[407]

5.2 Bücherraub im besetzten Frankreich

Das Deutsche Reich raubte in großem Umfang sowohl Kunstwerke als auch Archivgut und Bücher im besetzten Europa.[408] Zwei Beispiele zeigen, dass die Universitätsbibliothek davon nicht nur indirekt über Zuweisungen anderer Stellen oder Tausch profitierte, sondern auch direkt verwickelt war. Unmittelbar nach der deutschen Besetzung von Teilen Frankreichs im Juni 1940 wurde damit begonnen, die dortigen Bibliotheken unter Kontrolle zu bringen. Im Juli sollte Josef Rest als Experte den Ersten Direktor der Preußischen Staatsbibliothek, Dr. Josef Becker (1883–1949), bei einer Sichtungsreise im Auftrag des „Reichskommissars für die im westlichen Operationsgebiet liegenden Bibliotheken" durch das Elsass begleiten. Rest beantragte dafür Einreiseerlaubnisse beim „Chef der Zivilverwaltung im Elsass", Gauleiter Wagner. Das Vorhaben verzögerte sich und große Teile der Straßburger Universitätsbibliothek waren zuvor schon nach Südfrankreich evakuiert worden.[409] 1941 begab sich Rest jedoch in Begleitung von zwei Mitarbeiterinnen zur „Sicherstellung wertvoller (...) beschlagnahmter Bücher" ins Elsass.[410] Details zur Menge der betroffenen Bücher und deren Verbleib müssten noch rekonstruiert werden. Zu prüfen wäre etwa, ob sich diese Beschlagnahmungen auch auf das Eigentum der vertriebenen elsässischen Jüdinnen und Juden erstreckten und ob solche Bücher nach Freiburg kamen.

Eine weitere „Quelle" wurde der Universitätsbibliothek in Frankreich durch ihren Referenten Ludwig Klaiber erschlossen. Er war nunmehr als Kriegsverwaltungsrat beim „Bibliotheksschutz beim Militärbefehlshaber" im Einsatz. Auf seine Initiative wurden 1941 aus einer größeren Zahl von Titeln antinationalsozialistischer und Emigrantenliteratur, die bei französischen Verlagen beschlagnahmt worden waren, etwa 400 Exemplare nach Freiburg gebracht. Weitere Sendungen gingen an andere Orte und Rest verschickte auch Doubletten.[411]

5.3 Verfolgung von Juden und „Arisierung" ihrer Bücher

Schon vor dem Zweiten Weltkrieg, vor allem aber 1940/41 erhielten die Universitätsbibliothek Freiburg, andere Stellen und Privatleute Druckerzeugnisse und Schriftgut, die Freiburger Jüdinnen und Juden im Zuge ihrer Verfolgung entzogen oder von ihnen emigrationsbedingt verkauft worden waren. Die Frage, ob es sich um „staatsgefährdende Schriften" handelte, war für die Entziehungen untergeordnet, denn es ging in erster Linie um die Verwertung des Besitzes. Schon vor der Pogromnacht 1938 wurden der Verfolgungsdruck und die Maßnahmen zum Zugriff auf das Vermögen stark erhöht. So übergab beispielsweise Harden-Rauch der Universitätsbibliothek im Mai 1938 wertvolle, im Jahr 1469 gedruckte Inkunabeln („Wiegendrucke", das heißt Produkte aus der „Wiegenzeit" des Buchdrucks) „in der Annahme, daß sie für Ihren Bestand willkommen sind". Er hatte sie einem „Nachlass" entnommen, dessen „Sichtung" ihm durch die Gestapo übertragen worden war. Dass es sich um jüdischen Besitz handelte, ergibt sich daraus, dass Rest das Schreiben von Harden-Rauch in der entsprechenden Akte ablegte. Die auf dem Schreiben nachgetragene Signatur lässt sich im UB-Katalog finden. Die einzelnen Blätter wurden in

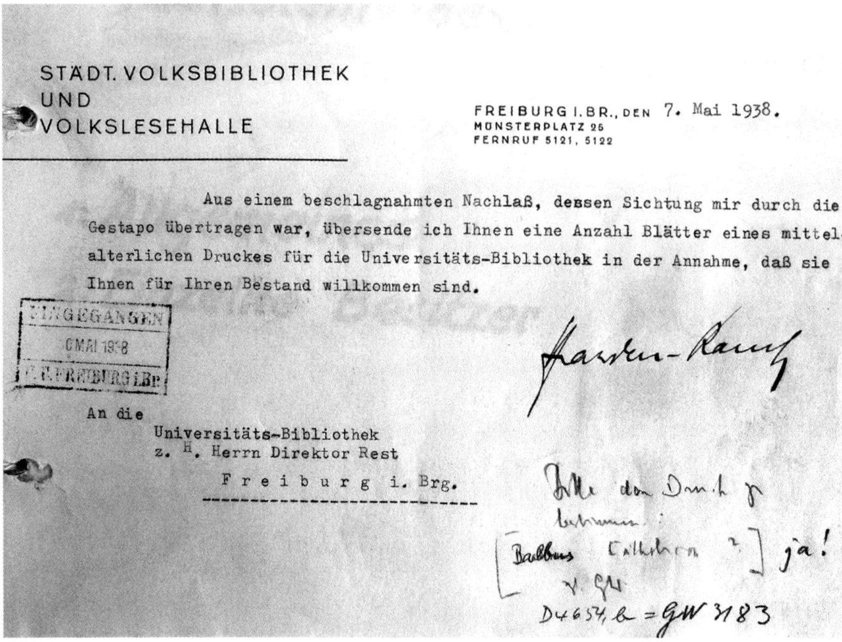

STÄDT. VOLKSBIBLIOTHEK
UND
VOLKSLESEHALLE

FREIBURG I.BR., DEN 7. Mai 1938.
MÜNSTERPLATZ 26
FERNRUF 5121, 5122

Aus einem beschlagnahmten Nachlaß, dessen Sichtung mir durch die Gestapo übertragen war, übersende ich Ihnen eine Anzahl Blätter eines mittelalterlichen Druckes für die Universitäts-Bibliothek in der Annahme, daß sie Ihnen für Ihren Bestand willkommen sind.

Harden-Rauch

An die
Universitäts-Bibliothek
z. H. Herrn Direktor Rest
Freiburg i. Brg.

Abbildung 25: Schreiben von Harden-Rauch an Direktor Rest, 7.5.1938.
Q.: Foto Heiko Wegmann (2022) aus UAF B 6/854.

einen bereits vorhandenen Inkunabeln-Bestand integriert. Als Provenienz ist im Katalog Jesuitenkolleg Freiburg i.Br. angegeben.[412] Die UB gehörte auch zum großen Kundenkreis der Wiener Firma Alfred Wolf, eines nach dem „Anschluss“ Österreichs an das Deutsche Reich „durch Raubprozesse entstandenen und in Raubaktionen involvierten Antiquariats“, das äußerst erfolgreich agierte.[413] Einen Sonderfall stellen die Bücher dar, die von Freiburger Jüdinnen und Juden stammten, die zwar noch vor Kriegsbeginn über Bremen emigrieren konnten, deren Umzugsgut aber kriegsbedingt nicht mehr verschifft wurde. Ihre Bücher wurden der Staats- und Universitätsbibliothek Bremen einverleibt.[414]

Eine neue Dimension systematischen Raubs beinhaltete dann aber die „Wagner-Bürckel-Aktion“, die den reichsweiten Deportationen in den Osten ab Oktober 1941 ein ganzes Jahr vorausging: Am 22./23. Oktober 1940 wurden etwa 6.500 Jüdinnen und Juden aus Baden, der Pfalz und dem Saarland in das südfranzösische Lager Gurs deportiert.[415] Für die „Arisierung“ ihres Besitzes, also ihre Ausraubung, war in Baden bis 1942 der „Generalbevollmächtigte für das jüdische Vermögen“ im Innenministerium, Carl Dornes (1906–1980), zuständig. Seine Dienststelle wurde nach dem Vorbild der früheren „Treuhänder für das marxistische Vermögen“ eingerichtet. Ihm unterstand als ausführende Instanz in Freiburg die anlässlich der Deportation spontan eingerichtete und zunächst von Polizeirat Josef Lögler (geb. 1883) und dann von Polizeimajor Otto Schifferdecker (geb. 1891) geleitete „Abteilung für die Verwaltung und Verwertung jüdischen Vermögens" der Polizeidirektion.[416] Enteignet wurde dabei auch Buchbesitz bis hin zu ganzen Privat- und Fachbibliotheken. Sofort wurde mit der öffentlichen Versteigerung begonnen, bis Dornes am 29. November 1940 anordnete, dass „Sammlungen, Kunstsammlungen, Bibliotheken und sonstige wertvolle Gegenstände vorläufig von öffentlichen Versteigerungen zurückgehalten werden und sichergestellt werden" sollten.[417]

Den größten Teil der Druckerzeugnisse sicherte sich die Universitätsbibliothek Freiburg zu günstigen Konditionen.[418] Die Initiative dazu ergriff Rest persönlich, nachdem er einen Bekannten auf der Straße getroffen hatte: Dieser transportierte „ein großes Paket sehr guter Bücher", die er gerade zum Preise von einer Reichsmark bei einer Versteigerung erworben hatte, so Rests spätere Schilderung.[419] Darauf wandte er sich an die Freiburger Gestapo: „Nachdem auch neuerdings wieder eine grössere Anzahl von Juden Freiburg und das Oberrheingebiet verlassen hat, frage ich an, ob und wie es sich ermöglichen lässt, dass die von ihnen hinterlassenen Bücher von unserer Bibliothek übernommen werden können, da sicher manches Buch darunter ist, welches wir noch nicht haben. Ich möchte darauf hinweisen, dass wir das Recht und auch die Pflicht haben, auch verbotenes Schriftgut zu sammeln, sowie dass wir früher auch laufend die polizeilich beschlagnahmten Bücher überwiesen erhielten."[420]

Gestapo-Außenstellenleiter Karl Traub verwies ihn zuständigkeitshalber an die Abteilung für jüdisches Vermögen bei der Polizeidirektion.[421] In den folgenden Verhandlungen mit Lögler wurde Rest am 10. Dezember 1940 von Bibliotheksrat Dr. Josef Beckmann (1902–1971) vertreten, der Rest später, von 1954 bis 1967, als UB-Direktor folgen sollte. Dieser schlug vor, dass auch mit Büchern gemäß der von Dornes gerade getroffenen Anordnung verfahren und sie von Versteigerungen ausgenommen werden sollten.[422]

Noch am folgenden Tag wurde nach Zustimmung des Polizeidirektors SS-Standartenführer Sacksofsky entsprechend festgelegt, dass „sämtliche anfallenden Bücher in den zu räumenden Judenwohnungen" von der UB „abgeholt und für den Verkauf sortiert werden". Die Gerichtsvollzieher hätten die UB jeweils zu verständigen, wann und wo sie die Bücher abholen könne. „Zwecks Transportmöglichkeiten" sollten sie „das ungefähre Quantum" angeben. Bei der Abholung sei von der UB eine Empfangsbescheinigung mit Angabe der Vorbesitzer und Stückzahl zur Abrechnung mit der Polizei auszustellen.[423] Teilweise, so Rest später, ließen Polizei oder Gerichtsvollzieher der UB aber auch zusammengestellte Lieferungen direkt durch Transportfirmen zustellen, wodurch die Erfassung der „Vorbesitzer" nicht immer genau möglich gewesen sei.[424]

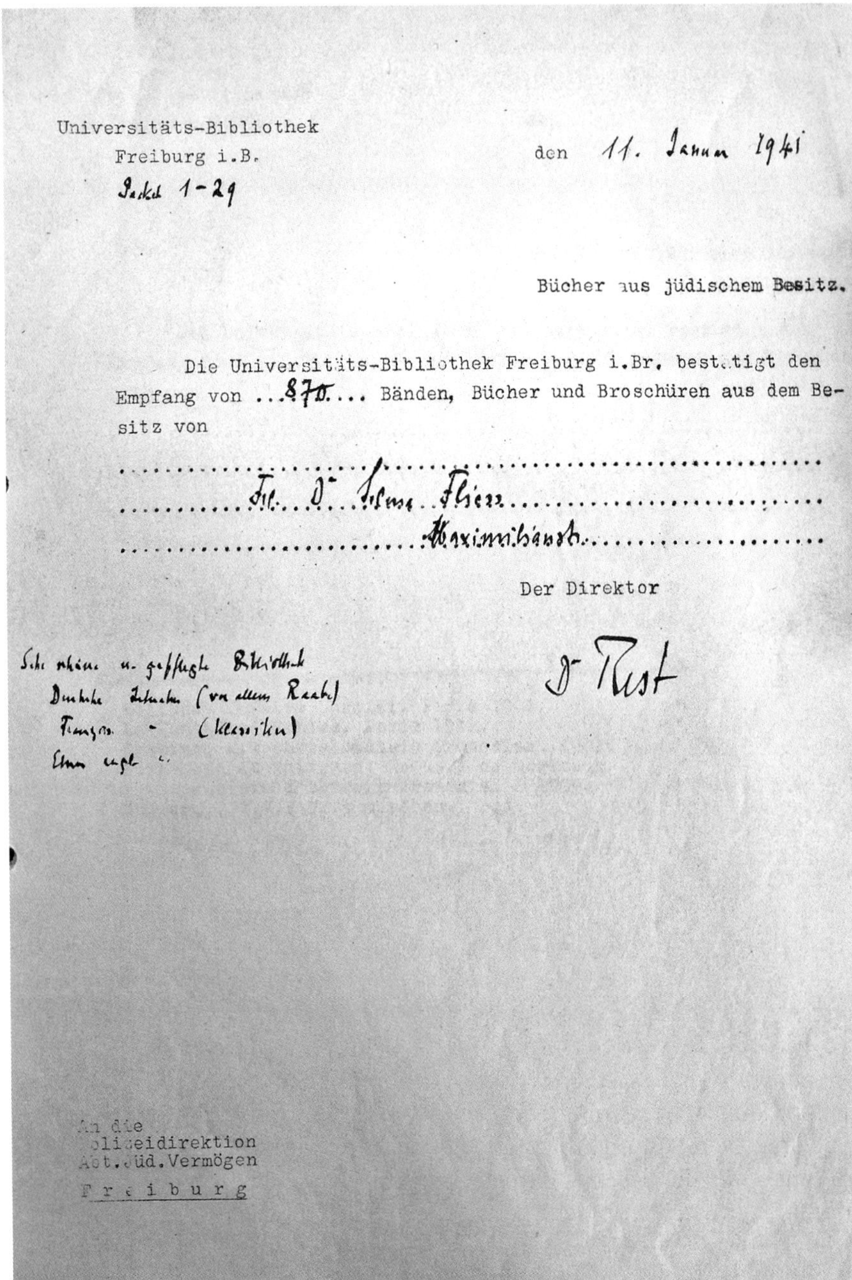

Universitäts-Bibliothek
Freiburg i.B.
Paket 1–29

den 11. Januar 1941

Bücher aus jüdischem Besitz.

Die Universitäts-Bibliothek Freiburg i.Br. bestätigt den Empfang von ...870... Bänden, Bücher und Broschüren aus dem Besitz von

....
.........Frl. Dr. Selma Fliess.........................
.........................Maximilianstr.....................

Der Direktor

Dr. Rust

An die
Polizeidirektion
Abt. Jüd. Vermögen
Freiburg

Abbildung 26: Quittung über den Empfang von 870 beschlagnahmten Büchern aus dem Eigentum von Selma Fliess, 11.1.1941. Q.: Foto Heiko Wegmann (2022) aus UAF B 6/854.

Das aktive Vorgehen von Empfängerinstitutionen beim Bücherraub unterstreicht noch einmal die vom Direktor der Badischen Landesbibliothek, Friedrich Lautenschlager (1890–1955), an Beckmann gerichtete Empfehlung, „selbst auf Bibliotheken aufmerksam zu machen, wenn einem in Frage kommende bekannt sind.“ Bei der Prüfung von jüdischen Büchersammlungen sei bisher unterschieden worden zwischen den Teilen, die frei veräußert werden könnten, denen, die aufgrund ihres kulturellen Werts im öffentlichen Interesse gesichert werden müssten und denen, die willkommene Ergänzungsmöglichkeiten der eigenen Bestände böten. „Das vorhandene verbotene, unerwünschte und jüdische Schrifttum wurde ausgeschieden und sichergestellt, teilweise auch gleich makuliert.“[425]

Angesichts der häufig wiederkehrenden Vorgänge produzierte die Universitätsbibliothek Blankoformulare, von denen einige überliefert sind. So bescheinigte Rest 1941 den Empfang von 870 Büchern in 29 Paketen aus dem Besitz von Dr. Selma Fliess in der Maximilianstraße 18. Er vermerkte dazu: „Sehr schöne u. gepflegte Bibliothek; Deutsche Literatur (vor allem Raabe); Französ. Literatur (Klassiker); etwas engl. Literatur“.[426]

Zwar wollte bzw. durfte die Polizei die Bücher nicht kostenlos abgeben, aber die Universitätsbibliothek übernahm weitgehend die Kontrolle über das Verfahren: Sie sichtete die Bestände, hatte ein Vorkaufsrecht und legte als Gutachterin in eigener Sache zudem selbst den Kaufpreis fest, den sie zu zahlen hatte. Davon profitierten auch Dritte. Bücher, die sie nicht brauchte, wurden Benutzern und Benutzerinnen des Lesesaals billig angeboten, an Schulen weitergegeben, aus dem Felde zurückkehrenden Studierenden umsonst zur Verfügung gestellt und an die Wehrmachtskompanie von Rests Sohn geschickt. Laut einer Liste mit dem Titel „Einnahmen aus Judenbüchern“ erwarben auch Bibliotheksmitarbeiter günstig Bücher, darunter auch Rest persönlich.[427]

Dem Romanischen Seminar der Universität machte Rest Hoffnung, eine 23 Bände umfassende Sammlung von „Textes modernes“, die aus der Privatbibliothek von Selma Fliess stammten, unentgeltlich übernehmen zu können. „Sollten wir jedoch für die Bücher bezahlen müssen, so würde ich für die überwiesenen Bücher 5 Mark berechnen; ich käme dann später auf die Angelegenheit zurück.“[428] Der Kreis-Pflegeanstalt Wiechs bei Schopfheim stellte er einige französische Bücher zur Verfügung, an die die UB vor kurzem „durch Zufall“ gelangt sei, wie er betont vage schrieb. „Falls es Ihnen möglich ist, uns dafür eine kleine Vergütung (etwa 1–2 Mark) zu übersenden, so könnte ich diese gut gebrauchen.“ Auch der Literarischen Anstalt Freiburg überließ er Bücher und gleichzeitig die „Preisgestaltung“ dafür.[429] Aus diesen Details ergibt sich, dass Rest nicht vorhatte, diese Bücher nur zu sichern, um sie den Eigentümern und Eigentümerinnen zu einem späteren Zeitpunkt nach ihrer Rückkehr zurückgeben zu können. Das ist hier schon einmal festzuhalten.

Die Deportation vom Oktober 1940 betraf auch Professor Dr. Robert Liefmann (1874–1941) und seine Schwestern Martha (1876–1952) und Dr. Else Liefmann (1881–1970). Die Schwestern überlebten Lager und Krieg, während Robert Liefmann bereits 1941 in Südfrankreich im Lager umkam. Seine umfangreiche Fachbibliothek wurde 1941 dem Volkswirtschaftlichen Seminar der Universität angeboten, dessen Direktor Professor Dr. Walter Eucken (1891–1950) war. Dieser lehnte zunächst ab, kaufte die Bibliothek auf den Rat von Rest hin dann aber doch. Der Preis lag dabei mit 500,50 Reichsmark weit unter Wert. In diesem Fall ist es jedoch glaubhaft, dass damit neben dem Nutzen für das Seminar auch eine Sicherung zu Gunsten der Deportierten ermöglicht werden sollte. Dafür spricht unter anderem, dass Eucken und später Professor Dr. Constantin von Dietze (1891–1973) Kontakt mit den Schwestern Liefmann hielten und sich nach dem Krieg für eine Entschädigung einsetzten. Die Schwestern wollten nun zunächst die an sie als Erbinnen zu restituierenden Bücher dem Volkswirtschaftlichen Seminar schenken. Wegen ihrer bedrückenden finanziellen Situation mussten sie sie dann jedoch gegen Bezahlung abgeben.[430] Über das Seminar gelangten später Bücher dieser Provenienz in die Universitätsbibliothek. Das 1904 publizierte Buch eines US-amerikanischen Professors enthält sowohl eine persönliche Widmung des Autors für Robert Liefmann als auch einen gedruckten Einkleber zur Provenienz: „Der Bibliothek des Volkswirtschaftlichen Seminars der Universität Freiburg i.Br. aus der Bibliothek von Professor Robert Liefmann ~~gestiftet~~ gekauft von Fräulein Else und Martha Liefmann".[431] Während die handschriftliche Streichung und Korrektur „gekauft" den Sachverhalt äußerst präzise aufklärten, fehlt jeder Hinweis auf die vorherige Enteignung. In das Haus der Geschwister Liefmann in der Goethestraße 33 waren noch 1941 Gestapo und die 65. SS-Standarte eingezogen.[432]

Ende 1941 beschwerte sich die Polizei-Abteilung für jüdisches Vermögen, dass noch keine Abrechnung durch die Universitätsbibliothek erfolgt sei. Rest antwortete, dass bislang erst ein Drittel der Bücher bearbeitet und abgeschätzt sei.[433] Die schleppende Abrechnung hatte zwei Gründe: Die Bücherkisten stapelten sich, weil die UB aufgrund mangelnder personeller Kapazitäten nicht mit der Erfassung vorankam. Doch offensichtlich spielte Rest auch auf Zeit, um zu erreichen, dass die UB möglicherweise gar nicht bezahlen musste.

Nach dem Beginn der reichsweiten Deportationen ab Herbst 1941 wurden die Enteignungen einheitlich geregelt. Der Tarnname der NS-Behörden dafür war „Aktion 3". Die juristische Grundlage wurde mit der 11. Verordnung zum Reichsbürgergesetz vom 25. November 1941 geschaffen und die Verwaltung und Verwertung der Vermögen den Finanzbehörden übertragen.[434] Entsprechend übernahm das Finanzamt Freiburg-Stadt 1942 die Aufgaben der Polizei-Abteilung. Es mahnte die UB mehrfach wegen der immer noch nicht abgeschlossenen Abrechnung. Ende Juni 1942 erfolgte schließlich die Endabrechnung. Obwohl die Durchsicht der Bestände erst im Januar 1943 abgeschlossen wurde, behauptete Rest bereits, die überwiesenen 2.285,65 Reichsmark seien der Erlös für sämtliche der UB zugegangenen Bücher „dieser Herkunft“.[435] Toussaint schätzt deren Gesamtzahl auf etwa 11.500 Bände.[436]

Zynisch wirkt ein Detailaspekt der Unterbringung der Bücher. Aus Luftschutzgründen lagerte die Universitätsbibliothek von Mitte 1942 bis Ende 1944 Hunderttausende von Büchern, Handschriften und Dokumenten in den Löwenkeller, den Hirzberg-Bunker und verschiedene ländliche Orte aus und rettete so große Teile ihrer Bestände. Für die personalintensiven, schweren Transporte wurden auch Angehörige des Reichsarbeitsdienstes und des HJ-Banns 113 herangezogen. Eine der genutzten Räumlichkeiten – auch für Bücher aus jüdischem Besitz – war ausgerechnet die „demolierte Synagoge von Sulzburg“, die zu diesem Zweck wieder hergerichtet wurde.[437] Mitte 1950 kündigte die israelitische Gemeinde, der das Gebäude zwischenzeitlich rückübereignet worden war, an, Miete verlangen zu müssen, denn ihr entstünden auch wieder Kosten für Steuern und Instandhaltungen. Die UB wies das mit dem Hinweis zurück, sie habe die Synagoge im Dezember 1949 geräumt. Eine Entschädigung für die vorangegangene Nutzung wurde nicht in Betracht gezogen.[438]

5.4 „Sonderaktion Heß“, Gestapo und Hans Bender

Um einen anderen Personenkreis betroffener Vorbesitzer geht es in folgendem Fall. Anlass war der Flug von Rudolf Heß (1894–1987) nach Schottland am 10. Mai 1941. Der „Stellvertreter des Führers“, Reichsminister und Mitglied des Ministerrates für die Reichsverteidigung, wollte eigenmächtig mit der britischen Regierung über einen Sonderfrieden verhandeln. Zu der Aktion hatten ihn wohl auch zwei persönlich für ihn angefertigte Horoskope motiviert. Als Reaktion darauf wurde er von der Staats- und Parteiführung als Landesverräter eingestuft und öffentlich als geistig Verwirrter dargestellt, der unter dem zerstörerischen Einfluss von Okkultisten und Astrologen gestanden habe. Obwohl neben Heß auch andere hohe NS-Führer, etwa der Reichsführer-SS Heinrich Himmler (1900–1945), starke Affinitäten zu Esoterik und Okkultismus hatten,[439] wurde diese Kampagne insbesondere von Heß‘ Stabsleiter Martin Bormann (1900–1945) und Joseph Goebbels vorangetrieben.[440]

In der Folge wurde eine „Aktion gegen Geheimlehren und Geheimwissenschaften“, kurz „Sonderaktion Heß“ genannt, in Gang gesetzt. Federführend war das von SS-Obergruppenführer Reinhard Heydrich (1904–1942) geleitete

Reichssicherheitshauptamt (RSHA) mit seinen Sparten Gestapo, Kriminalpolizei und SD. Das RSHA unterstand zwar wiederum dem Esoteriker Himmler, aber die Aktion wurde von Hitler persönlich gebilligt. Betroffen waren vor allem Astrologen, daneben auch Okkultisten, Spiritisten, Wahrsager, Gesundbeter sowie Anhänger der Anthropo-, Ario- und Theosophie.[441] Bei einer reichsweiten Razzia am 9. Juni 1941 wurden Hunderte Personen festgesetzt, ein Teil davon auch in Konzentrationslagern inhaftiert. Goebbels kommentierte in seinem Tagebuch: „Alle Astrologen, Magnetopathen, Anthroposophen etc. verhaftet. Damit ist diesem Schwindel endgültig ein Ende gemacht. Sonderbarerweise hat nicht ein einziger Hellseher vorausgesehen, dass er verhaftet wurde. Ein schlechtes Berufszeichen."[442]

Dass den Zielgruppen ein Ende gemacht worden sei, war allerdings eine Fehleinschätzung. Erstens lebten deren Ansätze zum Beispiel im SS-Verein „Ahnenerbe" weiter fort und zweitens reaktivierte dasselbe NS-Regime schon bald wieder manche betroffene Protagonisten. So versuchte die Kriegsmarine, feindliche Schiffe durch Pendeln über Seekarten orten zu lassen.[443] Himmlers „Hofastrologe" Wilhelm Th. H. Wulff wurde bei der Aktion in einem KZ inhaftiert,[444] in der zweiten Kriegshälfte erstellte er jedoch wieder astrologische Gutachten für ihn.[445]

Ein Hauptziel der „Sonderaktion" war das Schrifttum dieser von Praktikern bis zu Grenzwissenschaftlern reichenden Szene. Deshalb wurden Unterlagen, Zeitschriften, Büchersammlungen und Bibliotheken bei Einzelpersonen, Vereinen, Verlagen und Druckereien beschlagnahmt. Das Material wurde teils vernichtet, teils in einer Fachbibliothek des RSHA zur „Gegnerforschung" gesammelt[446] und ein Teil verblieb bei den regionalen Gestapo-Leitstellen. Um die Bestände der Leitstellen Karlsruhe und Stuttgart bemühte sich wiederum intensiv die im November 1941 eröffnete „Reichsuniversität Straßburg", zumal in Karlsruhe auch die im Elsass entzogenen Bücher lagerten.

Die Universität beabsichtigte, eine eigene Forschungsstelle zu Astrologie und Okkultismus mit entsprechender Spezialbibliothek aufzubauen. Im Zentrum der Forschung stand Hans Bender (1907–1991), erst als Dozent für Psychologie, dann ab Mitte 1942 als Professor und Leiter des Instituts für Psychologie und klinische Psychologie.[447] Ab Ende 1942 unterhielt er daneben ein privat gefördertes „Grenzwissenschaftliches Institut (Paracelsus-Institut)" mit Schwerpunkt Astrologie. Bender gilt heutzutage als „mit Abstand wichtigster Vertreter des Forschungsgebietes der Parapsychologie und der Grenzgebiete der Psychologie in Deutschland im 20. Jahrhundert".[448]

Dass er in Straßburg trotz der „Sonderaktion Heß" seinen Forschungsinteressen nicht nur ungehindert, sondern im Gegenteil stark gefördert[449] nachgehen konnte, verweist einmal mehr auf die innere Widersprüchlichkeit des NS-Regimes. Er arbeitete 1942 sogar intensiv an einem Antrag an das RSHA zur Erforschung von Geheimlehren. Im Falle Benders bedeutete dies in der

Realität aber keineswegs „Gegnerforschung". Er wurde 1942 persönlich bei der Gestapo in Karlsruhe und in der Zentrale des RSHA in Berlin vorstellig, um an beschlagnahmte Bücher der Sonderaktion zu kommen. Die Zahl der tatsächlich überstellten Bücher ist nicht bekannt, aber nach einer Lieferung aus Karlsruhe wurden ihm bei seinem Besuch in Berlin rund 4.000 weitere Bände zumindest in Aussicht gestellt. Außerdem bemühte er sich 1943 um die Bestände, die in den Besitz des SS-Ahnenerbes gelangt waren.[450]

Im Herbst 1944 ließ Bender große Teile der Bibliothek seiner beiden Institute – etwa 6.000 Bände – im Südschwarzwald einlagern, um sie dem Zugriff der herannahenden Truppen der Alliierten zu entziehen. Nach geschickten Verhandlungen mit der französischen Besatzungsmacht konnte er diese 1946 in seine Heimatstadt Freiburg überführen. Hier wurde er wiederum Dozent an der Universität, gründete 1950 das private „Institut für Grenzgebiete der Psychologie und Psychohygiene" (IGPP) und wurde schließlich auch wieder Professor. Obwohl er durch seinen aktiven Einsatz massiv von den Beschlagnahmungen profitiert hatte, avancierte er in den Nachkriegsjahren zu einem der „gefragtesten Fachmänner" für Fragen zur Sonderaktion. Und obwohl die geraubten Bücher bei ihm und seinem Institut verblieben, verfasste er im Wiedergutmachungsverfahren der Münchener Astrologin Doris Franke, das den Charakter eines juristischen Präzedenzfalls hatte, ein Gutachten zu deren Gunsten.[451]

Die Bibliothek des IGPP wurde später als Spezialbibliothek und dann als von der Deutschen Forschungsgemeinschaft geförderte Sondersammelgebietsbibliothek in die Universitätsbibliothek integriert. In diesem heute sehr umfangreichen Bestand befinden sich noch Bücher und Zeitschriften, die mit dem Stempel „Institut für Psychologie und klinische Psychologie – Reichsuniversität Straßburg" versehen sind. Wie viele davon über die „Sonderaktion Heß" hierherkamen, ist nicht bekannt. Frank-Rutger Hausmann schätzt die Zahl als nicht sehr groß ein.[452] Uwe Schellinger, der selbst wissenschaftlicher Mitarbeiter und Archivar des IGPP ist, bemängelte dagegen: „Es haben bislang außer ersten kursorischen Einblicken keinerlei systematische Recherchen hierzu stattgefunden."[453] Restitutionsbemühungen dürfte es in diesem Fall nie gegeben haben.

5.5 Restitutionen

Inwieweit erhielten Betroffene nach Kriegsende ihre Bücher zurück oder wurden im Fall von deren Zerstörung entschädigt? Diese Frage lässt sich nicht allgemein beantworten. Eine wichtige Quelle ist jedoch die Akte der Universitätsbibliothek über Bücher aus jüdischem Besitz. Eine detaillierte Darstellung und Kontextualisierung der darin dokumentierten einzelnen

Rückgabeprozesse, der Beteiligten, der individuellen und allgemeinen Schwierigkeiten der Nachkriegssituation sowie von Kriegsschäden, gerichtlichen und außergerichtlichen Verfahren und Ergebnissen kann hier aus Platzgründen nicht erfolgen. Folgendes kann jedoch in Hinsicht auf die Universitätsbibliothek festgestellt werden: Auf ihrer Seite waren damit drei Beamte befasst, die vorher im Kontext der Sicherung, Aneignung, Weitergabe oder Vernichtung eine Rolle gespielt hatten (Rest, Beckmann, Klaiber). Dies beförderte zwar einerseits die erwartbare Produktion von Rechtfertigungen für das frühere Vorgehen, andererseits kam es aber unter den neuen Verhältnissen durchaus zu Restitutionen.

Im Januar 1946 wurde im „Bulletin officiel" der französischen Militärregierung eine Verfügung veröffentlicht, die es zur Pflicht machte, Besitz aus „Ausplünderungsmaßnahmen" bei den (Ober-)Bürgermeistern anzuzeigen.[454] Rest stellte sein Handeln sogleich als Rettungsakt im „öffentlichen Interesse" dar: „Ich habe mich natürlich an solchen Schandtaten nicht beteiligt, konnte aber immerhin durch Vermittlung der Polizeidirektion eine Anzahl von Bücher[n] für die Bibliothek erwerben, die sonst öffentlich versteigert oder unter der Hand weggenommen worden wären". Jüdische Gebetbücher, Briefe und andere persönliche Andenken habe er sorgfältig verpacken lassen, „damit sie in späterer Zeit wieder an die ehemaligen Besitzer zurückgegeben werden könnten. (...) Es liegt mir nun daran, diese von mir geretteten Gegenstände wieder in die Hände derer gelangen zu lassen, denen sie damals auf so schamlose Weise entrissen worden waren".[455]

Der genannte Bericht Rests an Oberbürgermeister Dr. Wolfgang Hoffmann (1893–1956) ging ebenfalls auf die Verordnung zurück. Hier wurde auch der caritative Charakter der Weitergabe an Dritte betont, gleichzeitig aber Wert und Bedeutung der Eingänge heruntergespielt.[456] Ein weiterer Anstoß für Rest, aktiv zu werden, war ein Aufruf von Nathan Rosenberger (1874–1953) im Namen der israelitischen Landesgemeinde, Bezirk Südbaden. In den „Freiburger Nachrichten" vom 6. Februar 1946 bat sie darum, ihr weggenommene Gebetbücher und liturgische Gegenstände zurückzugeben. Rosenberger war als letzter Bevollmächtigter der israelitischen Gemeinde nicht 1940 nach Gurs, sondern 1942 von Traub verhaftet und mit seiner Frau Martha (geb. 1891) und Tochter Rita nach Theresienstadt deportiert worden. Sie überlebten schwer geschädigt. Nach der Rückkehr nach Freiburg beteiligte er sich führend am Wiederaufbau der Gemeinde.[457] Rest übergab ihr darauf umgehend 50 Bücher, 5 Gebetbücher, zwei Postkartenalben und ein Kuvert mit Fotos. Weitere Rückgaben, etwa einer Thorarolle oder einzelner Gebetbücher, folgten. Rosenberger bedankte sich für die dringend benötigten Gebetbücher, die in Deutschland weder zu kaufen seien noch gedruckt würden. Er erkundigte sich bei der Gelegenheit wiederum nach Büchern aus jüdischem Besitz.[458]

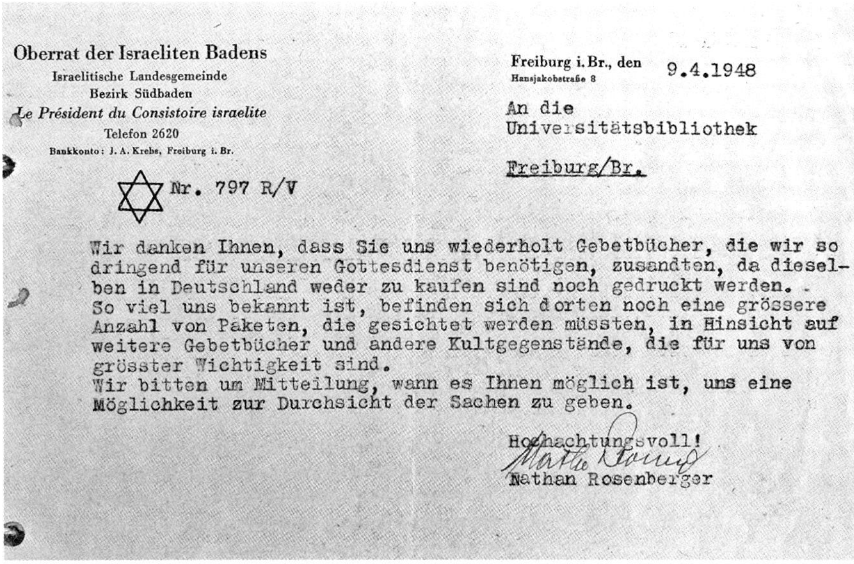

Oberrat der Israeliten Badens
Israelitische Landesgemeinde
Bezirk Südbaden
Le Président du Consistoire israelite
Telefon 2620
Bankkonto: J. A. Krebs, Freiburg i. Br.

Freiburg i. Br., den 9.4.1948
Hansjakobstraße 8

An die
Universitätsbibliothek

Freiburg/Br.

Nr. 797 R/V

Wir danken Ihnen, dass Sie uns wiederholt Gebetbücher, die wir so dringend für unseren Gottesdienst benötigen, zusandten, da dieselben in Deutschland weder zu kaufen sind noch gedruckt werden.
So viel uns bekannt ist, befinden sich dorten noch eine grössere Anzahl von Paketen, die gesichtet werden müssten, in Hinsicht auf weitere Gebetbücher und andere Kultgegenstände, die für uns von grösster Wichtigkeit sind.
Wir bitten um Mitteilung, wann es Ihnen möglich ist, uns eine Möglichkeit zur Durchsicht der Sachen zu geben.

Hochachtungsvoll!
Nathan Rosenberger

Abbildung 27: Schreiben des Oberrats der Isrealiten Badens an die Universitätsbibliothek Freiburg. Q.: Foto Heiko Wegmann (2022) aus UAF B 6/854.

Auf Rosenbergers erneute Anfrage im Jahr 1949, ob die Universitätsbibliothek Bücher von der Gestapo erhalten habe, antwortete Rest dem Rektorat der Universität, sie habe „niemals weder jüdische noch andere Bücher“ von der ehemaligen Gestapo erhalten. Auf welche Weise dies geschehen sei, habe er in seinem Bericht an den Oberbürgermeister dargelegt. Außerdem wisse Rosenberger dies alles, weil er der Polizeidirektion bei der „Aktion“ 1940 als Vertreter der jüdischen Gemeinde beigeordnet gewesen sei.[459] Diese Argumentation war mehr als haarspalterisch, denn erstens war die Gestapo zwar nicht für die „Verwertung“, wohl aber für die erste Beschlagnahme bei der Deportation zuständig gewesen. Deshalb hatte er sich selbst zuerst bei ihr gemeldet. Außerdem erhielt die UB, wie dargelegt, auch direkt oder indirekt Bücher, die von der Gestapo bei anderen Aktionen beschlagnahmt worden waren. Bei der Räumung der Auslagerungsstelle Sulzburg kamen 1951 nochmals zwei Kisten mit Gebetbüchern, liturgischen Texten, Briefen und Fotoalben zurück. Die UB bat die Gemeinde um Abholung mit dem Hinweis: „Kisten oder sonstiges Verpackungsmaterial ist zweckmäßig mitzubringen“.[460]

In der Bücherfrage scheint dann in Bezug auf die jüdische Gemeinde ein Stillstand eingetreten zu sein, während mit einzelnen Betroffenen und Erben weiter konkrete Rückgabeverhandlungen geführt wurden. 1953 nahm Dr. Erich Loewe Gespräche mit der Universitätsbibliothek über die Rückgabe von Büchern auf. Er repräsentierte das Zweigbüro Freiburg der

„Branche Française de la Jewish Trust Corporation for Germany", der amtlich bestellten Organisation für die Rückerstattung jüdischen Vermögens. Die Universitätsbibliothek erklärte sich bei einem Treffen sofort zu Rückgaben bereit. Allerdings zündete ein Mitarbeiter auch eine ‚Nebelkerze': „In der Besprechung (...) gab ich ihm auf seinen Wunsch einige Aufklärung, auf welche Weise in den Jahren 1940–1942 die Universitätsbibliothek jüdische Bücher übernommen hat. Ich erwähnte mehrfach, daß es sich bei der übernommenen jüdischen Literatur durchweg um Literatur von geringem Wert handle (Broschüren, Schulbücher, Jugendbücher etc.)."[461] Zum Befremden der UB verklagte Loewe diese vorsorglich bei der Restitutionskammer des Landgerichts, beantragte aber gleichzeitig, vorläufig keinen Termin anzuberaumen, da die Angelegenheit gütlich geregelt werden solle.[462]

1954 wurde vor der Restitutionskammer ein Vergleich zwischen dem Land Baden-Württemberg und der Jewish Trust Corporation geschlossen. 1.163 Bücher konnten zwischenzeitlich dieser Provenienz zugeordnet werden, davon knapp die Hälfte mit Namen der Vorbesitzer und -besitzerinnen. Das Zweigbüro erhielt die Bücher treuhänderisch und ließ sie durch einen Antiquar abholen. Ausgenommen waren elf Bücher aus den Nachlässen Fliess und Polaczek, über die bereits direkte Rückgabeverhandlungen mit den Erben liefen.[463] Auf später eingehende Anfragen teilte Beckmann mit, dass sich keine der damals beschlagnahmten Werke mehr in der Universitätsbibliothek befänden.[464]

Beim letzten Restitutionsfall kamen erst 2017 zwei Bücher über das Orientalische Seminar der Universität in den Bestand der Universitätsbibliothek. Sie stammten aus der Privatbibliothek des 1880 in den Niederlanden geborenen jüdischen Humanisten Leo Polak. Er war 1941 verhaftet und noch im selben Jahr im Konzentrationslager Sachsenhausen ermordet worden. Seine über 2.000 beschlagnahmten Bücher „befanden sich wahrscheinlich bis zum Herbst 1944 in Amsterdam und wurden unter dem Kommando des ‚Einsatzstabes Reichsleiter Rosenberg für die besetzten Gebiete' (ERR) in das Sammellager Enschede (Niederlande) gebracht. Beabsichtigt war eine Überführung nach Deutschland."[465] Wie die zwei Bücher nach Freiburg kamen, ließ sich nicht rekonstruieren. Im Jahr 2020 restituierten die UB und die Sächsische Landesbibliothek, Staats- und Universitätsbibliothek Dresden (SLUB) drei Bücher an die Nachfahren Polaks. Die UB ließ dazu verlauten: „Im Fall von erwiesenem NS-Raubgut betrachten sich die SLUB und die UB Freiburg nicht als Eigentümerinnen der in ihren Beständen befindlichen Objekte und bemühen sich um eine Rückgabe oder um gerechte und faire Lösungen im Sinne der Washingtoner Erklärung von 1998."[466]

6 Biografische Skizzen – Von Tätern, Mitmachern und Opfern

An den Bücherverbrennungen und jahrelangen „Säuberungen“ und Beschlagnahmungen waren zahlreiche Akteure maßgeblich beteiligt. Es stellt sich nun die Frage nach ihren weiteren politischen Lebenswegen und Positionierungen während der NS-Zeit und danach. Blieben sie in Freiburg oder war die Stadt nur eine Zwischenstation? Wie wurde ihre Rolle später in Entnazifizierungsverfahren thematisiert? Befasste sich die Öffentlichkeit mit ihnen? Wie verhielten sie sich selbst dazu? Einen Überblick hierzu gibt es bislang nicht; die Nachverfolgung der Biografien ermöglicht jedoch weitere, zum Teil sehr aufschlussreiche Einblicke in die Verhältnisse (nicht nur) in Freiburg während der NS-Zeit sowie in deren spätere Aufarbeitung. Sie fördert außerdem erstmals zu Tage, dass sich die Wege mehrerer Beteiligter bei der systematischen Enteignung jüdischen Grundbesitzes im besetzten Tschechien wieder kreuzten.

Bei der Auswahl der hier vorgestellten Personen wurden alle Mitglieder der städtischen Kommission berücksichtigt. Betrachtet werden außerdem Studenten- und HJ-Funktionäre, die bisher in der stadtgeschichtlichen Forschung gar nicht untersucht wurden. Insgesamt wird kein Anspruch auf Vollständigkeit erhoben, denn dieser hätte den Rahmen dieser Studie gesprengt. Neben der Gruppe der originären NS-Aktivisten wird der Blick auf Josef Rest gerichtet, der erst eine zentrale Rolle bei der Aneignung und Weitergabe geraubten Kulturguts durch die Universitätsbibliothek spielte und ab 1945 für das Ausscheiden von NS-Literatur sowie für Restitutionen zuständig war. Mit der Familie des Buchhändlers Wilhelm Loewy, gegen den 1933 erst die Nationalsozialisten und dann die Polizei vorgingen, soll zunächst exemplarisch auf die Opfer der Verfolgung eingegangen werden.

6.1 Wilhelm Loewy – Buchhändler und Verfolgter mit Familie

Die Geschichte der Familie Loewy wurde in den Darstellungen zu den Freiburger Juden und Jüdinnen bislang nicht behandelt.[467] Die Rekonstruktion stellte sich als äußerst schwierig dar, so dass hier einige Fragen offenbleiben müssen. Wilhelm Loewy wurde 1882 im bayrischen Burkhardsrieth geboren, seine Eltern stammten aus dem heutigen Tschechien.[468] Nach seiner Teilnahme am Ersten Weltkrieg als Soldat war er ab Ende 1917 in Freiburg gemeldet. Hier betrieb er die Buchhandlung, Antiquariat und Papierhandlung Loewy, zunächst in der Kaiserstraße 133 gegenüber dem „Freiburger Hof". Manchmal veranstaltete er dort auch besondere Verkaufsaktionen, beispielsweise für Zigarren. Ab 1928 befand sich sein Geschäft in der Kaiserstraße 158 neben dem „Friedrichsbau", dort betrieb er auch eine Leihbücherei.[469]

1922 heiratete er die 1898 im bayrischen Jakobsdorf geborene Maria Jung, die katholischer Konfession war. Sie brachte den unehelichen, 1921 in Freiburg geborenen Sohn Hans Günter mit in die Ehe ein, er erhielt 1923 den Nachnamen Loewy. 1927 wurde der gemeinsame Sohn Ernst Benjamin (Benno) geboren. Maria Loewy verstarb bereits 1931 im Alter von nur knapp 33 Jahren. Kurz darauf wurde Hans Günter vom Landgericht Freiburg auf Antrag seines biologischen Vaters Wilhelm Behrens und dessen Ehefrau zu deren ehelichem Kind erklärt. Anschließend verzog er nach Berlin, Weiteres zu ihm ist nicht bekannt.[470]

Anfang 1931 startete Wilhelm Loewy wegen der beabsichtigten Aufgabe des Ladengeschäfts einen „Totalausverkauf" seiner neuen und antiquarischen Bücher. Das Geschäft sollte danach als Versandbuchhandlung und Kunstantiquariat weitergeführt werden.[471] Es ist denkbar, dass diese Umstellung mit dem Gesundheitszustand seiner Frau zusammenhing. In ihrer Todesanzeige wird ihr langes, schweres Leiden erwähnt, das sie mit großer Geduld ertragen habe. Im Freiburger Adressbuch 1933, dessen Redaktionsschluss noch Ende des Jahres 1932 lag, wurde die Buchhandlung nicht mehr aufgeführt und die Firma wurde am 15. Februar 1933 im Handelsregister gelöscht.[472] Stattdessen befand sich nun aber an derselben Adresse die „Buchhandlung und Antiquariat Margarete Jung", deren Geschäftsführer allerdings wiederum Loewy war. Bei Margarete Jung handelte es sich um die Schwester seiner verstorbenen Frau, die als Stenotypistin in einer Weinhandlung in Trittenheim an der Mosel arbeitete und lediglich ihren Namen zur Verfügung gestellt hatte.[473]

Ob die Umfirmierung in „Buchhandlung Jung" schon eine präventive Maßnahme angesichts der Entwicklung der politischen Verhältnisse war, oder andere Gründe hatte, lässt sich nicht sagen. Das Konstrukt verhinderte jedoch nicht, dass die Nationalsozialisten Loewy und die Buchhandlung namentlich auf ihre öffentliche Boykott-Liste vom 1. April 1933 setzten und dass die Polizeidirektion mit Unterstützung von Pfarrer Heinrich Mohr 1933 eine Aktion gegen ihn startete (siehe Kapitel 3.1.5.1 und 3.1.6). Später im Jahr 1933 diente ihm jedenfalls die Firmenbezeichnung Jung in gewissem Maß doch noch als Tarnung und Schutz vor Benachteiligung und Verfolgung. Sein Nachlasspfleger Julius Bloch hielt 1937 in einem Schreiben fest, dass Loewy sein Geschäft in den letzten Jahren „aus bekannten Gründen" auf Jungs Namen geführt habe.[474] Dies wird anschaulich im Schriftverkehr mit dem Generallandesarchiv in Karlsruhe, dem er zwischen 1934 und 1936 für dessen Badische Bildersammlung 37 Bilder und Lithographien verkaufte.

Briefe unterzeichnete er mit „Mit deutschem Gruß! i. V. Margarete Jung" und nicht mit seinem eigenen Namen.[475] Das Generallandesarchiv hat zwischen 2015 und 2017 ein Forschungsprojekt zu seinen eigenen Ankäufen in Hinsicht auf unrechtmäßige Verwertung jüdischen Eigentums durchgeführt.[476] Dabei wurden auch die Verkäufe des Antiquariats Jung untersucht und der Zusammenhang mit Loewy ermittelt. Es wurde festgestellt, dass die Verkäufe zu marktüblichen Preisen erfolgten, dass aber andererseits nicht eindeutig zu klären war, ob das Geschäft verfolgungsbedingt aufgegeben wurde oder unter den Repressalien des NS-Regimes litt. Die Herkunft der Ankäufe wurde entsprechend als nicht zweifelsfrei unbedenklich und weiter zu erforschen eingestuft.[477]

Zeitweise betrieb er nach 1933 zusätzlich das „Institut für Eheanbahnung Wilhelm Loewy" und die Auskunftei „Wilo". In welchem Umfang, ist wiederum nicht bekannt. Laut Schriftverkehr in seiner Nachlassakte war die finanzielle Lage der nur noch aus Vater und Sohn bestehenden Familie sehr schwierig und bedurfte der Unterstützung durch den Fürsorge-Ausschuss der israelitischen Gemeinde.[478] Das restliche Geschäft wurde nach einer Zwischenstation von der Privatwohnung in der Tivolistraße 28 aus betrieben, wo die Familie seit 1924 lebte. Diese Wohnung mussten die Loewys aber wegen aufgetürmter Mietschulden im März 1935 verlassen, sie zogen in den Rennweg 26 um. Von dort wurden auch die Antiquariate weiter betrieben, wobei in den Adressbüchern für 1935 und 1936 neben dem Antiquariat Jung auch wieder das unter seinem eigenen Namen geführte zu finden ist.[479]

1935 wurde Loewy der Reisepass entzogen.[480] Eine gewisse Vorstellung von der Lebenssituation ermöglicht auch ein Blick in seine Nachbarschaft. Um nur drei Beispiele zu nennen: In der Tivolistraße 32 befand sich das Verbindungshaus der Burschenschaft Saxo-Silesia, der einige Nationalsozialisten angehörten, und die später in „Kameradschaft des NSDStB" umbenannt wurde. Während des Jahres 1934 wohnte dort ausgerechnet Ermin Künzel. Heinrich Mohr lebte mit seiner Schwester Teresa nur 300 Meter Luftlinie entfernt von den Loewys in der Immentalstraße. Und Karl Willy Straub lebte 1934 in der Stadtstraße 7 in 500 Metern Entfernung (nach Loewys Wegzug zog er selbst in die Tivolistraße, zunächst in die Nr. 34, später in die Nr. 10). Loewy lief also bei jedem Gang zur Bäckerei oder ähnlichen Alltagshandlungen Gefahr, Hauptverantwortlichen für die Angriffe auf jüdische Literaten und Büchereien zu begegnen.

Am 4. Januar 1937 verstarb Wilhelm Loewy an einem Gehirnschlag (Schlaganfall) in der medizinischen Klinik. Die näheren Ursachen sind nicht bekannt. Es ist jedoch zumindest zu bedenken, dass stressbedingter Bluthochdruck eine mögliche Ursache für diese Erkrankung ist. Als Gründe dafür kommen wiederum sowohl der Schicksalsschlag des frühen Todes seiner Frau als auch die Verfolgung sowie die damit verbundene schlechte wirtschaftliche Lage in Frage. Nach Angaben einer Versicherung hatte er sich schon 1935 einer ärztlichen Behandlung unterziehen müssen und diese Erkrankung sei dann auch die Ursache für sein Ableben gewesen.[481]

Sein knapp zehnjähriger Sohn Ernst Benno kam nach Kronach in Bayern zu seiner Tante Hilde und ihrem Ehemann Josef Lamm, der als sein Vormund bestellt wurde. Die Familie befand sich in großen finanziellen Schwierigkeiten, nachdem Josef Lamm 1936 die Konzession als Viehhändler entzogen worden war. Dem eigenen Sohn der Lamms, der ebenfalls Ernst hieß (später Yehuda ben Yosef), gelang die Flucht nach England, 1945 wanderte er dann nach Palästina aus. Dort wurde er im 1948 gegründeten Staat Israel Archäologe und Subinspektor im Department of Antiquities. Das Ehepaar Lamm wurde dagegen gemeinsam mit Ernst Loewy 1942 von Würzburg aus über Krasnystaw in das Ghetto von Krasniczyn in der ostpolnischen Woiwodschaft Lublin deportiert. Sie wurden entweder dort oder in einem anderen Vernichtungslager ermordet, wahrscheinlich in Sobibor. Der aus Freiburg stammende Ernst Benno Loewy gilt mit seinen 15 Jahren als jüngstes Holocaustopfer Kronachs. 2017 wurde dort ein Stolperstein für

Abbildung 28: Der Grabstein von Wilhelm Loewy auf dem jüdischen Friedhof Freiburg. Q.: Foto Heiko Wegmann (2013).

Abbildung 29: Ernst Benno Loewy (Aufnahme ca. 1932). Q.: Hanno Loewy / Jüdisches Museum Hohenems.

Abbildung 30: Stolpersteine für Ernst Loewy und Familie Lamm in Kronach. Q.: Foto Jürgen Hanke (2022).

ihn verlegt und sein Name ist auf einem Denkmal für die örtlichen Opfer des Holocaust zu lesen.[482]

Ebenso wie Ernst Lamm überlebte auch Wilhelm Loewys Bruder Richard (1891–1969). Er hatte 1918/19 kurzzeitig in Freiburg gelebt, wo Wilhelm noch 1920 in einer Zeitungsanzeige ein Antiquariat für ihn zum Kauf suchte. Richard Loewy wohnte dann aber in Krefeld, bis er 1938 nach Palästina auswanderte. Von 1942 bis 1956 war er Buchhändler in Freiburgs heutiger Partnerstadt Tel Aviv-Yafo, ab 1957 lebte er in Frankfurt am Main.[483]

6.2 Josef Rest – Angefochten, aber immer an der Spitze

Zur Einschätzung der Rolle der Universitätsbibliothek ist es nötig, den Blick noch einmal auf Josef Rest zu richten, der seit 1929 ihr Direktor war. Dabei ergibt sich ein uneinheitliches Bild. Ingo Toussaint verweist darauf, dass der Frontkämpfer des Ersten Weltkriegs von 1929 bis 1933 der Zentrumspartei angehörte. Seine Mitgliedschaften in NS-Organisationen ab 1933 seien rein nomineller Natur und er sei „bestimmt kein Nationalsozialist" gewesen. Darüber seien sich alle im Kollegium der UB völlig im Klaren gewesen, wie aus Interviews hervorgehe.[484] „Hat er sich anfangs zu Zensurmaßnahmen bereit gefunden, so versuchte er doch später, verschärfte Durchführungsbestimmungen zu verhindern."[485] 1933 beabsichtigte er, entgegen den Verfügungen des Kultusministeriums, die Belieferung durch die als nicht rein „arisch" eingestufte Freiburger Buchhandlung Speyer & Kaerner aufrechtzuerhalten. Mit dieser hatte die UB schon seit über dreißig Jahren vertrauensvoll zusammengearbeitet.[486]

Auch habe er, so Toussaint, in seiner Personalpolitik keine politischen Rücksichten genommen. So setzte er sich für die Weiterbeschäftigung seines Mitarbeiters Dr. Max Pfannenstiel (1902–1976) ein.[487] Dieser war vom „Gesetz zur Wiederherstellung des Berufsbeamtentums" und entsprechenden badischen Erlassen vom April 1933 betroffen gewesen. „Mit taktischen Verzögerungen und nimmermüden Versuchen, einen Sonderfall zu konstruieren, hat er die Möglichkeiten ausgenutzt, die er ohne Gefährdung seiner nicht gerade gesicherten Position ergreifen konnte. Denn politischer Übereifer und Denunziantentum im Kollegenkreise, die stets gebotene Vorsicht auch vor allzu überzeugten Nationalsozialisten unter den Bibliotheksbenutzern, haben ihm in den ersten Jahren nach der Machtergreifung wohl kaum mehr Spielraum für ein engagiertes Eintreten gegen gesetzgeberische Willkür und eine mitleidlose Exekutive gelassen."[488] Dass Rest in einzelnen Fällen antisemitische Äußerungen in Schreiben an das Kultusministerium einfließen ließ, schätzt Toussaint als taktisch und nicht ernst zu nehmend ein. Es habe sich um defensive Rechtfertigungsschreiben gehandelt.[489]

Unter seinen Mitarbeitern war es vor allem der wissenschaftliche Referent Dr. Elimar Benda, der Rest, trotz der insgesamt zu konstatierenden Anpassung an das neue Regime, reine Maskerade vorwarf.[490] Aufgrund solcher Beschuldigungen wurde Rest von NSDAP-Kreisleitung, SD und Ministerium mit einem gewissen Argwohn betrachtet, insbesondere in Hinsicht auf seine katholischen Bindungen.[491] Alle Versuche, ihn zu demontieren, scheiterten jedoch völlig. Am Ende wurde Benda versetzt, nicht Rest.[492]

Warum war das so? Rest galt als hochqualifiziert, tatkräftig und guter Vorgesetzter, der sich nichts zuschulden kommen ließ. Eine erhellende Einschätzung der Freiburger NSDAP-Kreisleitung von Ende 1935, mitunterzeichnet von Franz Kerber, führt Toussaint nicht an. Darin wurde festgehalten, dass Rest zwar charakterlich nicht leicht zu erkennen sei und der Zentrumspartei angehört habe, aber „von diesen Kreisen als rechtsstehender Aussenseiter angesehen [und] bekämpft" worden sei.[493] In einer weiteren Beurteilung durch den NSDAP-Kreispersonalamtsleiter aus dem Jahr 1939 wurde vermerkt, Rest habe sich angeblich bereits vor 1933 wegen ihrer nationalen Einstellung für die NSDAP ausgesprochen. Auch wenn der Zusatz „angeblich" gewisse Vorbehalte erkennen lässt, so wurde er doch als politisch „zuverlässig" beurteilt und in der Gesamtbeurteilung mit „gut" bewertet.[494] Er ‚funktionierte' bestens im Sinne des Regimes: Die umfangreiche, jahrelange und aktive Übernahme von bei verschiedenen Opfergruppen beschlagnahmten Druckschriften zeigt, dass er nicht nur zwangsweise die Anordnungen übergeordneter Stellen umsetzte, sondern sich willig in den Dienst des Regimes stellte. Als die Büchersendungen der Kriminalpolizei 1937 ins Stocken kamen, meinte er, sich darum „kümmern“ zu müssen.[495]

Toussaint resümiert, dass dabei „nichts von Schuldgefühlen oder Scham“ zu erkennen sei. „Diese werden zumindest verdeckt vom bibliothekarischen Interesse am Objekt ‚Buch‘ und vom Automatismus der Verwaltungsvorgänge. Besonders makaber gestaltet sich die Situation dort, wo ein und dieselbe Person von Ausschlußmaßnahme [d. h. Ausschluss von der Nutzung der Universitätsbibliothek, H. W.] und ‚Beerbung‘ durch die Universitätsbibliothek betroffen war, wie in den Fällen des Professors Polaczek, des Reichsgerichtsrats Dr. Michaelis oder der Juristin Dr. Sinauer.“[496] Was die „Vertreibung der jüdischen Benutzer aus den Bibliotheksräumen (1938–1939)“ betrifft, „so vermitteln die Akten das Bild einer gnadenlosen Erfüllung der vermeintlichen Obliegenheiten. Zwar lud man keine Schuld auf sich durch zusätzliche Schikanen, aber von der durch die vorgesetzte Behörde erteilten Ermächtigung wurde diensteifrig, bürokratisch gründlich und unnachgiebig Gebrauch gemacht.“[497] Zudem gehörte Rest ab Mai 1933, der heißen Phase der Bücherverbrennung, ausgerechnet dem KfdK an, für den sich sein Mitarbeiter Klaiber engagierte. Und ab 1937 war er NSDAP-Anwärter.[498]

Toussaint bewertet Rest und die Universitätsbibliothek schließlich so: „Chronologisch betrachtet, ergibt sich die Szenenfolge einer allmählichen Abstumpfung. Das Rechtsempfinden wurde gleichgeschaltet. (...) Diese Geschichte ohne Helden ist deshalb nicht nur eine Geschichte der Universitätsbibliothek Freiburg im Dritten Reich. Sie ist die Geschichte des bürokratischen Alltags, die Geschichte von Mitläufern und Angepaßten, die Geschichte des Chorgesangs, zu Papier gebracht von einem, der nicht weiß, ob er selbst den Mut zur Dissonanz gefunden hätte.“[499]

Nach der Besetzung Freiburgs durch französische Truppen im April 1945 wurde Rest im Amt belassen. 1946 erging eine Entscheidung des Kultusministeriums, die ihn im Amt bestätigte, allerdings wurde sein Gehalt um fünf Prozent gekürzt.[500] Im Entnazifizierungsverfahren vor der Spruchkammer wurde er 1948 als Begünstigter der Landesverordnungen 133 und 165 in die Gruppe der Mitläufer ohne Sühnemaßnahmen eingestuft.[501] Diese beiden im November 1947 respektive Juli 1948 von der französischen Besatzungsmacht erlassenen Verordnungen enthielten Amnestiebestimmungen für den Personenkreis, der als nur formell belastet angesehen wurde.[502] Die Entnazifizierungsakte konnte im Staatsarchiv Freiburg nicht gefunden werden, aber aus der Einstufung ergibt sich, dass Rest – etwa im Zusammenhang der Enteignungen – nicht als belastet angesehen wurde.

Im Gegenteil, 1945 wurde er zum Honorarprofessor für Buch- und Bibliotheksgeschichte an der Universität Freiburg ernannt. Und im September 1945 betraute ihn das neue badische Kultusministerium sogar mit der Leitung der früheren staatlichen Volksbüchereistelle von Harden-Rauch. Sie wurde unter der Bezeichnung „Landesamt für Bibliotheken" weitergeführt. 1948 kam das in Personalunion von Rest geführte „Landesamt für Volksbüchereiwesen" hinzu. In dieser Funktion war er nun auf einmal für die „politische Säuberung" zahlreicher Bibliotheken von NS-Publikationen sowie für den Neuaufbau der Volksbibliotheken zuständig.[503] Und als Direktor der Universitätsbibliothek war er nun auch für die Restitutionen zuständig (siehe Kapitel 5.5).

Je nach Betonung seiner vermuteten inneren Distanz zum Nationalsozialismus oder aber seiner objektiven Funktion und Handlungsweise im Sinne des Regimes, bei der er durchaus auch Eigeninitiative entwickelte, ist diese Mischung aus Bruch und Kontinuität bemerkenswert. 1952 erhielt Rest das Bundesverdienstkreuz und 1953 ging er als Direktor der Universitätsbibliothek in den Ruhestand.[504]

6.3 Philipp Harden-Rauch – „Frei von bibliothekarischem Ethos"

Harden-Rauch ist als zentraler Akteur fast überall in dem hier beschriebenen Prozess der „Säuberungen" und Nazifizierung von Büchereien zu finden. Als Leiter der Staatlichen Stelle für das Volksbüchereiwesen in Baden und weiterer Ämter veranlasste er die Gründung zahlreicher kleiner kommunaler Volksbüchereien. 1940 erhielt er nach der Besetzung des Elsass auch die Zuständigkeit für diese Region: „Auf eine umfassende Kontroll- und Säuberungsphase folgte die kompromisslose Umstellung und politische Neuausrichtung der elsässischen öffentlichen Bibliotheken nach NS-Zielvorstellungen und als Teil der NS-Volkstumspolitik." Über den Jahreswechsel 1940/41 schaltete er „in aller Härte" die katholischen Borromäus-Bibliotheken aus.[505]

Bei der schweren Bombardierung Freiburgs am 27. November 1944 wurde er im Keller der völlig zerstörten Stadtbücherei verschüttet, konnte sich aber befreien. Seine Frau und eine Tochter wurden dagegen in der Privatwohnung getötet. Kerber nahm den nun Wohnungslosen als „Freund und Kamerad" in sein eigenes Haus auf, was noch einmal ihre enge Beziehung belegt.[507] Bei Kriegsende befand sich Harden-Rauch in Nordbaden und geriet somit in die US-amerikanische Besatzungszone. Im Juni 1945 suspendierte ihn der neue Freiburger Oberbürgermeister Dr. Max Keller aus politischen Gründen und entließ ihn dann im Juli. Die Spruchkammer Mosbach stufte ihn 1947 allerdings nur als Mitläufer ein und belegte ihn mit einer Sühne von 200 Reichsmark. Seine massive politische Belastung wurde zum Irrweg eines Idealisten zusammengeschrumpft, der sich angeblich parteipolitisch nie betätigt habe. Konrad Heyde bilanziert dagegen: Frei von „bibliothekarischem Ethos“ und ganz „bewusst unterdrückte er die humanistische, d. h. aufklärerische Zielsetzung der Bibliotheken und deformierte sie zum Propaganda-Instrument und als Mittel zur NS-Herrschaftssicherung, wobei er in Baden und im Elsass eine besonders scharfe Gangart einschlug.“[508]

1951 beantragte er bei der Stadt Freiburg seine Wiedereinstellung als Bibliotheksdirektor oder Pensionierung. Nachdem die Stadt dies ablehnte, verklagte Harden-Rauch sie. 1954 gab ihm das Verwaltungsgericht Freiburg Recht, da die Stadt nicht habe nachweisen können, dass seine Einstellung und spätere Verbeamtung überwiegend aus politischen Gründen erfolgt sei. Die Stadt musste ihm in der Folge rückwirkend Versorgungsleistungen zahlen, ihn in den Ruhestand versetzen und Ruhegehalt zahlen.[509] Harden-Rauch arbeitete in der Zeit beim Stuttgarter Verlag E. Schreiber, dessen Leiter er wurde. Er war dort auch mit politischer Bildung befasst. So verfasste er die im Auftrage der Vorläuferorganisation der Landeszentrale für politische Bildung Baden-Württemberg in hoher Stückzahl und mehreren Auflagen erschienene Broschüre „Die Bundesrepublik Deutschland. Kurze Einführung für den jungen Staatsbürger“. 1981 verstarb er in Ettenheim.

6.4 Wilhelm Albert – „so oft dreingehauen“

In den kirchenpolitischen Auseinandersetzungen zwischen verschiedenen Fraktionen, von der „Bekennenden Kirche“ (BK) einerseits bis zu den nationalsozialistischen „Deutschen Christen“ (DC) andererseits, spielte Albert in den Jahren um 1933 eine zentrale Rolle. Er war DC-„Kreisführer“ beziehungsweise „Obmann des Kirchenbezirks Freiburg“ und Schriftleiter der in Freiburg produzierten Sonntagszeitung „Der Deutsche Christ“ des DC-Gauverbandes Baden. Im Juni 1934 wurde er noch in den engeren „Führerrat“ des Gaus berufen.[509] Im November 1934 wurde jedoch der politisch noch radikalere und offenbar auch als Persönlichkeit dominantere Fritz Kölli (1900–1942) als Pfarrer der Freiburger Ludwigskirche eingeführt, der sofort zur neuen Führungsfigur wurde. Im Dezember schuf der DC-Landesleiter die zwei „Gebiete“ Nordbaden und Südbaden als mittlere Organisationsebene, in denen er alle jeweiligen DC-Kirchenbezirke zusammenfasste. Kölli übertrug er dabei gleichzeitig die Leitung des Gebiets Südbaden. Im Februar 1935 übernahm Kölli zudem von Albert die Schriftleitung des DC-Sonntagsblatts, in der Zeitung wurde auf diesen wichtigen Personalwechsel nicht einmal eingegangen.[510]

Albert geriet also in die zweite Reihe des innerprotestantischen Kirchenkampfes, blieb aber durchaus weiter aktiv: Als der umstrittene „Reichsbischof“ und DC-Anhänger Ludwig Müller (1883–1945) im April 1935 nach Freiburg kam, gehörte Albert neben Kölli und Oberbürgermeister Kerber zum Empfangskomitee.[511] Die Badische Landeskirche war allerdings zum Verdruss der DC-Anhänger schon Ende 1934 wieder aus der „Reichskirche" ausgetreten. Müllers Besuch wurde deshalb „zur politischen Demonstration der lokalen Parteiträger, aber demonstrativ von der Karlsruher Kirchenleitung ignoriert".[512] Nachweislich war für Albert auch Ende 1935 noch „die Mobilisierungs- und Einschüchterungsrhetorik einer perpetuierten ‚Kampfzeit' ein zentraler Bestandteil seines Selbstbilds als nationalsozialistischer ‚Alter Kämpfer' (...)".[513] In der Zeitung „Der Deutsche Christ" schrieb er, dass der Kirchenstreit zu seinem Ärger immer noch nicht beendet sei. Im Gegenteil, „(...) so daß man denkt: ‚Müsse mer's widder packe?', nämlich den alten Knüppel, mit dem wir so oft dreingehauen haben."[514] Der Beitrag war nicht namentlich gekennzeichnet, Rolf-Ulrich Kunze ordnet ihn aber Albert und nicht Kölli zu. Der Evangelische Oberkirchenrat habe mit einer Beschwerde gegen Albert beim Reichsinnenminister reagiert und der Landesbischof habe von einer „schmutzigen und unwürdigen Pressepolemik" gesprochen.[515]

Angesichts dessen ist es erstaunlich, welchen grundlegenden Wandel in seinem Weltbild und seinem Engagement – weg von Partei und DC und hin zur BK – er angeblich schon vollzogen haben sollte, während er solche Drohungen aussprach. In seinem Entnazifizierungsverfahren räumte er im Juni 1945 Mitgliedschaften unter anderem bei der NSDAP, beim Reichskolonialbund und der NS-Volkswohlfahrt ein. Den DC habe er von 1933 bis 1936 angehört und sei dort unter Protest ausgetreten. Auf die Frage nach eigenen Schriftwerken und Reden antwortete er jedoch: „In der Zeit 1933/35 unpolitische (religiös-kirchliche) Themen in Zusammenarbeit mit der ‚Deutsche-Christen'-Bewegung."[516] Nicht ganz zum DC-Austritt unter Protest passend gab er weiter an, ab 1939 vom Landesbischof ernannter Stellvertreter des Dekans gewesen zu sein, also ein zentrales Aufsichtsmandat im Kirchenbezirk wahrgenommen zu haben.

Albert verfolgte eine mehrgleisige Strategie zu seiner politischen Entlastung: Erstens verwies er auf schwere Folgen seiner im Ersten Weltkrieg erlittenen Verletzungen, wobei er insbesondere auf eine Gehirnschädigung und nervliche Leiden abhob. Damit wollte er seine eigene Verantwortlichkeit relativieren sowie ein geringeres Strafmaß erreichen. Zweitens hob er seine fundamental christliche Orientierung und die Versprechen der Nationalsozialisten hervor, gegen „Gottlosigkeit und Antichristentum" vorzugehen. Auch habe er als „Facharbeiter der inneren Mission" in die „grenzenlose Not der Millionen Arbeitslosen" wie auch speziell der Hirnverletzten „geschaut". Der Nationalsozialismus habe hier Abhilfe versprochen. Gleichzeitig verschwieg er drittens seine eigene tatsächliche Rolle vor und nach 1933. Schließlich stellte er sich viertens als Gegner und Opfer des NS-Regimes dar. Dieses habe auf allen Ebenen die Macht an sich gerissen und auch die Verstaatlichung der Kirche angestrebt. Deswegen sei er im Sommer 1936 bei den DC ausgetreten und habe sich Amtsbrüdern angeschlossen, die zum größten Teil der BK angehörten.[517]

In einem ersten Schritt wurde Albert von den Besatzungsbehörden als in den Ruhestand zu versetzen eingestuft. Es handelte sich aber nicht um ein regulär durchgeführtes Verfahren. Weder Albert noch der Kirche ging die am 7. Oktober 1946 getroffene Entscheidung zu, der Oberkirchenrat erhielt lediglich eine listenmäßige Mitteilung. Die Kirche hatte sich auch schon seit 1945 mehrfach gegen eine Pensionierung gewandt und vollzog diese auch jetzt nicht. Im April 1947 wurde Albert als Pfarrer nach Sexau bei Emmendingen versetzt.[518] 1949 stellte das Staatskommissariat für politische Säuberung dann fest, dass bislang keine rechtsgültige Entscheidung getroffen worden sei und deshalb das Verfahren neu durchgeführt werden solle. Ziel war zunächst, Albert in den Genuss der Verordnungen 133 und 165 kommen zu lassen, die ihn als Mitläufer in den Besitz seiner politischen und bürgerlichen Rechte bringen würden.[519]

Albert war dies jedoch nicht genug, er wollte als Entlasteter eingestuft werden. In Stellungnahmen steigerte er seine früheren Aussagen dahingehend, er habe „schon 1933 alle Übergriffe der Partei und ihrer Gliederungen in meine seelsorgerische Tätigkeit vor allem bei Frauen und bei der Jugend teilweise mit Erfolg abgewehrt und mir schon damals das Mißtrauen der Parteifunktionäre zugezogen“. Habe er anfangs den Versprechungen der Nationalsozialisten geglaubt, so habe er sich jedoch von dem Augenblick an, da er die „Verlogenheit und die teuflischen Absichten“ erkannte, so distanziert, dass er von da an nicht als Mitläufer, sondern als „bewußter Gegner“ angesprochen werden müsse.[520]

Er bezeichnete sich als „Antifaschist“ und behauptete, dass die BK „schon immer“ seine persönliche Überzeugung vertreten hätte. Seinen DC-Austritt datierte er nun auf 1935 vor. Eigentlich habe er auch schon viel früher austreten wollen, aber zunächst noch versucht, die DC von innen zu reformieren. Dass Albert ab einem gewissen Zeitpunkt zunehmende Eingriffe von Partei und Staat in Kompetenzen der evangelischen Kirche ablehnte, etwa im Finanzwesen oder die Umwandlung des evangelischen Kindergartens in Gundelfingen in einen Kindergarten der NS-Volkswohlfahrt, mag den Tatsachen entsprechen. Und er gab an, 1944 von Gestapo und SD verhört worden zu sein, weil von ihm komponierte geistliche Lieder („Kirche in Anfechtung“) beanstandet worden seien. Deshalb seien seine Schreibmaschine und sein Vervielfältigungsgerät beschlagnahmt worden. Auch schon früher seien seine Predigten von der Gestapo abgehört worden. Deswegen habe er sich nicht öffentlich gegen die Verfolgung der Juden und die Zerstörung ihrer Gotteshäuser aussprechen können.[521]

Dass die Überwachung von Predigten im totalitären Staat – in seinem eigenen Sprachgebrauch: dem von ihm mitgebauten „deutschen Dom“ – allerdings Normalzustand war, und warum er angesichts seines zutiefst antisemitischen Weltbildes solche Kritik hätte äußern wollen, erklärte er nicht. Für das aber, was er trotz Überwachung in vielen Predigten und privaten Gesprächen gewagt habe, seien viele seiner norddeutschen Amtsbrüder ins KZ gekommen. Dass ihm selbst schwerste Nachteile erspart geblieben seien, führte er auf „die schützende Hand Gottes" zurück, die seine „Feinde blind und taub gemacht" habe.[522] Gewisse Schwierigkeiten machte ihm noch, dass er von 1943 bis 1945 örtlicher Kassenverwalter der NS-Volkswohlfahrt in Gundelfingen gewesen war. Aber auch dies stellte er als gegen die Partei gerichteten Akt im Interesse der Kirche dar.[523]

Frappierend ist, dass Albert im Entnazifizierungsverfahren massive Hilfe durch den evangelischen Oberkirchenrat und eine Reihe von Vertretern der von ihm nachweislich bekämpften BK erhielt, darunter von Oberkirchenrat Karl Dürr, Vorsitzender der BK von 1933 bis 1949. Albert wurde bescheinigt, sich völlig vom Nationalsozialismus und von den DC abgekehrt und seit Ende 1936 zu dem von der BK durchgeführten Pfarrkonvent gehalten zu haben. 1938 habe er sich in einer Bezirkssynode entrüstet gegen die kirchenfeindlichen Auslassungen des NSDAP-Kreisleiters gewandt. In Stellungnahmen zugunsten des früher extrem umstrittenen Albert hieß es sogar, dass er „weder kirchenpolitisch noch parteipolitisch in den Vordergrund getreten" sei. Bei ihm als Hirnverletzten solle man „in jedem Fall Gnade walten lassen".[524]

Anfang 1950 wies das Staatskommissariat den zuständigen Untersuchungsausschuss an, Albert auf dessen Antrag hin nicht als Mitläufer, sondern sogar als Entlasteten einzustufen.[525] So eine Anweisung war unüblich, wie die Untersuchung zahlreicher Entnazifizierungsakten durch den Autor zeigt, und der Untersuchungsausschuss kam dem auch nicht nach. Er schlug der Spruchkammer vor, Albert in die Gruppe der Mitläufer ohne Sühnemaßnahmen einzustufen, was diese am Ende auch beschloss. Ausschlaggebend war, dass der ihm entstandene Schaden durch die Verhöre oder die Beschlagnahmung seiner Schreibmaschine als nicht bedeutend genug für eine Entlastung angesehen wurde.[526]

Im Vergleich zu dem im November 1934 als Pfarrer der Ludwigskirche eingesetzten Kölli wurde Albert mitunter als „gemäßigt" bezeichnet.[527] Dazu ist jedoch erstens anzumerken, dass Kölli zu den radikalsten DC-Vertretern in ganz Baden gehörte. Er war extrem hasserfüllt und destruktiv, wie es Kunze formuliert.[528] Aber auch Albert war keineswegs gemäßigt: Er gehörte nicht nur früh der NSDAP an und trat öffentlich stark für sie in Erscheinung, sondern vertrat seine rechtsradikalen Positionen auch ausführlich als Schriftleiter (siehe Kapitel 3.1.4.1). Martin wirft der Karlsruher Kirchenleitung vor, bei der Bewertung der Verfehlungen einzelner Geistlicher in der NS-Zeit mit zweierlei Maß gemessen zu haben. An DC- und NSDAP-Mitglied

Theodor Pfefferle, der dem 1942 verstorbenen Kölli als Pfarrer der Ludwigskirche folgte, sei mit der Suspendierung ein Exempel statuiert worden. Bei Albert sei ein Urteil dagegen ausgeblieben. Dabei habe dieser „die nationalsozialistische Christenbewegung entscheidend mitgestaltet und zur Hetze in dem von ihm maßgeblich redigierten Kampfblatt ‚Der Deutsche Christ' beigetragen".[529] Dem ist hinzuzufügen, dass auch Alberts Rolle in der städtischen „Kommission gegen Schmutz und Schund" im gesamten Entnazifizierungsverfahren nicht thematisiert wurde, weder von Seiten der Kirchenvertreter noch von staatlicher Seite. Albert blieb bis 1964 als Pfarrer in Sexau tätig und verstarb 1977.

6.5 Heinrich und Teresa Mohr – „verirrter Idealismus" und „hässliche Gesinnung"

Heinrich Mohr blieb dem Nationalsozialismus und dessen Funktionsträgern in Freiburg zunächst eng verbunden. In einem Mitgliederfragebogen des Reichsverbands Deutscher Schriftsteller nannte er im Oktober 1933 Reichsstatthalter Robert Wagner als Bürgen, der „erschöpfende Auskunft" über ihn geben könne. Außerdem verwies er auf seine persönliche Bekanntschaft mit Adolf Hitler.[530] Von der Stadtverwaltung wurde er weiter als Experte in Fragen der städtischen Volksbücherei herangezogen. So gehörte er im Januar 1934 einem kleinen Sonderausschuss an, der deren von Philipp Harden-Rauch eingeleitete strategische Neuausrichtung diskutierte.[531] Anlässlich seines 60. Geburtstags wurde Mohr im September 1934 ausführlich in den NS-Medien gefeiert. Der „Alemanne" widmete ihm eine ganze Zeitungsseite: NSDAP-Gaukulturwart Fritz Kaiser, der vormalige Hauptschriftleiter des „Alemannen", huldigte ihm dort und Mohr selbst ließ sich breit über seinen „Weg zu Adolf Hitler" aus. Der Reichssender Frankfurt und seine Nebensender strahlten ein Zwiegespräch mit dem „rühmlichst bekannten Jubilar" aus, der schon 1923 angekündigt habe, dass die „Vorsehung" den Deutschen einen „Führer" schenken werde.[532] Außerdem wurde er zum Ehrenbürger seiner Heimatstadt Lauda ernannt. Ein Stadtratsmitglied wurde beauftragt, den Ehrenbrief persönlich in Freiburg zu übergeben. Adolf Hitler beglückwünschte Mohr vom Nürnberger Reichsparteitag aus und bezog sich dabei darauf, dass er als Weltkriegssoldat Mohrs Feldpredigten gelesen habe.[533] Er schien also auf dem Höhepunkt seiner Anerkennung während der NS-Zeit angelangt zu sein. Auch seine als „alte Vorkämpferin" titulierte Schwester referierte noch Ende 1934 bei der NS-Frauenschaft über das Thema „Nationalsozialismus und wir Frauen".[534]

Bis dahin habe Heinrich Mohr gehofft, das „Dritte Reich werde christlichen Charakter tragen", danach habe er sich aber zunehmend von der

NSDAP distanziert, so Renate Liessem-Breinlinger.[535] Tatsächlich verminderte sich seine öffentliche Präsenz spürbar, auf seinen 65. Geburtstag 1939 ging die Presse nicht mehr ein. Eine größere weltanschauliche Wendung ist bei ihm eher nicht anzunehmen, aber doch ein faktischer Rückzug in den katholischen Glauben.[536] Neben seiner Enttäuschung über die Stellung des Christentums dürfte der Grund in einer Auseinandersetzung gelegen haben, die seine Schwester mit Kreisleiter und Oberbürgermeister Kerber hatte. Die darin zum Vorschein kommenden Konflikte sind ein Schlüssel zum Verständnis für den Rückzug mancher Nationalsozialisten von der öffentlichen Bühne, der aber nach 1945 als Abkehr von der Weltanschauung an sich dargestellt wurde.

6.5.1 Exkurs: Mohr versus Kerber

Im September 1935 übermittelte Karl Berckmüller, seit Oktober 1933 Leiter der badischen Gestapo, dem stellvertretenden NSDAP-Gauleiter Hermann Röhn (1902–1946) vertraulich ein mehrseitiges Stimmungsbild über die „Zustände" in Freiburg.[537] Ob nur die an Röhn weitergereichte Abschrift oder auch das Original anonym verfasst war, wäre weiter zu prüfen. Jedenfalls stammte dieser Bericht höchstwahrscheinlich von Teresa Mohr. Dies ergibt sich sowohl aus dem Kontext als auch deutlich aus dem Stil. Darin wurden aus der Perspektive der enttäuschten, gleichzeitig mit Interna vertrauten Nationalsozialistin schwere Anschuldigungen gegen Kerber und seine Familie erhoben. Sie nannte Beispiele für Vorteilsnahme und Verschwendung von städtischen Mitteln zu privaten Zwecken. Dies setzte sie in Kontrast dazu, dass doch gerade Kerber mit solchen, freilich nicht bewiesenen Vorwürfen der Verschwendung seinen Vorgänger Bender aus dem Amt gedrängt habe. Und sie prangerte – nicht zu Unrecht – an, dass Kerber jeden verhaften lasse, der es wage, Kritik an seiner Person zu üben.[538] Alte Parteigenossen seien ausmanövriert worden, weil sie nicht dem „Byzantismus" Kerbers huldigen wollten. Dagegen habe Kerber solche vorgezogen, die erst 1933 eingetreten seien. Mitgliedern der Kreisleitung warf sie vor, sich bei und nach Feiern betrunken und schamlos in der Öffentlichkeit aufgeführt zu haben. Immer wieder verwies sie darauf, dass die Bevölkerung all dies genauestens beobachte und schwer enttäuscht sei. Wegen des entstandenen Schadens forderte sie Kerbers Absetzung: „Soll die Idee Adolf Hitlers in Freiburg festen Fuß fassen und soll wieder gewonnen werden, was durch das Verhalten Dr. Kerbers verloren ging, dann muss ein Personalwechsel stattfinden."[539]

In einem für Kerber teilweise sehr positiven Begutachtungsbogen bescheinigte ihm Gauleiter Wagner 1935, als Bürgermeister Hervorragendes zu leisten. Er habe es aber „leider nicht verstanden, die Liebe seiner Gefolgschaft zu erwerben. (...) Die Kräfte des Gemüts treten hinter die Kräfte des Intellekts zurück. Dr. Kerber neigt leider zur Rachsucht und zur Gehässigkeit, hat viel persönlichen Streit. Beherrscht die nationalsozialistische Weltanschauung sehr gut, hat sie sich teilweise aber nur verstandesmäßig angeeignet.“[540]

Obwohl dies riskant für sie war, strengte die konfliktgeübte Teresa Mohr beim NSDAP-Gaugericht ein Verfahren gegen Kerber wegen Beleidigung an. 1938 wandte sie sich zudem mit der Bitte um Hilfe direkt an Hitler. Sie erhob dabei Einspruch gegen die Verwendung unrichtiger Angaben in der Freiburger Beurteilungskartei der Partei, die anscheinend dauernd gegen sie ausgenützt würden. Ihre eigenen Verdienste untermauerte sie, indem sie ihren Wahlappell an die katholischen Frauen aus dem Jahr 1932 beilegte. Das Schreiben und die Broschüre wurden zuständigkeitshalber an die NSDAP-Gauleitung Baden weitergeleitet. Ein Versuch Kerbers, durch ein persönliches Gespräch mit Gauleiter Wagner einen Abbruch des Verfahrens aufgrund einer „Amnestie“ zu erwirken, schlug fehl.[541] Außerdem erhob Kerber Einspruch beim obersten Parteigericht gegen die Durchführung des Verfahrens, weshalb das Gaugericht im November 1938 selbst noch keine Entscheidung getroffen hatte.[542]

Das Gaupersonalamt fragte jedoch beim Kreispersonalamt wegen dortiger Unterlagen an, um der Kanzlei des Führers berichten zu können. Das Kreispersonalamt antwortete, dass Mohr in Freiburg „ganz unterschiedliche Beurteilungen“ erfahre. Die Trägerin des silbernen Ehrenzeichens des Gaues Baden habe früher angeblich zu Kerbers engsten Mitarbeiterinnen gezählt, bis es aus unbekannten Gründen zum Streit gekommen sei. Sowohl der Kreis- als auch der Personalamtsleiter lehnten es ab, sich in diesen Streit einzumischen und verwiesen auf das Gaugericht.[543] Oberbürgermeister Kerber war ab April 1936 nicht mehr in Personalunion Kreisleiter, stattdessen aber Gauamtsleiter für Kommunalpolitik. Daher ist es sehr bemerkenswert, dass die Kreisleitung ihn nicht gegen Mohr unterstützte. Dies spricht dafür, dass sie (und ihr Bruder) wegen ihres Insider-Wissens unantastbar waren. Der Konflikt, dessen Ausgang unbekannt ist, erklärt aber auch, warum ihr Bruder Heinrich öffentlich nicht mehr so hofiert wurde bzw. sich zurückzog (zu ähnlichen Vorwürfen gegen Kerber siehe Kapitel 6.6).

6.5.2 Entnazifizierung und spätere Rezeption

In ihrem Entnazifizierungsverfahren gab Teresa Mohr unrichtigerweise an, der Partei 1932 beigetreten zu sein. Der Eintritt war jedoch schon 1930 erfolgt (siehe Kapitel 3.1.4.2). Bereits 1936 habe sie auszutreten versucht, das habe die Gauleitung aber abgelehnt. Außerdem habe sie keine Ämter innegehabt und sei keine „Verbrecherin". Durch Reden und Taten habe sie vielmehr Widerstand gegen das „Dritte Reich" geleistet. Forsch unterstellte sie, dass manch einer der „Herren, die sich heute als Richter gegen eigene Volksgenossen berechtigt fühlen", nicht „den Mut aufgebracht" hätten, wie sie selbst zur NS-Zeit gegen Hitler gerichtete Bücher über die Schweizer Grenze nach Deutschland zu bringen. In einem anderen Schreiben bezeichnete sie sich gar als Teil der „Widerstandsbewegung" und drohte wegen des andauernden Verfahrens in der für sie typischen Weise mit Beschwerden unter anderem bei der französischen und der bundesdeutschen Regierung.[544]

Der politische Untersuchungsausschuss der Stadt Freiburg sah die völlig uneinsichtige, 72-jährige Teresa Mohr als überzeugte Nationalsozialistin an, die im Falle der Frau Kees eine gehässige Gesinnung gezeigt habe. Er schlug eine Einstufung als Minderbelastete mit einer Bewährungsfrist und einem Wahlverbot von drei Jahren vor. Dem schloss sich das Staatskommissariat in seinem Urteil ganz oder weitgehend an. Bereits 1952 wurde sie jedoch zur Mitläuferin herabgestuft.[545]

Der Gang des Entnazifizierungsverfahrens von Heinrich Mohr lässt sich nur eingeschränkt rekonstruieren, weil die Akte dazu verschwunden ist.[546] Nach Liessem-Breinlinger wurde er 1946 von der französischen Militärregierung verurteilt: „Sein Einkommen wurde reduziert, er erhielt zwei Jahre Publikationsverbot und Residenzverbot in Freiburg. Mit dem Argument, Mohr habe sich nur in der ersten Zeit, gewissermaßen als irrender Idealist, für den Nationalsozialismus engagiert, später aber Menschen geholfen, die durch das Regime in Schwierigkeiten geraten waren, sagten zwei Persönlichkeiten zu seiner Entlastung aus".[547] Ein näherer Blick auf die beiden ergibt allerdings Folgendes: Hermann Schwarzweber war wie oben erwähnt ein Freund Mohrs und hatte bei der HJ-Kampfwoche eine Laudatio auf ihn gehalten. Der zweite, der ehemalige Schriftleiter der „Volkswacht" Reinhold Zumtobel, stellte auch anderen NS-Belasteten Entlastungsschreiben aus. Dies war durchaus keine Seltenheit unter zuvor Verfolgten.[548] Beide hatte auch Teresa als positive Leumundszeugen für sich selbst angegeben.

1947 erreichte Heinrich Mohr eine Verringerung seiner Strafe. 1948 führte die französische Besatzungsmacht jedoch eine Hausdurchsuchung bei den Mohrs durch und 1949 stellte sie beide vor ein Militärgericht. Vorgeworfen wurden ihnen Devisenvergehen, politische Aktivitäten zugunsten einer verbotenen neo-nationalsozialistischen Partei (Otto-Strasser-Bewegung) und speziell Heinrich auch falsche Angaben in seinem Fragebogen zur Entnazifizierung. Heinrich bestritt die Vorwürfe und behauptete, von der katholischen Kirchenbehörde stets als Vorbild eines katholischen Geistlichen dargestellt worden zu sein. Die katholische Tageszeitung „Tagespost" schrieb dazu, dass Mohr in weiten Kreisen der Erzdiözese als „Nazipfarrer" bekannt sei und Mohrs Behauptungen deshalb „äußerstes Befremden" beim Erzbischöflichen Ordinariat ausgelöst hätten.[549] Josef Wirth bezeichnete Mohr 1947 als „vollen Nazipfaffen“. Er hoffe, dass „dieser Mann seine Schandtaten mit Bedauern“ zurücknehme.[550]

Heinrich Mohr starb 1951 in Freiburg und wurde im Familiengrab in Lauda „unter großer Anteilnahme der Bevölkerung“ beigesetzt. Teresa, die 1963 in Freiburg verstarb, stiftete eine Madonnenfigur aus Stein für die Grabanlage in Lauda.[551] Diese wurde vom örtlichen Kultur- und Heimatverein 1953 eingeweiht. Dabei wurde ihr in einer Rede explizit gedankt und ihr Bruder wurde gewürdigt für „alles, was er für seine Heimat erdacht und geschrieben, den kommenden Geschlechtern zur Verpflichtung, die Kunst zu achten, zu pflegen und zu mehren, getreu dem Worte, das Richard Wagner in seinen Meistersingern geprägt hat: ‚Verachtet mir die Meister nicht‘“.[552] Davon, dass Mohr selbst viele literarische Meister verachtet hatte und ihre Werke im wörtlichen Sinne brennen sehen wollte, war keine Rede.

1954 wurde vorgeschlagen, eine Straße in Lauda nach ihm zu benennen. Zehn Jahre nach seinem Tod erfolgte dann 1961 die Umbenennung der Sophien- in Heinrich-Mohr-Straße. Der Kultur- und Heimatverein von Lauda würdigte ihn wiederum 2001 als bedeutenden „Heimatsohn“, der, „wohl auch unter dem Einfluss seiner Schwester Teresa, die ihm den Haushalt führte“, „zunehmend in die Nähe des Nationalsozialismus“ geraten sei. „Äußerungen bei Wahlveranstaltungen“ und Mitteilungen im „Alemannen“ belegten dies. Die Formulierung „in die Nähe“ geraten“ blieb dabei sehr vage. Dass er „jedoch nie Mitglied der NSDAP“ gewesen sei, wurde mit einem Ausrufezeichen betont, ebenso wurde dem Aspekt viel Raum gegeben, dass seine Schwester Lauda die „künstlerisch wertvolle Madonnenfigur“ gestiftet hatte.[553] Während es in Hinsicht auf die Alban-Stolz-Straße im Ortsteil Königshofen mittlerweile zumindest Debatten um eine Umbenennung gibt (in Freiburg wurde die Umbenennung im Jahr 2020 vom Gemeinderat beschlossen), ist die Namensgebung für Ehrenbürger Mohr in Lauda bislang nicht umstritten.[554]

Auch außerhalb von Lauda wurde Mohr meist positiv als Volksschriftsteller dargestellt, der sich allenfalls zeitweise etwas verrannt habe. So erschien 1957 ein Nachruf im Freiburger „Diözesan-Archiv“. Anders als noch ein paar Jahre zuvor in der katholischen „Tagespost“ wurde hier nun in völliger Verdrehung der Tatsachen behauptet: „Den weltanschaulichen Tendenzen des Nationalsozialismus stand er innerlich – trotz äußerer anfänglicher Sympathie – fern.“[555] Hermann Schwarzweber bezeichnete Mohr als „irrenden Idealisten“ und seinen „feinsinnigen Freund“, der das „wertvolle Erbe von Alban Stolz und Heinrich Hansjakob würdig und erfolgreich“ fortgesetzt habe.[556] Wie etwa im Fall Straub soll hier keine biografische oder literarische Gesamtbewertung Heinrich Mohrs erfolgen. Es ist aber festzustellen, dass seine politisch-kulturelle Bedeutung für die Etablierung des Nationalsozialismus in der Region bislang teils unterschätzt und kaum untersucht, teils aber auch ganz ausgeblendet wurde.

6.6 Franz Kerber – Tod am Schauinsland

Franz Kerber war, wie eingehend dargestellt, einer der Hauptakteure bei der Freiburger Jagd auf verfemte Bücher und der Drangsalierung und Verfolgung derjenigen, die sie schrieben, verkauften oder bereitstellten. Hier soll keine Gesamtdarstellung von Kerbers Tätigkeit als Oberbürgermeister und Gauamtsleiter oder seines Dienstes als Wehrmachtsangehöriger erfolgen. In Hinsicht auf die dargestellten Vorwürfe von Teresa Mohr ist aber noch ein Verfahren zu erwähnen: 1940 führte die Freiburger Polizei Ermittlungen gegen Kerbers Ehefrau Lore (geb. 1903), weil sie über Monate für den Haushalt der Familie über das unter Kriegsbedingungen erlaubte Maß hinaus erhebliche Mengen Lebensmittel bezogen hatte. Laut Polizeidirektor Sacksofsky hielt Gauleiter Wagner seine schützende Hand über Franz Kerber. Und der Höhere SS- und Polizeiführer Südwest, Kurt Kaul (1890–1944) habe (letztendlich erfolglos) Druck auf ihn zur Einstellung des Verfahrens ausgeübt und sich dann mit einem Verfahren vor dem SS- und Polizeigericht wegen Verstoßes gegen Kriegswirtschaftsbestimmungen gerächt, das zu seiner Suspendierung geführt habe.[557] Auch Oberstaatsanwalt Dr. Eugen Weiß (1881–1957) beklagte, er habe das Verfahren nur gegen große Widerstände durchführen können. Auf Weisung des Generalstaatsanwalts Wilhem Adolf Frey in Karlsruhe musste er eine Strafforderung von 1.000 RM auf 300 RM reduzieren.[558]

Am 8. Mai 1940 wurde Lore Kerber vom Amtsgericht Freiburg wegen gemeinschaftsschädigenden Verhaltens in einem besonders schweren Fall verurteilt. Ihr wurde jedoch nur eine „sehr geringe“ Geldstrafe von 300 RM auferlegt, was auch das NSDAP-Gaugericht im daraufhin eingeleiteten Parteiverfahren monierte. Aus beiden Verfahren hielt man ihren Ehemann heraus. Das Gaugericht wertete ihr Verhalten als „Treubruch“ gegenüber der Bewegung und Hitler persönlich. Als strafverschärfend wurde angesehen, dass ihre Verfehlungen in Freiburg allgemein bekannt gewesen seien und das Vertrauen der Bevölkerung in die örtliche Führung geschwächt hätten. Der deshalb eigentlich obligatorische Parteiausschluss im Schnellverfahren wurde jedoch vom Gauleiter und in der Folge vom Gaugericht abgelehnt, weil dies die Stellung ihres Mannes infrage gestellt hätte. Diesem sei aber keine Kenntnis der Verfehlungen nachzuweisen.[559]

Reichsstatthalter Wagner ernannte Franz Kerber noch am 7. April 1945 zum badischen Ministerpräsidenten. Dieses Amt konnte er aber nicht mehr antreten, da die französischen Truppen rasch vorrückten. In den letzten Kriegstagen versteckte er sich auf einem Bauernhof bei Jestetten (Hochrhein) und wurde dort Mitte Mai von französischen Soldaten entdeckt und festgenommen. Mitte Juni wurde er in der Freiburger Gewerbeschule vom französischen Militärgeheimdienst verhört, danach verliert sich seine Spur. Am 4. September 1945 wurde dann seine Leiche nicht weit von der Holzschlägermatte am Schauinsland gefunden. Sie wies zwei Kopfschüsse auf. Die Umstände des Mordes sind nach wie vor ungeklärt, nicht zuletzt, weil die Ermittlungen deutscher Beamter auf Weisung der französischen Behörden eingestellt werden mussten.[560]

Im posthumen Entnazifizierungsverfahren wurde Kerber vom Untersuchungsausschuss als „Hauptschuldiger" angesehen, von der Spruchkammer Freiburg 1949 aber letztlich nur als „Schuldiger" eingestuft. Die Berufung Lore Kerbers wurde 1952 zurückgewiesen. Die Beteiligung an „Säuberungen" und Bücherverbrennungen wurde unterdessen nicht thematisiert. In die Verfahren waren zahlreiche Stellungnahmen zur Entlastung Kerbers eingebracht worden, die aber nur teilweise akzeptiert wurden.[561]

Bemerkenswert ist, dass sein Wirken im Nachhinein auch publizistisch teilweise sehr milde dargestellt wurde. So veröffentlichte der renommierte Richter, Kriminologe und Honorarprofessor Dr. Wolf Middendorff (1916–1999) Darstellungen, in denen Kerbers Nähe zur NS-Ideologie und seine Ausgrenzungspraxis weitgehend verharmlost oder ganz geleugnet wurden. So habe Kerber zwar „früher" gegenüber politischen Gegnern „starke Worte" gebraucht, doch schon am 19. April 1933 habe er in einer Rede auf dem Münsterplatz versucht, „den katholischen Bevölkerungsteil zu gewinnen".[562] Weiter zählte er tatsächliche oder vermeintliche Leistungen Kerbers auf und reproduzierte dabei dessen rhetorisches Blendwerk. Das deutsch-französische Frontkämpfertreffen 1937 in Freiburg wurde von Middendorff zur frankophilen Vorbereitung Kerbers der späteren Städtepartnerschaft mit Besançon umgedeutet.[563]

Die eigene politische Belastung Middendorffs wurde erst 2018 enthüllt. Markus Wolter wies darauf hin, dass dieser sich schon 1931 im Alter von 15 Jahren in Bielefeld dem Nationalsozialismus zugewandt hatte und später im HJ-Bann 113 im Rang eines Scharführers mit weltanschaulicher Schulung betraut war. Wolter schrieb für die Zeit nach 1945 von der „Befangenheit eines NS-Belasteten", der Narrative zur Freiburger NS-Geschichte prägte. Dazu zählte er dessen Kerber-Darstellungen ebenso wie die Geschichte des bis 2018 noch einzigen bekannten, von Middendorff selbst aufgenommenen Fotos der 1938 ausgebrannten Synagoge.[564]

Doch auch in kritischen Darstellungen wird Kerber zugestanden, als NS-Bürgermeister „vergleichsweise kompetent" gewesen zu sein und das Amt relativ pragmatisch ausgeübt zu haben. Im Zweifelsfall habe er die Interessen der Stadt über die der Partei gestellt. Als Beleg für eine eher an Sachfragen als an der NS-Ideologie orientierte Amtsführung wird Kerber etwa zugutegehalten, dass er einige Nicht-Nationalsozialisten auf führenden Posten der Verwaltung belassen hatte. Ralf Müller erklärt dies so: „So böswillig und schikanös er gegen jüdische Bürger und politische Gegner vorging, so umgänglich konnte er mit als loyal und sachkundig eingestuften Untergebenen zusammenarbeiten, auch wenn diese keine Nationalsozialisten waren oder werden wollten. Beim Rückgriff auf bewährte Spitzenbeamte spielte sein Eigeninteresse eine wichtige Rolle, da er wegen seines Mangels an Verwaltungserfahrung auf die Unterstützung eines professionellen Unterbaus zwingend angewiesen war."[565] Und Robert Neisen ergänzt, es dürfe nicht ausgeblendet werden, dass „die Bedienung der Interessen der ‚Volksgenossen' und der – auch von K. selbst mit unnachgiebiger Härte betriebene – Ausschluss der ‚Volksfeinde' aus der ‚Volksgemeinschaft' kausal unauflösbar miteinander verschränkt waren."[566]

6.7 Karl Willy Straub – „Anständige Gesinnung bewahrt"?

Straubs Weg nach 1933 war von dem Widerspruch geprägt, dass er einerseits – anders als die Mohrs – öffentlich präsent blieb und hofiert wurde, andererseits aber zu seiner großen Enttäuschung beruflich stagnierte und auch als Schriftsteller nicht erfolgreich war.

6.7.1 Autor und Funktionär im Reichsverband Deutscher Schriftsteller

Straub gehörte ab 1933 dem Reichsverband Deutscher Schriftsteller (RDS) an, der Zwangsorganisation unter dem Dach der Reichskulturkammer, die Juden und Gegner des Nationalsozialismus vom Kulturleben ausschloss. Im Januar 1934 wurde er zum Freiburger Orts- und südbadischen Kreisverbandsführer ernannt.[567] In dieser Funktion organisierte er neben der inneren Verbandsarbeit zum Beispiel die „Woche des Deutschen Buches" im Dezember 1934 und hielt Vorträge. Welche Position im Kulturleben er daraus für sich ableitete, wird aus einem Streit mit dem Leiter des Nebensenders Freiburg des Reichssenders Frankfurt am Main deutlich. Diesem warf er einen Affront gegen seine Person und den RDS vor. Er habe ihn nicht bei den „Kurzparolen" zu Worte kommen lassen, dagegen aber Hermann Eris Busse (1891–1947). Dies müsse NS-Kreise befremden. „Ich bitte nicht darum, sondern ich verlange von Ihnen, mich nicht bei derartigen Anlässen zu übersehen."[568]

Nach der Auflösung des RDS Ende 1935 wurden die Mitglieder 1936 in die Reichsschrifttumskammer (RSK) überführt. Der vorige Landesleiter des RDS war allerdings identisch mit dem RSK-Leiter. Ob auch Straub ein entsprechendes Amt in der RSK innehatte, ist nicht klar.[569] Jedenfalls übernahm Straub regelmäßig Schulungen für das „Amt für Beamte“ der NSDAP-Kreisleitung, das unter anderem für die politische Begutachtung von Beamten zuständig war und so Einfluss auf deren Karrieren hatte.[570]

Straub war auch selbst weiter literarisch aktiv. Im Sommer 1933 veranstaltete die „Badische Heimat“ einen „Karl Willy Straub Abend“, von dem Philipp Harden-Rauch begeistert im „Alemannen“ berichtete.[571] Öfter erschienen lobende biografische Porträts, die ihn bekannt machen sollten und meist auf seine Selbstdarstellung im „Ekkhart“-Jahrbuch von 1934 zurückgingen. Zum 60. Geburtstag 1940 erschien eine Würdigung des Mitarbeiters der Universitätsbibliothek, Paul Weinacht. 1940 nahm Straub an einer „Dichterfahrt“ durch das besetzte Elsass teil. Und sogar noch in der Phase des totalen Zusammenbruchs im März 1945 wurde eine Zeitungsmeldung zu seinem 65. Geburtstag veröffentlicht.[572]

Als er mit dem Franz-Eher-Verlag der NSDAP in Verhandlungen wegen der Publikation seines Romans „Silberfüchse“ stand, schaltete sich Kerber ein. Dieser teilte dem Verlag mit, „daß Pg. Straub in parteipolitischer Beziehung einer Empfehlung meinerseits durchaus würdig ist. Es dürfte bei dem offenbaren Mangel an ausgereiften Pg.-Schriftstellern nur von Wert sein, den mir bestens bekannten Autor zu berücksichtigen. Meines Erachtens wäre Straub unbedingt zu fördern mit einem Roman, der seinem Inhalt nach unter dem alten System natürlich keine Aussicht auf Erfolg haben könnte“.[573]

Die Stellungnahme des Lektors des Verlags war weitgehend positiv, wurden von Straub doch gleich mehrere Feindbilder bedient: „Ein an sich ehrenwerter Gelehrter gefährdet unter dem unheilvollen Einfluss seiner ehrgeizigen und geltungssüchtigen Frau, die ihn mit wenig charakterfesten Staatsbeamten und jüdischen Emporkömmlingen zusammenführt und zu Handlungen bewegt, die nicht immer einwandfrei sind, Ruf und wissenschaftliches Ansehen.“ Der einzige Kritikpunkt betraf einen Aspekt, der Romane leicht auf die „Schmutz- und Schundlisten“ befördern konnte: „So sehr wir jedoch die frische und rücksichtslose Art des Autors, der kein Blatt vor den Mund nimmt, schätzen und begrüssen, so nötig scheint uns die Überprüfung und Einschränkung gewisser Eindeutigkeiten, an denen es in dem Roman nicht mangelt.“[574] Der Roman „Silberfüchse“ erschien 1943.

Doch aller Förderung zum Trotz war Straub weder vor, während, noch nach der NS-Zeit sonderlich erfolgreich als Schriftsteller, wie seine ständigen finanziellen Hilfsgesuche an verschiedene Stellen zeigen.[575] Und Spitzenreiter bei den Ausleihen der Freiburger Stadtbücherei waren nach Zahlen aus dem Jahr 1936 Werke von Autoren wie Emil Strauß, Heinrich Hansjakob oder Hermann Eris Busse, während Straub nicht einmal zum Mittelfeld zählte.[576]

6.7.2 Von Amt zu Amt

Auch Straubs berufliches Fortkommen bei der Stadt gestaltete sich schwierig. Zwar erreichte er im Januar 1935 noch eine Aufstockung seines Deputats, obwohl der Stadtrat leise Kritik an seiner Arbeitsweise übte. Doch im Grunde wurde Straub zu diesem Zeitpunkt eigentlich nicht mehr gebraucht. Zum 1. August 1936 wurde die eigenständige Pressestelle aufgelöst und als Nachrichtenabteilung in das Verkehrsamt integriert.[577] Dann kündigte Kerber Straub zum Ende des Jahres, weil die Einrichtung der Pressestelle 1933 politisch begründet gewesen und nun nicht mehr nötig sei. Der Reichspropagandaminister habe zudem politische Aufklärungsarbeit durch örtliche Pressestellen als entbehrlich bezeichnet.[578] Straub reagierte entsetzt und verwies auf seine trostlose Lage, da er völlig mittellos sei. Außerdem habe er sich durch seine „Arbeit für Sie und weil ich Ihre Partei ergriff viele Feinde gemacht, die an gewissen Stellen mich herabsetzen".[579]

Kerbers Angebot, ihm bei der Suche einer neuen Stellung zu helfen, war ehrlich gemeint. Vielfach versuchte er, teilweise mit Hilfe der Kontakte von Harden-Rauch, ihn anderweitig unterzubringen. So wandte sich Kerber im September 1936 an den Kreisamtswalter der Deutschen Arbeitsfront (DAF) und schlug Straub als Leiter der Volksbildungsstelle vor. Dieser sei sehr qualifiziert, ein geeigneterer Kandidat in Freiburg nicht zu finden und Kerbers Empfehlung sei auch keine Verlegenheitslösung. Für die ohnehin aufzulösende Pressestelle sei Straub jedoch nicht (mehr) geeignet, weil er eben kein Journalist sei.[580]

Eine weitere, zusammen mit Harden-Rauch entwickelte Überlegung war, ihn dem NSDAP-Gauschulungsleiter als „Gaubeauftragten für Buchwesen und Schrifttum" vorzuschlagen. Dann wandte sich der „Reichsdramaturg" im Reichspropagandaministerium und Präsident der Reichstheaterkammer, Dr. Rainer Schlösser (1899–1945), an Kerber, um sich für Straubs weitere Verwendung bei der Stadt einzusetzen. Er kenne ihn als alten und verdienten Mitarbeiter „aus gemeinsamer Tätigkeit in der Kampfzeit" beim „Völkischen Beobachter".[581]

Kerber ließ sich normalerweise nicht von Dritten in seine Personalpolitik hineinregieren, aber nun verlängerte er Straubs Stellung beim Verkehrsamt um einen Monat, und, als immer noch keine Lösung gefunden war, nötigte er ihn zum 1. Februar 1937 dem Stadtarchiv auf. Eines seiner ersten „Arbeitsergebnisse" im Stadtarchiv war ein zweiteiliger Artikel im „Alemannen" über „Die Juden im Wandel der Freiburger Stadtgeschichte". Er erschien im März 1937 unter dem Motto „Lebendiges Archiv". Darin verbreitete er massiv judenfeindliche Stereotype und bezeichnete sie als „Verschwörer", „Parasiten", „Gäste am Oberrhein" und „Landplage". Jegliche historische Verfolgungsmaßnahme gegen Juden von der dauerhaften Verbannung aus den Stadtmauern bis hin zur mittelalterlichen Verbrennung angeblicher „Brunnenvergifter" stellte er positiv dar. Die erste Wiederansiedlung eines Juden nach Jahrhunderten im Jahr 1849 sah er dagegen als großes Problem an, zumal er nicht der letzte gewesen sei. Er tröstete die antisemitische Leserschaft damit, dass es aber auch damals „unter unseren Mitbürgern weitsichtige Männer" gegeben habe, die sich gegen die Niederlassung „zur Wehr setzten".[582]

Straubs fachfremde Beschäftigung war zunächst nur bis April 1937 befristet, wurde dann aber bis März 1938 verlängert. Kerber äußerte jedoch Kritik an der von Straub erstellten Stadtchronik, die zu farblos und nicht ausreichend nach NS-Gesichtspunkten bearbeitet sei. Archivdirektor Friedrich Hefele (1884–1956) freundete sich dagegen nach ersten Vorbehalten zunehmend mit der Situation an und setzte sich sogar für Straub ein. Dieser habe sich unter anderem Verdienste bei der Darstellung der Entwicklung des Nationalsozialismus in Freiburg erworben.[583] Trotz aller Unsicherheit verblieb er dann letztlich doch bis März 1945 im städtischen Dienst.

Obwohl er verschiedene Publikationen vorgelegt hatte, befand er sich nach 1945 in einer schlechten finanziellen Lage, war auf Wohlfahrtsleistungen angewiesen und stellte deshalb immer wieder bei der Stadt Anträge auf Unterstützung. Dabei hob er seine angeblichen Meriten deutlich hervor. So gab er an, es als Leiter des RDS trotz mehrfacher Aufforderung abgelehnt zu haben, dem Schriftsteller Reinhold Schneider (1903–1958) „das Handwerk zu legen". Er stellte in den Raum, dass Schneider heute nicht mehr „dastände", also nicht überlebt hätte, wenn er seiner Pflicht nachgekommen wäre.[584] Anfangs verhielt sich die neue Stadtverwaltung eher ablehnend. Und in einer Stellungnahme des Personalamts hieß es 1949, seine Anstellung sei nur als Parteimann erfolgt, für den Verwaltungsdienst habe er sich nicht geeignet, „besondere Verdienste hat er sich nicht erworben".[585] Doch teilweise hatte er auch Erfolg, so genehmigte der Stadtrat 1955 eine Zahlung von 500 DM als Anerkennung und Dank für seine „Sonette an Freiburg".[586]

6.7.3 Entnazifizierung

Nachdem Straub anlässlich seiner Einstellung bei der Stadt Freiburg im Jahre 1933 noch angegeben hatte, der NSDAP 1931 beigetreten zu sein, trug er 1948 in seinem Meldebogen zur Prüfung der politischen Belastung ein, ihr erst 1933 angehört zu haben. Vorteile durch die Mitgliedschaft habe er keine gehabt.[587] Der Direktor des Stadtarchivs bescheinigte ihm: „Ich bekam den Eindruck, daß Straub, wie mir später zur Gewißheit wurde, bei Dr. Kerber in Ungnade gefallen war und deshalb abgeschoben wurde. (...) Wenn das Amt unbehelligt blieb, so führe ich dies noch heute mit darauf zurück, daß

Straub mehr und mehr vom Nationalsozialismus abgerückt war und sich seine anständige Gesinnung und Haltung bewahrt hatte."[588] Mehrere durch das Rechtsamt der Stadt Befragte bezeichneten Straub 1950 als einen „Idealisten des Dritten Reiches", der aber, soweit bekannt, niemandem Schaden zugefügt habe. Auch habe er, so wurde weiter behauptet, kein besonders gutes Verhältnis zu Kerber gehabt.[589]

Es ist durchaus möglich, dass Kerber und Straub Auseinandersetzungen hatten. Und es gibt Hinweise, dass Kerber und der Stadtrat mit Straubs Arbeitsleistung nicht ganz zufrieden waren. Dies könnte noch durch Straubs schlechte Gesundheit verstärkt worden sein. Die fortlebende Erzählung, dass Straub bei Kerber in „Ungnade" gefallen sei oder abgeschoben wurde, weil er sich mit diesem zerstritten habe, ist nach Aktenlage aber als Legende zu bezeichnen.[590] Wie gezeigt wurde, unterstützte Kerber ihn trotz aller fachlicher Bedenken bis 1945, was vor allem politisch motiviert war. Während Straub von manchen mit sonderbarer Begründung entlastet wurde, kam sein oben ausführlich dargestellter NS-Aktivismus gar nicht zur Sprache. Straub wurde 1948 vom Staatskommissariat für politische Säuberung als Begünstigter der Verordnungen 133/165 als Mitläufer (Sympathisant) ohne Sühnemaßnahmen eingestuft.[591]

In Pressewürdigungen zu seinem 75. Geburtstag 1955 wurde seine Tätigkeit als NS-Aktivist und Pressestellenleiter komplett ausgeblendet. Vergessen gemacht wurden seine Aussagen wie etwa zu Adolf Hitler, den er drohend als „Herkules, der den Stall eurer Bibliotheken ausmistet" angekündigt hatte (Kapitel 3.1.4) wie auch der von ihm verbreitete Judenhass. So wurde er nun als Mitarbeiter des Archivs von 1933 bis 1945 bezeichnet, dem er wertvollste Dienste geleistet habe. Die Stadtverwaltung gratulierte und übersandte ihm eine Blumenschale.[592] Zu seinem 80. Geburtstag erschien eine Würdigung im „Ekkhart"-Jahrbuch, das weiterhin von Schwarzweber im Auftrag der „Badischen Heimat" herausgegeben wurde. Darin wurde ihm attestiert, sich mit „kritischer, essayistischer Feder" „stets für die von ihm als wertvoll Erkannten" eingesetzt zu haben, „am Redaktionstisch und in freier publizistischer Tätigkeit" sowie „mit lebhafter Anteilnahme an architektonischen Fragen".[593] 1968 zog Straub wieder an seinen früheren Wirkungsort Saarbrücken, wo er 1971 verstarb.

6.8 Werner Düsselmann – Sturz eines Denunzianten

Der Student Düsselmann schied im September 1933 aus der Führung der Freiburger Studentenschaft aus, blieb aber politisch vernetzt. Die Vorprüfung im Fach Medizin, auf die er sich nun vorbereitete, bestand er im November allerdings nicht.[594] Im Juli 1934 verfasste er aus Empörung über Heideggers

Rücktritt vom Amt des Rektors einen anonymen Bericht über die Verhältnisse an der Universität Freiburg. Er übergab ihn dem Führer seines Freiburger SS-Reserve-Sturms Erich Werner. Der reichte ihn „zur weiteren Behandlung“ an Gestapo-Chef Berckmüller weiter, wie er es zuvor auch schon mit anderen Berichten getan hatte. Werner bemerkte dazu, „auch in der SS sieht man mit Mißbehagen der Entwicklung der Dinge an der hiesigen Hochschule zu. Schon seit geraumer Zeit wurde der SS-Dienst auf die stillen Vorgänge (...) und deren Auswirkungen aufmerksam.“[595]

Düsselmann lobte die Reorganisierung der Hochschule im nationalsozialistischen Sinne unter dem Rektorat Heidegger und in Zusammenarbeit mit der NS-Studentenschaft in den allerhöchsten Tönen. Dagegen prangerte er an, dass „reaktionäre Kreise“ (Katholiken und „Stahlhelmer“) vor allem in der Professorenschaft Heidegger zu Fall gebracht hätten. Dabei hätten „unterirdische Kanäle“ mitgeholfen, über sie seien übelwollende Kritik, verdrehte Anschuldigungen und „katholische Stänkerei“ in das Kultusministerium getragen worden. Im Ministerium beschuldigte er einen kleinen Kreis um den 1932 – also nach ihm selbst – in die NSDAP eingetretenen Regierungsrat Dr. Hans Albrecht Grüninger (geb. 1906). Sie sabotierten laut Düsselmann die „Aufbauarbeit“ Heideggers und anderer und „terrorisierten“ die Universität. Grüninger sei deshalb für die Hochschularbeit „untragbar“.[596]

Doch Düsselmann und Werner hatten sich gründlich verkalkuliert und mussten die Konsequenzen ihrer Denunziation tragen: Minister Otto Wacker, dem Berckmüller die Unterlagen vorlegte, stellte Strafanzeige bei der Oberstaatsanwaltschaft Freiburg gegen „Werner und Genossen“ wegen Verleumdungen von Ministeriumsmitarbeitern. Dabei forderte er die Feststellung des Urhebers des Berichts und seiner „Mittelsmänner“.[597] Dies hatte Ermittlungen und Verhöre zur Folge, die weitere Beteiligte aufdeckten. Im Zuge dessen bekannte sich Düsselmann als Autor des Berichts und geriet, ebenso wie Werner, stark in die Defensive. Der ‚Gegenwind‘ kam weniger von den Freiburger Professoren, die er angegriffen hatte, als von Grüninger, dem persönlichen Referenten Wackers in Karlsruhe. Im Oktober 1933 zog Wacker den Strafantrag zurück und ersuchte stattdessen Rektor Kern, der selbst auch Gegenstand des Berichts gewesen war, ein universitäres Disziplinarverfahren einzuleiten. Dabei machte er deutlich, dass er einen Ausschluss Düsselmanns für geboten halte.[598] Dieser erklärte sich für schuldig und räumte ein, sein Studium nicht in Freiburg fortsetzen zu können. Am 16. November 1934 wurde er vom Disziplinargericht wegen ernstlicher Gefährdung der Sitte und Ordnung des akademischen Lebens für vier Jahre von der Universität ausgeschlossen. Während Wacker zunächst ein hartes Vorgehen verlangt hatte, reagierte er nach dem Urteil milder. Als sich nämlich 1935 die Universität Berlin, an der Düsselmann sich immatrikulieren wollte, bei ihm meldete, begrüßte er es, wenn dieser sein Studium an einer anderen Universität fortsetzen könne. Es sei anzunehmen, dass er nicht aus „unehrenhaften Beweggründen" gehandelt habe.[599] Erich Werner wurde Ende 1935 aus der SS entlassen, möglicherweise bestand ein Zusammenhang mit dieser Affäre.[600]

Über Düsselmanns weiteren Lebensweg ist nur wenig bekannt. In Berlin wurde er Angehöriger des SD der SS und wechselte sein Studienfach auf Volkswirtschaft. Anfang 1938 brach er das Studium ab und nahm eine Arbeitsstelle in einer Kleiderfabrik in Königsberg an. 1938 hatte er als Rottenführer nur einen niedrigen SS-Rang inne und seine NSDAP-Mitgliedschaft war aufgrund nicht erfolgter Zahlung von Mitgliedsbeiträgen ab Ende 1932 und nicht erfolgten Umzugsmeldungen endgültig gestrichen worden.[601] Er gehörte also nicht zur Gruppe derjenigen, die Karriere machten.

6.9 Alfred Tröller – „Unbelasteter" Wehrmachtsoffizier?

Tröller war bis 1934 Führer der südbadischen HJ. Bei der Landespolizei stieg er zum Chef der Freiburger Hundertschaft auf. Nachdem er 1935 zum Hauptmann befördert worden war, trat er 1936 im Zuge der Wiederaufrüstung mit seiner Einheit zum Infanterie-Regiment 75 über, wechselte aber bald zur Artillerie. Als Wehrmachtsangehöriger konnte er keine Ämter und Funktionen mehr in Parteiorganisationen ausüben. Im Zweiten Weltkrieg nahm er am Frankreich- und Russlandfeldzug teil, kämpfte vor Stalingrad und erhielt dafür mehrere Auszeichnungen, darunter den „Krimschild". Er wurde dann als Referent ins Oberkommando des Heeres versetzt und arbeitete an der Entwicklung von Spezialwaffen wie der Feststoff-Fernrakete „Rheinbote" mit. Tröller erreichte den Rang eines Oberstleutnants und erhielt in allen Bereichen sehr gute Personalbeurteilungen: schwache Seiten gebe es bei ihm nicht, auch sei er überzeugter Nationalsozialist.[602]

Nach dem Krieg lebte Tröller in Besenfeld (Kreis Freudenstadt im Schwarzwald), wo er als Kaufmann und Ingenieur tätig war. In einem Fragebogen der französischen Militärregierung gab er 1948 an, weder Mitglied der NSDAP noch einer ihrer Gliederungen gewesen zu sein. Auch der HJ habe er nicht angehört. Lediglich aufgrund eines dienstlichen Befehls habe er 1933 für fünf Monate HJ-Führer in Sport und Wehrsport instruiert. Mehrere ehemalige Untergebene attestierten ihm nun, der NS-Politik kritisch gegenüber gestanden zu haben. Der Untersuchungsausschuss des Kreises Freudenstadt schlug 1948 vor, Tröller als „entlastet" einzustufen. Ihm, der immerhin der Hauptverantwortliche für die Bücherverbrennungen im Rahmen der „Kampfwochen" gewesen war, seien weder eine Förderung des Nationalsozialismus noch unmenschliche Vergehen als Offizier nachzuweisen. Es ist allerdings nicht ersichtlich, dass in Hinblick auf die Bücherverbrennungen überhaupt Nachforschungen angestellt wurden. Das Staatskommissariat für die politische Säuberung des Landes Württemberg-Hohenzollern stufte ihn darauf als „unbelastet“ ein. Die Kosten des Verfahrens trug die Staatskasse.[603] 1961 erschien noch eine militärstrategische Publikation von ihm, bevor er 1962 in Worms verstarb.[604]

6.10 Ermin Künzel – „Rassen“-Experte und Bankangestellter

Die überwiegend auf Professoren konzentrierte Forschung zur Geschichte der Universität in der NS-Zeit hat sich bislang fast gar nicht mit Künzel beschäftigt. Sein Name wird zu Unrecht nur gelegentlich beziehungsweise am Rande erwähnt. Dabei hat er das Amt des Führers der Freiburger Studentenschaft und der NSDStB-Hochschulgruppe nach einer Unterbrechung nochmals von Wintersemester 1934/35 bis Wintersemester 1935/36 ausgeübt. Und ein Blick auf seine spezifischen Partei- und SS-Netzwerke außer-, aber auch innerhalb der Universität könnte durchaus neue Perspektiven eröffnen. Sein Medizinstudium schloss er trotz eines Stipendiums des badischen Kultusministeriums nicht ab. Zum einen hielt ihn seine politische Betätigung vom Studieren ab, zum anderen beeinträchtigten ihn die Folgen einer bei einer „Sturmübung“ zugezogenen Krankheit. Vor allem aber fiel es dem Kämpfer schwer, sich wieder ins Studium einzufügen, wie er selbst zugab.[605]

Stattdessen betätigte sich Künzel ab 1935 für den SD und wechselte dann als hauptamtlicher Mitarbeiter in das Rasse- und Siedlungshauptamt (RuSHA) der SS. Hier stieg er zum Schulungsleiter bei verschiedenen SS-Oberabschnitten auf. Mit Beginn des Zweiten Weltkriegs wirkte er als „Experte“ an den vielfältigen Aktivitäten zur „rassischen Auslese“ und „Umvolkung“ im Rahmen der Vertreibungs- und Siedlungspolitik der SS mit. So baute er zuerst im besetzten Polen (Posen und Litzmannstadt), dann im „Protektorat Böhmen und Mähren“ Dienststellen des RuSHA auf (siehe Kapitel 6.12.1). Nach einem gesundheitsbedingt sehr kurzen Zwischenspiel bei der Waffen-SS 1942 wurde Künzel zum RuSHA zurückversetzt und zum Eignungsprüfer und „Rasse- und Siedlungs-Führer“ beim Höheren SS- und Polizeiführer Nordost ernannt. Später wurde er auch noch in Belgien und Nordfrankreich eingesetzt.

Nach dem Krieg soll Künzel 1945 in der Tschechoslowakischen Republik in Abwesenheit zum Tode verurteilt worden sein. Er tauchte mehrere Jahre unter falschem Namen unter, wahrscheinlich bei seiner Familie im nordöstlichen Württemberg. Dies brachte ihm später ein Strafverfahren wegen Urkundenfälschung und Erschleichung von Fürsorgeleistungen ein.[606]

Doch konnte er so erfolgreich eine Auslieferung an die Tschechoslowakei und offenbar auch ein Entnazifizierungsverfahren vermeiden. Später lebte er wieder unter eigenem Namen im Raum Schwäbisch Hall, wo er unter anderem bei der Bausparkasse und einer Bank arbeitete. 1961 erhielt die Zentrale Stelle der Landesjustizverwaltungen in Ludwigsburg ein Schreiben. Darin wurde ihr anlässlich des laufenden Prozesses gegen Adolf Eichmann (1906–1962), den Organisator des Holocaust im Reichssicherheitshauptamt, empfohlen, Künzel zu überprüfen. Dieser habe angegeben, Eichmann gut zu kennen und selbst Millionen Menschen aus den Ostgebieten aussortiert zu haben.[607] Bald darauf erkundigte sich auch der Oberstaatsanwalt beim Landgericht Frankfurt am Main im Zuge von Ermittlungen gegen den sudetendeutschen SS-Führer Franz Künzel (1900–1986) bei der Zentralen Stelle, ob dort Vorgänge gegen Ermin vorlägen.[608] Dies war nicht der Fall, aber man begann nun damit, Erkundigungen einzuziehen. 1962 wurde Künzel von einem Frankfurter Staatsanwalt und 1968 durch das Hessische Landeskriminalamt zu seiner Tätigkeit in Litzmannstadt vernommen. Offenbar wurde gegen ihn aber kein Verfahren eröffnet.[609] Künzel verstarb 1998 im Alter von 90 Jahren in Gottwollshausen (Schwäbisch Hall).[610]

6.11 Herbert Kukuk – Von der HJ zum BND

Im zweiten Halbjahr 1934 übte Kukuk noch das Amt des HJ-Bannführers I/21 aus und war auch zeitweise an der Universität Freiburg eingeschrieben.[611] Dann aber machte er in der Reichsjugendführung und der Partei Karriere: 1935 kam der Oberbannführer als Hauptstellenleiter im Stab des „Stellvertreters des Führers“ und als HJ-Verbindungsführer zur NSDAP-Reichsleitung nach München. 1936 heiratete er Bertl Huber (geb. 1911), eine Parteigenossin und frühere „Ringführerin“ des BdM in Stockach. Die Hochzeit feierte er mit großem Aufwand in Freiburg, „an der Stätte seines langjährigen Wirkens im nationalsozialistischen Geiste“, wie sein Kamerad Werner Stübel die etwa fünfjährige Tätigkeit in der Presse feierte. Getraut wurden beide durch Oberbürgermeister Kerber im Historischen Kaufhaus in Anwesenheit von HJ- und BdM-Formationen. Anwesend waren auch Prominente wie der SA-Gruppenführer Südwest Hanns Ludin. Der Stabsführer des Reichsjugendführers, Hartmann Lauterbacher (1909–1988), hielt eine Lobrede.[612] 1937 wurde Kukuk im Range eines NSDAP-Gauamtsleiters zum Gauinspekteur im Gau Mark Brandenburg ernannt.

1939 ging er nach Prag und wechselte zur SS (siehe Kapitel 6.12.2). Von dort kam er 1942 zur Wehrmacht und war unter anderem in Nordafrika und Italien im Kriegseinsatz.[613] Sein Wunsch, zur Waffen-SS überstellt zu werden, wurde nicht erfüllt. Bei seiner Gefangennahme durch die Alliierten verschleierte er seine Identität und tauchte, nachdem er bereits im Juni 1945 entlassen worden war, bis 1954 mit falscher Identität unter. 1947 verschwieg er seine NS-Funktionen und Ränge im Entnazifizierungsverfahren vor der Spruchkammer Fürth. Auf diese Weise erschlich er sich die Einstufung als nicht Betroffener. Seit Ende 1946 bzw. Anfang 1947 arbeitete er bereits wieder in einem politisch hochsensiblen Bereich, nämlich als Geheimagent der „Organisation Gehlen", der Vorläuferorganisation des Bundesnachrichtendienstes (BND) der Bundesrepublik Deutschland. Bei der Überführung der Organisation Gehlen in den BND wurde er 1956 als Angestellter übernommen.

Ein Kollege bezeichnete ihn 1963 als Teil einer dort verbreiteten „braunen Pest". Bei internen Ermittlungen wurde daraufhin festgestellt, dass Kukuk bei seinem Entnazifizierungsverfahren gelogen hatte. Kukuk rechtfertigte dies bei einer Befragung 1964 mit einer Warnung, die er vom Lörracher HJ-Führer Erwin Teufel (geb. 1904)[614] erhalten habe. Demnach sei beim dortigen französischen Besatzungskommandanten ein Auslieferungsantrag der Tschechoslowakischen Republik eingegangen. Diese Zusammenhänge seien seinem Dienstvorgesetzten bekannt gewesen, der die Informationen jedoch nicht an die Zentrale des BND weitergeleitet habe. In dem Verfahren wurde auch festgestellt, dass Kukuk privaten Kontakt zu ehemaligen hohen HJ-Führern anderer BND-Dienstzweige hielt, was allgemein als Sicherheitsrisiko angesehen wurde und deshalb verboten war. Darunter war Hartmann Lauterbacher, der bei der Hochzeit gesprochen hatte. Dieser war noch zum stellvertretenden Reichsjugendführer und NSDAP-Gauleiter aufgestiegen und nun bezeichnenderweise ebenfalls beim BND tätig.[615]

Trotz seiner NS-Belastung wurde Kukuk nicht entlassen. Im Gegenteil, 1966 leitete er unter anderem anspruchsvolle nachrichtendienstliche Aufgaben in Afrika und wurde mit der Aus- und Weiterbildung von Mitarbeitern des BND und ausländischer Nachrichtendienste betraut. Seine Vorgesetzten bauten in Hinblick auf die Spionage in der „Dritten Welt" auf Kukuk, denn er habe „zu dem Kreis der heute im Ausland lebenden früheren HJ-Angehörigen besonders gute Beziehungen".[616] 1978 ging Kukuk in Rente. Öffentliches Aufsehen erregte ein Bericht des Magazins „Stern" 1984. Darin wurde Kukuk als Ewiggestriger und Teil eines Unterstützernetzwerks für den im Jahr zuvor in Bolivien verhafteten und an Frankreich ausgelieferten „Schlächter von Lyon" Klaus Barbie (1913–1991) geoutet.[617]

Kukuk gehörte nicht zu den wichtigen Entscheidungsträgern des BND. Seine Rolle war aber nicht nur wegen seiner politischen Sozialisierung, seinen Tätigkeiten in der NS-Zeit und seiner weiterhin rechtsextremen Haltung problematisch.[618] Er schlug auch andere Belastete – vor allem ehemalige HJ-Führer – als Mitarbeiter vor und eine Reihe davon wurde eingestellt. Einer der Vorgeschlagenen war Ermin Künzel! Gerhard Sälter beurteilt die

Abbildung 31: Porträt von Herbert Kukuk als BND-Mitarbeiter. Q.: BND-Archiv P6895 (deklassifiziert).

Personalrekrutierung des BND als ein System „unkontrollierter Kettenrekrutierung", für das Kukuk exemplarisch stehe. „Das ließ ihn zu einer Behörde werden, in die NS-Belastete ausweichen konnten, die sonst keine staatliche Anstellung fanden. Im BND wurden Tätigkeiten bei der Gestapo noch Mitte der 50er Jahre nicht als Belastung, sondern als Ausweis von ‚Expertise' bewertet. Die vom Bundeskanzleramt in den 60er Jahren erzwungene Überprüfung des Personals erbrachte eine bestenfalls halbherzige Säuberung."[619]

6.12 Von Freiburg nach Prag – Rassenideologische Praxis

1938/39 ging das Deutsche Reich massiv gegen die Tschechoslowakische Republik vor, insbesondere indem es das Sudetenland annektierte, die Sezession der Slowakei forcierte und unter Druck einen Vertrag zur Bildung eines „Reichsprotektorats Böhmen und Mähren" durchsetzte. Die so verbliebenen Reste des Staates behielten zwar formell eine gewisse Selbstverwaltung mit eigener Regierung, unterstanden faktisch aber weitestgehend dem Deutschen Reich. Mitte März 1939 besetzte die Wehrmacht das Land. Ein Hauptziel der NS-Planungen für das Protektorat war, neben der wirtschaftlichen Ausbeutung, dessen „Germanisierung".[620] Die Schlüssel dazu waren Siedlungsplanung und Bodenpolitik: „Zum einen sollten möglichst viele deutsche Siedler auf dem Gebiet des Protektorats angesiedelt und die bereits bestehenden sogenannten deutschen Sprachinseln ausgebaut werden. Zum anderen, damit unmittelbar zusammenhängend, sollten die ‚nicht-germanisierbaren' Tschechinnen und Tschechen ausgesiedelt und die ‚eindeutschungsfähigen' als Arbeitskräfte im Altreich eingesetzt werden."[621]

Laut Isabel Heinemann kam der von der SS in Böhmen und Mähren vertretenen „Germanisierungspolitik" eine Vorreiterrolle zu: „Zum einen wurden hier die konkreten Maßnahmen von Auslese und Aussiedlung ‚fremden Volkstums' bereits vor Kriegsbeginn erprobt und zum anderen wurden bereits Auseinandersetzungen um die inhaltliche Gestaltung dieser Politik zwischen der harten SS-Linie (...) und dem pragmatischeren Kurs von Vertretern der Zivilverwaltung und der Parteispitze geführt, die auch während des Krieges bestimmend bleiben sollten. Hinsichtlich der Rassenpolitik der SS, vertreten durch die Rasseexperten aus dem RuSHA, zeigte sich, daß gerade aus Prag immer wieder Impulse und Radikalisierungsschübe kamen, die sich dann europaweit auswirkten."[622]

An allen damit zusammenhängenden Arbeiten waren RuSHA-Mitarbeiter beteiligt, die vorher in Freiburg politisch aktiv gewesen waren: Künzel, Kukuk und Stübel hatten führend bei den Freiburger Bücher-„Säuberungen" 1933 mitgewirkt, Schmitz kam erst später nach Freiburg. Während Künzel und Schmitz bereits fest in der SS verwurzelt waren, traten Kukuk und Stübel erst anlässlich ihres Wechsels nach Prag in die SS ein.

6.12.1 RuSHA – Künzel und Schmitz

Bereits einen Monat nach dem Einmarsch der Wehrmacht wurde Theodor Henschel (geb. 1904) in die Hauptstadt Prag beordert. Henschel war Hauptabteilungsleiter im Siedlungsamt des RuSHA sowie „Rasse- und Siedlungsführer" im SS-Oberabschnitt Südwest, zu dem auch Freiburg gehörte. Seine erste Aufgabe in Prag war, eine „Verbindungsstelle" des RuSHA einzurichten. Aus diesem Provisorium wurde unter Ermin Künzel die Prager Außenstelle des RuSHA. Diese, wie auch mehrere von ihm eingerichtete Zweigstellen, leitete er von Anfang 1941 bis Mitte 1942. Ihm unterstanden auch die Mitarbeiter des Bodenamtes (siehe Kapitel 6.12.2), soweit sie zum RuSHA gehörten. Zu Künzels Aufgaben gehörte die ständige Beratung des Staatssekretärs und Höheren SS- und Polizeiführers, SS-Gruppenführer Karl Herrmann Frank (1898–1946) in allen „rassekundlichen" Fragen. Als Grundlage für das Germanisierungsprogramm bzw. die „Endlösung der Tschechenfrage", wie Heydrich das zynisch nannte, sollte die „völkische Bestandsaufnahme" dienen. Ein Teilprojekt war die Erstellung einer Statistik der prozentualen

„Rassenanteile" der tschechischen Schuljugend durch Künzel. Und um die für deutsch-tschechische „Mischehen" vorgeschriebene Ehegenehmigung zu erlangen, mussten sich die tschechischen Partner ab 1941 einer „rassekundlichen" Untersuchung durch Künzel unterziehen.[623]

Der Chef des RuSHA, SS-Gruppenführer Otto Hofmann (1896–1982),[624] lobte Künzel: Der habe in Böhmen und Mähren laufend mit hohen und höchsten Parteidienststellen zu tun. Aus Gesprächen mit Heydrich (der bis zu seinem Tod in Folge eines Attentats tschechischer Widerstandskämpfer im Juni 1942 stellvertretender Reichsprotektor war), Staatssekretär Frank und NSDAP-Gauleiter Hugo Jury (1887–1945) wisse er, dass Künzels Tätigkeit sehr geschätzt und auch gewürdigt werde.[625] Mit Freude und Begeisterung habe er ein Arbeitstempo entwickelt, das weit über das Maß der Pflichterfüllung hinausgehe. Seine „rücksichtslose Einsatzbereitschaft" wirke sich vorbildlich auf seine Mitarbeiter aus. „Als Auszeichnung für seine außerordentlichen Verdienste um die rassische Auslese in den Ostgebieten bitte ich um seine Ernennung zum SS-Obersturmbannführer (F)".[626]

Dr. Heinz Schmitz (1904–1981) war 1935 als Professor und Leiter der Abteilung für Forstbotanik am Botanischen Institut der Universität nach Freiburg gekommen. Die zeitliche Überschneidung mit Künzels Tätigkeit an der Universität und in der SS in Freiburg war nicht lang. Als 1. Schulungsleiter der 65. SS-Standarte, der die weltanschauliche Schulung der SS und zum Teil auch der Polizei in Südbaden leitete, gehörte Schmitz aber ebenso wie Künzel schon vor dem Krieg dem RuSHA an. Während des Krieges arbeitete Schmitz unter anderem von 1941 bis 1943 unter Künzel als „Eignungsprüfer" und Leiter der RuSHA-Dienststellen Prag und Kladno. Künzel setzte ihn aufgrund seiner besonderen „Fähigkeiten" und seines „Geschicks" bei Verhandlungen mit der Protektoratsregierung und Parteidienststellen ein.[627] Der SS-Hauptsturmführer (F) war in Prag auch als Dozent für Vererbungslehre und Rassenkunde an der Schule des Rassenamtes tätig, „in denen die Eignungsprüfer des RuSHA ausgebildet wurden. Deren Arbeit hatte weit reichende Folgen: Das Urteil der Eignungsprüfer entschied darüber, wer in die Deutsche Volksliste aufgenommen wurde, es konnte auch darüber entscheiden, ob jemand deportiert wurde oder in ein Konzentrationslager kam."[628]

Von Prag kam Schmitz zum Kriegseinsatz, wurde in Frankreich, in der Ukraine und wieder in Frankreich eingesetzt und brachte es bis zum Obersturmführer der Reserve der Waffen-SS. Nach dem Krieg wurde er knapp drei Jahre interniert und durch die französische Militärregierung als Beamter der Universität entlassen. Er erhielt im Entnazifizierungsverfahren eine Gefängnisstrafe von vier Monaten, die durch die Internierungshaft als verbüßt galt.[629]

6.12.2 Bodenamt – Kukuk, Stübel und „zu jedem Zeitpunkt ein gutes Gewissen“

Im Mai 1939 gehörte Theodor Henschel der aus je einem Vertreter von Gestapo, SD und RuSHA zusammengesetzten „Einsatzgruppe Bodenamt“ an. Sie brachte dieses Amt mit 700 Mitarbeiterinnen und Mitarbeitern, das Teil des tschechischen Landwirtschaftsministeriums war, unter ihre Kontrolle. Der „Reichsprotektor“ Konstantin von Neurath (1873–1956) setzte nach der spektakulären SS-Aktion den Chef des Siedlungsamtes im RuSHA, SS-Oberführer Curt von Gottberg, als kommissarischen Leiter des Bodenamts ein. Unter dem Deckmantel einer formal weiterbestehenden Selbstverwaltung des Protektorats war das Bodenamt in kürzester Zeit nicht nur zu einer deutschen, sondern zu einer SS-Dienststelle geworden.[630] Nun wurde in Kooperation mit der Gestapo eine ebenso „effiziente“ wie „skrupellose“ Beschlagnahme landwirtschaftlichen Grundbesitzes in Gang gesetzt. Der Boden kam in die Hände von deutschen Zwangsverwaltern und SS-eigenen Siedlungsgesellschaften.[631]

Opfer der Enteignungen waren zuerst vor allem Jüdinnen und Juden. Bis September 1940 wurden fast alle landwirtschaftlichen Betriebe jüdischer Eigentümer in Zwangsverwaltung genommen. Das betraf etwa 56.000 Hektar. Im zweiten Schritt erfasste die SS den Grundbesitz der katholischen Kirche, musste die Bestrebungen aber kriegsbedingt einstellen, „um die innen- wie außenpolitische Lage nicht zu beunruhigen“. Erfolgreicher war die Inbesitznahme der Staatsdomänen und -forste.[632] Heinemann bilanziert: „Das Resultat dieser ersten Phase einer SS-Siedlungspolitik im Protektorat unter von Gottberg im Jahr 1939 war aus Sicht der SS respektabel. Er beschlagnahmte insgesamt rund 256.000 Hektar Land für die SS und ihre Siedlungsgesellschaften und -vereine und sicherte dazu dem Bodenamt noch den Zugriff auf 145.000 Hektar Staatswald. Insgesamt wurden bis Kriegsende vom Bodenamt mehr als 500.000 Hektar beschlagnahmt, etwas mehr als ein Zehntel der landwirtschaftlichen Nutzfläche des gesamten Protektorats.“[633]

Beim Bodenamt wurden einige frühere HJ-Funktionäre eingesetzt, die daher erst spät zur SS übertraten.[634] Darunter befanden sich auch Kukuk und Stübel. Herbert Kukuk wurde nach der Gründung des „Protektorats“ zum 1. Juni 1939 zunächst kommissarisch als Leiter der Distriktstelle Prag des Bodenamts eingesetzt und im Oktober 1939 als SS-Hauptsturmführer in die SS aufgenommen. Außerdem bekleidete er diverse Ämter in der NSDAP, etwa als Vorsitzender des Parteigerichts Prag und als Gauamtsleiter in der Parteiverbindungsstelle beim Reichsprotektor.[635] Außenstellenleiter Künzel urteilte, Kukuk habe „sich auf Grund seiner Fähigkeiten, seiner klaren Auffassungen und kompromißlosen Entscheidungen in allen politischen Fragen als SS-Mann erwiesen. Seine Führereigenschaften sind stark ausgeprägt. Ohne persönliche Verpflichtung hat K. sich sofort dem Leiter der Außenstelle Böhmen-Mähren zur Verfügung gestellt und durch seine verantwortungsvolle Stellung die ersten Möglichkeiten zum politischen Ansatz der Außenstelle vermittelt. Durch die Betonung seiner Zugehörigkeit zur SS hat Hastuf. [Hauptsturmführer] K. derselben, insbesondere dem RuS-Hauptamt, stets genützt."[636]

Der frühere Propagandaleiter der südbadischen HJ, Werner Stübel, hatte zwischenzeitlich eine Verwaltungslaufbahn bei der Stadt Freiburg eingeschlagen und die Stellung eines Oberinspektors erreicht.[637] Im November 1935 war er im Alter von 21 Jahren in die NSDAP aufgenommen worden, für die er sich als Kreis- und Gauschulungsleiter weltanschaulich betätigte. So hielt er im Januar 1939, etwa zwei Monate nach dem Novemberpogrom, eine Rede über die „Judenfrage". Die Rede war Teil einer „Versammlungswelle" unter dem Motto „Deutscher Lebenskampf".[638]

Franz Kerber hielt ihn für einen fähigen Verwaltungsbeamten und politischen Leiter. Nachdem Kerber 1941 zum Leiter des Amtes „Gemeindliche Kulturpflege" beim „Hauptamt für Kommunalpolitik" der NSDAP-Reichsleitung ernannt worden war, wollte er Stübel wegen dieser Kombination zum Leiter der zugehörigen Stelle „Schulen" machen. Das Vorhaben zerschlug sich jedoch, weil Stübel von der Stadtverwaltung auf unbestimmte Zeit zum Bodenamt Prag beurlaubt werden musste.[639]

Stübel arbeitete bereits seit 1939 als Abteilungsleiter beim Bodenamt in Prag und war deshalb im November 1939 als Untersturmführer im Stab des RuSHA in die SS aufgenommen worden. Seine SS-Nummer war fast identisch mit der Kukuks. Seinen alten Kameraden Kukuk gab er gegenüber der SS auch als Bürgen für seine Verlobte Lieselotte Nattermann (geb. 1914) an. Sie war wie er „gottgläubig" und arbeitete als Stenotypistin ebenfalls beim Bodenamt.[640]

1944 nahm er an einem militärischen Kurs teil, wurde zum Leutnant befördert und als Untersturmführer zur Waffen-SS kommandiert. Anfang Januar 1945 geriet er verletzt in Belgien in amerikanische Kriegsgefangenschaft und galt seitdem als verschollen. Der Antrag seiner Frau, ihn für tot erklären zu lassen, wurde vom Amtsgericht Freiburg 1947 zunächst abgelehnt. Es argumentierte, der Vermisste sei nur leicht verletzt gewesen, es bestehe also keine hohe Wahrscheinlichkeit seines Todes. Außerdem sei es ihm möglicherweise gelungen, seine Identität zu wechseln, die SS-Zugehörigkeit zu verschleiern oder sogar aus der Kriegsgefangenschaft zu entweichen.[641] Bedenkt man die Fälle Künzel und Kukuk, war diese Argumentation, speziell auch bei RuSHA-Mitarbeitern im Protektorat, alles andere als abwegig.

In der Beschwerde gegen den Beschluss bezichtigte Rechtsanwalt Clemens Rosset das Gericht dagegen einer „weiträumigen Phantasie", die „selbstverständlich unbegrenzt weitergesponnen werden" könne. Als Tatsache behauptete er dagegen, dass Stübel Anfang 1945 noch nicht habe wissen können, „dass einmal nach dem Kriege die Waffen-SS zur verbrecherischen Organisation erklärt werden könnte. Der Krieg war ja erst 4 Monate später zuende. Ausserdem hatte der Verschollene bezüglich seiner ‚SS.-Belastung a posteriori' zu jedem Zeitpunkt ein gutes Gewissen."[642] Er habe deshalb keinerlei Grund gehabt, seine Identität zu wechseln. Mit dieser Strategie hatten Frau Stübel und ihr Anwalt Erfolg. Das Landgericht Freiburg hob den Beschluss auf. Es begründete dies vor allem damit, die Beschwerdeführer hätten glaubhaft gemacht, dass sich der Vermisste innerhalb von drei Jahren nicht bei seiner Frau in Freiburg gemeldet habe. Dies hätte der „gewandte, lebenserfahrene" Mann, wie er charakterisiert wurde, aber auch unter falschem Namen machen können. In der Folge erklärte das Amtsgericht Stübel 1948 für tot.[643]

7 Fazit und offene Fragen

Die Bücherverbrennungen des Jahres 1933 waren als öffentlichkeitswirksame Inszenierungen Teil eines vielschichtigen Prozesses. An diesem waren etwa ein Jahrzehnt lang unterschiedliche Einzelakteure, Gruppen und Institutionen in immer neuen Wellen und Konstellationen beteiligt. Verfemung von angeblich „zersetzender" und Förderung von „aufbauender" Literatur gingen dabei Hand in Hand, wie am Beispiel der „kulturellen Kampfwochen" der HJ gezeigt wurde. Doch es ging nicht nur darum, welche Bücher welcher Autorinnen und Autoren nach den brutal durchgesetzten Anschauungen der Nationalsozialisten gelesen werden durften oder nicht. Es ging von Anfang an ebenso darum, wer Bücher besitzen sollte, mit anderen Worten um den Raub von kulturellen und materiellen Vermögenswerten.

Wie bereits in der Einleitung eingeschränkt wurde, hätte es den Rahmen dieser Untersuchung gesprengt, die Freiburger Ereignisse und deren bislang nur lückenhafte Aufarbeitung einem systematischen Vergleich mit anderen Städten zu unterziehen. Dies bleibt weiteren Arbeiten vorbehalten. Zur vorläufigen Einordnung Freiburgs können jedoch mehrere Aspekte festgehalten werden. So wurde darauf hingewiesen, dass zum Beispiel die Badische Landesbibliothek in Karlsruhe und die Universitätsbibliothek Heidelberg eine ähnliche Rolle wie die Universitätsbibliothek Freiburg als zentrale Sammel- und Verteilstellen für geraubte Bücher einnahmen. Insofern hatten die Landeshauptstadt und die beiden Universitätsstädte eine herausgehobene Rolle in Baden. Dass ein Teil der Aktivisten der Bücherverbrennungen und „Säuberungen" Karriere im NS-Staat und auch darüber hinaus machte, während ein anderer Teil an Bedeutung verlor oder im Krieg starb, ist dagegen sicher keine Besonderheit Freiburgs.

Die Aufarbeitung bestimmter in dieser Studie behandelter Aspekte und Einzelereignisse erfolgte in anderen badischen Städten schon früher als in Freiburg. Herauszuheben sind hier etwa der genannte Heidelberger Sammelband von 1983 wie auch die Karlsruher Gedenkstele auf dem Schlossplatz von 2013. Dass Freiburg hier später dran ist, dürfte mehrere Gründe haben: Speziell beim Thema Bücherverbrennung hatte sich hier das Narrativ herausgebildet, in Freiburg seien entweder gar keine Bücher verbrannt worden oder aber nur bei einer nichtöffentlichen Nachhol-Aktion. Ein banaler Grund ist dafür die schwierigere Quellenlage, denn hier gibt es im Unterschied zu Karlsruhe und Heidelberg (fast) keine Zeitungsberichte und Fotos vom Vollzug. Bekannt waren dagegen Berichte von ausgefallenen Terminen und viel Regen. Komplexere Gründe für das Narrativ waren unter anderem die frühen Aussagen von Martin Heidegger und Gerhard Ritter. Sie erschienen der lokalhistorischen Forschung offenbar plausibel vor dem Hintergrund bis 1933 unterdurchschnittlicher NSDAP-Wahlergebnisse in Freiburg und einer daraus abgeleiteten relativen Schwäche der NS-Aktivisten. Fehlende Detailstudien etwa zur Freiburger HJ begünstigten diese Annahme. Die Fokussierung auf einen großen symbolischen Akt und dessen Ausfall dürfte zudem das Interesse an der Aufarbeitung der begleitenden und nachfolgenden Ereignisse gemindert haben.

Auch jenseits von Freiburg mit seiner besonderen Bedeutung als Universitätsstadt ist für ganz Südbaden ein großes Defizit zu konstatieren. An vielen Orten sind die dortigen Bücherverbrennungen gar nicht bekannt, geschweige denn näher erforscht (Kapitel 4.8). Entsprechend bildete sich kaum eine entsprechende Erinnerungskultur heraus. Und als der SPD-Ortsverein Kenzingen 2018 mit besten Absichten die Initiative ergriff und mit einer szenischen Lesung der Berliner Bücherverbrennung vom 10. Mai 1933 gedachte, war er sich gar nicht bewusst, dass auch in Kenzingen selbst am 17. Juni 1933 eine stattgefunden hatte.[644]

7.1 Kleine Feuer und großer Bücherberg

In dieser Untersuchung konnte gezeigt werden, dass in Freiburg 1933 insgesamt mindestens acht Termine für Verbrennungen angesetzt wurden: 17. März, 10. und 31. Mai, 14., 17., 21. und 24. Juni sowie ein Nachholtermin für den 17. Juni. Diese hohe Zahl lag zum einen daran, dass die Veranstaltungen immer wieder wegen starken Regens verschoben wurden. Sie lag auch an den vielen Konkurrenzveranstaltungen, die die zahlenmäßig noch überschaubare, aber wachsende Szene der NS-Aktivisten und ihrer Verbündeten insgesamt in Gang setzten. Womöglich gab es zudem interne und organisatorische Probleme und oder gar Konflikte. Dennoch zeigt sich in der hohen Zahl eben auch eine besonders große Hartnäckigkeit.

Es ist von insgesamt mindestens drei bis vier 1933 realisierten Bücherverbrennungen öffentlichen Charakters auszugehen. Gesichert sind diejenigen vom 17. März, die kurz nach dem 17. Juni nachgeholte sowie die vom 24. Juni. Für den 10. Mai gibt es zwar Zeitzeugenaussagen, die aber möglicherweise nicht zuverlässig sind. Die tatsächliche Zahl der öffentlichen Bücherverbrennungen könnte aber durchaus höher liegen: So könnte es bei den beiden Besetzungen des Gewerkschaftshauses dazu gekommen sein, auch wenn dafür bislang keine konkreten Hinweise vorliegen. Gesichert ist, dass bei der Stürmung des Verbindungshauses der jüdischen Neo-Friburgia am 28. Juni 1933 deren Inventar im Garten verbrannt wurde (siehe Kapitel 3.3 und 4.7). Ob dabei auch eine Art Bücherverbrennung erfolgte, müsste geklärt werden. Auch nach dem Sommer 1933 wurden laufend missliebige

Bücher ausgesondert und vernichtet. Dabei könnte es auch weitere halb- oder nichtöffentliche Verbrennungen gegeben haben, die aber nicht mehr in erster Linie der Inszenierung dienten. So liegt ein konkreter Hinweis dafür vor, dass Nationalsozialisten im Nachgang zum Novemberpogrom 1938 Bücher jüdischer Eigentümerinnen und Eigentümer plünderten, um sie zu verbrennen (Kapitel 4.9).

Die Verbrennungen erfolgten insgesamt nicht so theatralisch wie beabsichtigt. Doch die zweite wesentliche Erkenntnis dieser Untersuchung ist, dass sie auch in Freiburg nur als die Spitze des Eisbergs, beziehungsweise als kleine Feuer auf einem großen und gefährlichen Eisberg anzusehen sind. Die begleitende zweite „kulturelle Kampfwoche" der HJ ist in diesem Bild neben den Feuern als zweite sichtbare Spitze über der Wasseroberfläche anzusehen. Das Hauptproblem beziehungsweise der Eisberg selbst sind aber die über Jahre fortgesetzten „Säuberungen" von öffentlichen, konfessionellen, politischen, privaten und Vereins-Bibliotheken, den Lesehallen, Leihbüchereien, Buchhandlungen, Instituten, Verlagen und Privathaushalten. Die Fokussierung auf das punktuelle Ereignis Bücherverbrennung in der Lokalgeschichtsschreibung und der Öffentlichkeit hat den Blick auf diesen Prozess offenbar verstellt.

In welchem Umfang wurden Bücher, Zeitschriften und Schriftgut im Raum Freiburg entzogen oder gelangten in hiesige Einrichtungen? Zu der Vielfalt der Vorgänge gibt es nur einzelne Angaben, die teilweise auch nur auf Schätzungen beruhen: 2.350 Bände, die 1934 bis 1937 über Harden-Rauch aus Buchhandlungen und Vereinen in die UB kamen, sowie weitere 11.500 aus jüdischem Besitz (1940/41) oder 400 aus Frankreich. Hinzu kamen 16.000 Zeitungsexemplare der „Volkwacht", außerdem 400 Bände der in Freiburg schwach vertretenen KPD, deren Verbleib völlig unklar ist. Aus solchen einzelnen Angaben lassen sich keine verlässlichen Hochrechnungen zum Gesamtumfang vornehmen, aber man kann sich, um im Bild zu bleiben, einen veritablen ‚Bücherberg' vorstellen.

In dieser Arbeit wird deutlich, dass eine Vielzahl von Stellen, Akteuren und Betroffenen an all diesen Prozessen beteiligt war und dass es diverse Wege der Verwendung und Weitergabe gab. Ein Teil der verfemten Literatur gelangte zur „Gegnerforschung" in die Universitätsbibliothek und unterlag dort Zugangsbeschränkungen oder wurde weitergereicht. Auch Parteidienststellen profitierten von wilden wie formalisierten Beschlagnahmungen. Und laufend wurden Bücher vernichtet, um unwiderruflich deren weiterer Nutzung vorzubeugen. Schulen mussten erst verfemte Literatur abgeben, erhielten aber später teilweise alte Schulbücher aus jüdischem Besitz. Auf die ökonomischen, kulturellen und sozialen Schäden, die spezifischen Opfergruppen, aber im weiteren Sinne auch der Gesellschaft insgesamt zugefügt wurden, kann nur hingewiesen werden, ohne sie zu quantifizieren.

7.2 Aktivisten – eine uneinheitliche Gruppe

Neben der Rekonstruktion von Ereignissen und Strukturen ging es in dieser Arbeit auch ganz zentral darum, biografische Erkenntnisse zu gewinnen und dem Thema „Gesichter" zu geben. Mit Loewy und Rest wurden exemplarisch jeweils ein Opfer und ein Vertreter einer traditionellen Institution näher vorgestellt. Bei der großen Mehrheit der Fälle, auch der folgenden Auswertung, geht es jedoch um Personen, die aktivistisch als Nationalsozialisten hervorgetreten waren.[645] Dabei handelt es sich um zehn Männer sowie eine – indirekt beteiligte – Frau. Die Dominanz von Männern ist also ein wesentliches Kennzeichen dieser Gruppe.

Die allermeisten Mitglieder der hier untersuchten Gruppe waren bereits deutlich vor 1933 im Nationalsozialismus verwurzelt. Aus einer randständigen Position heraus erkämpften sie sich – mit dem Rückenwind der allgemeinen Entwicklung und im Zusammenspiel mit traditionellen wie auch neuen Institutionen – ihre Machtpositionen gegenüber der Allgemeinheit. Tröller fällt in dieser Hinsicht aus der Gruppe heraus, da er als badischer Polizeibeamter vor 1933 wohl die Konsequenzen scheute, öffentlich für den Nationalsozialismus einzutreten.

Von den elf Personen waren die meisten nicht in Freiburg, sondern vorwiegend in Nordbaden geboren worden. Je eine stammte aus Südbaden, Lothringen, Elsass, Württemberg und Sachsen; Kerber wurde zwar in Freiburg geboren, war aber in Endingen aufgewachsen. Die Mehrheit hatte allerdings zumindest für einige Jahre ihren Lebensmittelpunkt in Freiburg und Umgebung. Trotz des nordbadischen Überhangs war die Konfessionszugehörigkeit der Aktivisten ausgeglichen. Eine Teilgruppe trat aus der Kirche aus und bezeichnete sich als „gottgläubig" (mindestens Harden-Rauch, Kerber, Kukuk, Künzel und Stübel), während eine andere Gruppe überwiegend religiös motiviert war und an politischer Bedeutung verlor, nachdem sie ihre Funktion erfüllt hatte (Geschwister Mohn, Albert). Die Geburtsjahrgänge reichten von 1874 bis 1914, der Altersunterschied zeigte also eine große Spanne von 40 Jahren auf. Auch die Sterbejahre 1945 bis 2001 lagen weit auseinander. Während zwei Personen jung starben, erreichten fast alle anderen trotz des Krieges ein hohes Alter. Mit 90 Jahren wurde Künzel, einer der am schwersten politisch Belasteten, am ältesten. Kukuk verstarb als letzter. Soweit bekannt, unterhielten beide alte Seilschaften. Künzel brüstete sich mit seiner früheren Bedeutung und Kukuk gelang es, sich selbst und alte Kontakte im BND zu platzieren.

Hinsichtlich der politischen Haltung und der weiteren Karriere im NS-Staat ist wiederum eine gewisse Bandbreite festzustellen: Allen späteren Bekundungen zum Trotz ist in keinem Fall eine wirkliche weltanschauliche Abkehr und Opposition glaubhaft, in manchen Fällen aber durchaus eine deutliche Abkühlung. Gründe waren etwa der ausschweifende Lebensstil von NS-Funktionsträgern oder der Stellenwert des Christentums im Staat (Geschwister Mohr). Manche wie Straub oder Düsselmann stagnierten beruflich und waren dabei dauernd von Abstieg bedroht. Andere machten Karriere im Staat oder in der NSDAP und ihren Gliederungen (Kerber, Harden-Rauch, Künzel, Kukuk, Stübel) oder im Militär (Tröller).

7.2.1 Teilgruppe SS-Angehörige

Während also insgesamt ein recht uneinheitliches Bild dominiert, fällt neben dem Geschlecht noch eine klare Zweiteilung beim Alter auf: Erstens wurden drei der vier Mitglieder der städtischen Kommission (wie auch die damit verbundenen Harden-Rauch und Teresa Mohr) vor 1900 geboren, alle anderen Aktivisten danach. Diese Jüngeren traten ausnahmslos in die SS ein, die Älteren nicht. Hierbei ist zu noch zu unterscheiden zwischen dem frühen und langjährigen SS-Funktionär Künzel, dem 1933 beigetretenen und normalen SS-Dienst tuenden Düsselmann, dem erst 1938 mit einem höheren Führerrang aufgenommenen Kerber, der in der SS aber keine Funktionen erfüllte, und schließlich den HJ-Führern, die erst 1939 direkt in Führerränge hauptamtlich zur SS wechselten (Kukuk, Stübel). Neben ideologischen Gründen spielten dabei ab 1933 auch Karriere-Motive eine Rolle. Beziehungen der vor dem Jahr 1900 Geborenen zur SS, etwa als Förder- oder Ehrenmitglieder, sind dagegen nicht bekannt. Zwar waren SS-Angehörige generell im Durchschnitt jung, die Trennlinie 1900 ist jedoch eher zufällig. Als Beispiele für deutlich ältere Angehörige aus der Region ist etwa auf die Standartenführer Max Knecht (1874–1954) oder Karl Jäger (1888–1959) hinzuweisen, der erste „ehren“-amtlicher, der zweite hauptamtlicher Führer.[646]

Die SS war im Frühjahr und Sommer 1933 ein politischer Faktor in Freiburg. Sie beteiligte sich etwa am „Juden-Boykott“ vom 1. April und den studentischen Aktionen gegen die Verbindung Neo-Friburgia. Dennoch kann die SS im Unterschied zu NSDStB, DSt und HJ nicht als spezifischer Faktor für die Bücherverbrennungen ausgemacht werden. Aus der Gruppe der erkennbaren Protagonisten der Bücherverbrennungen gehörten zu diesem Zeitpunkt nur Künzel und Düsselmann der SS an, und beide waren gleichzeitig im NSDStB aktiv.

7.2.2 Entnazifizierung

Generell liefen Entnazifizierungsverfahren so ab, dass zunächst die formelle Belastung abgefragt wurde, das heißt Mitgliedschaften, Ränge und Funktionen in der NSDAP, ihren Unter- und betreuten Organisationen sowie besondere Auszeichnungen und dergleichen. Andererseits wurden erschwerend oder entlastend individuelle Handlungen und Haltungen berücksichtigt. Ein Urteil konnte also zum Beispiel trotz formeller Belastung milde oder andererseits trotz fehlender formeller Belastung scharf ausfallen, wenn Handlungen, Reden oder Schriften zur Förderung des Nationalsozialismus bekannt wurden. Für die Einstufung der Beurteilten gab es folgende Kategorien: 1. Hauptschuldige, 2. Schuldige / Belastete (Aktivisten, Militaristen, Nutznießer), 3. Minderbelastete (Bewährungsgruppe), 4. Mitläufer und 5. Entlastete. Für alle Kategorien außer der fünften gab es wiederum eine deutliche Bandbreite für das Strafmaß.[647]

Bei einem Teil der hier untersuchten Personen konnte kein Verfahren durchgeführt werden. Sie waren verschollen (Stübel) oder untergetaucht (Künzel). Über Düsselmann ist nichts bekannt. Kerber war zwar tot, wurde aber postum formell als Schuldiger eingestuft. Teresa Mohr galt zunächst als Minderbelastete, bevor sie zur Mitläuferin herabgestuft wurde. Die anderen wurden zum großen Teil schon in erster Instanz lediglich als Mitläufer eingestuft (Albert, Harden-Rauch, Straub, höchstwahrscheinlich Heinrich Mohr), zwei wurden sogar in die Kategorie der Entlasteten eingeordnet (Kukuk unter falschem Namen, Tröller).

Bei einem Teil der Fälle kann vorgebracht werden, dass die Verfahren außerhalb Südbadens erfolgten und die Informationslage der Spruchkammern entsprechend schwieriger war. Allerdings wurden auch die in Freiburg behandelten Fälle insgesamt sehr milde behandelt. Die Gründe dafür dürften vielfältig sein. Es bleibt aber festzuhalten, dass, soweit die Akten für diese Auswertung vorlagen, in keinem einzigen Fall die Organisation von oder die Beteiligung an „Säuberungen" und Bücherverbrennungen überhaupt zum Gegenstand des Verfahrens gemacht wurden.[648] Dies hätte aber entsprechend der gesetzlichen Bestimmungen in allen Fällen strafverschärfend als Aktivismus berücksichtigt werden müssen.

Festzuhalten ist weiter, dass auch publizierte Beiträge, die sich mit Leben und Werk der Beteiligten befassten, nicht auf ihre Rolle in diesem Zusammenhang eingingen. Nach Heinrich Mohr ist sogar noch eine Straße benannt. Eine Ausnahme stellt lediglich Harden-Rauch dar.

Josef Rest wurde nicht in dieser Gruppe aufgeführt, weil er nicht wie die anderen zu den NS-Aktivisten zählte. Als Leiter der Universitätsbibliothek nahm der „Mitläufer ohne Sühnemaßnahmen" jedoch wie gezeigt eine sehr widersprüchliche Rolle ein.

7.3 Offene Fragen

Einige in dieser Arbeit direkt oder indirekt aufgeworfene Fragen konnten aufgrund fehlender Quellen nicht oder nur teilweise beantwortet werden. Sie können hier nicht im Einzelnen nochmals gestellt werden. Stattdessen werden beispielhaft mehrere Themenbereiche angesprochen. Die nach so vielen Jahren immer noch dringendste Frage ist die nach dem Verbleib und der Restitution von entzogenen Büchern.

7.3.1 Provenienzforschung und Restitutionen

Anlässlich des „Dritten Hannoverschen Symposiums“ 2007 über NS-Raubgut in Bibliotheken beklagte sich Jürgen Weber, stellvertretender Direktor der Herzogin Anna Amalia Bibliothek Weimar: Die Bilanz der Provenienzforschung der deutschen Bibliotheken, Archive, Museen und öffentlichen Verwaltungen zu diesem Thema falle „blamabel“ aus. Neun Jahre nach der „Washingtoner Konferenz“ 1998 über insbesondere von Jüdinnen und Juden geraubte Kunstwerke und der Verabschiedung der „Washingtoner Prinzipien“ zum Umgang damit habe nur ein Bruchteil dieser Institutionen Recherchen angestellt und dies der bundesweiten „Koordinierungsstelle für Kulturgutverluste“ (mittlerweile Deutsches Zentrum Kulturgutverluste) mitgeteilt. Davon meldete wiederum nur ein verschwindend geringer Teil gefundene Anhaltspunkte für unrechtmäßige Erwerbungen. Das „oft zögerliche, hinhaltende Vorgehen bei den Recherchen“ werde „in der Regel mit fehlenden Ressourcen“ begründet, so Weber. Plausibler sei „freilich, die Annahme, dass es hier eher eine verfehlte Prioritätensetzung ist, die die Institutionen daran hindert, die heute verfügbaren Ressourcen für die Provenienzforschung einzusetzen.“[649] Seine Kritik stützte Weber auch auf die Ergebnisse einer 2004 durchgeführten Umfrage unter deutschen Bibliotheken.

Einen „weiteren, vielleicht ausschlaggebenden Grund für die Vernachlässigung der Aufgabe“ sah er darin: „Deutsche Bibliotheken haben 1933–1945, aber auch noch Jahre danach, NS-Raubgut gesammelt, über die Jahre zum Verschwinden gebracht und dies heute offenbar vergessen.“[650] Die Aufgabe sei nun, diese „verborgenen Sammlungen“ wieder als solche sichtbar zu machen. „Bei der Identifizierung von NS-Raubgut handelt es sich um eine Aufgabe von überregionaler Bedeutung, die jedoch nur auf lokaler Ebene gelöst werden kann.“[651] Seit der Raubgut-Konferenz 2007 sind allerdings zahlreiche neue Projekte dieser Art in Gang gekommen, wie zum Beispiel die Folgekonferenzen und Sammelbände dazu zeigen.[652]

Wie viele von Tausenden in Freiburg entzogenen Büchern an ihre Vorbesitzer oder deren Erben zurückgegeben oder welche Entschädigungen gezahlt wurden, lässt sich nicht beziffern. Es muss davon ausgegangen werden, dass dies nur zu einem kleinen Bruchteil geschah. Die Hürden dafür waren hoch: Viele jüdische Opfer hatten nicht überlebt oder sie bzw. ihre Erben mussten sich aus dem Exil mühsamen „Wiedergutmachungsverfahren“ unterziehen. Ein Nachweis, welche Bücher im Einzelnen mit welchem Wert, wann und von welcher Stelle entzogen worden waren, war schwer zu führen. Vereine, Gewerkschaften und Parteien, die nach 1945 wieder gegründet wurden, kümmerten sich oft erst einmal darum, überhaupt wieder arbeitsfähig zu werden.

Die Klärung des Verbleibs von Büchern und Schriftgut ist auch heute noch schwer. Viele verschiedene Stellen waren am Entzug beteiligt und über Zwischenstationen noch viel mehr Empfänger. Bei Plünderungen wurde nicht Buch geführt und wichtige Akten, etwa der Polizei, fehlen. In der „Lost Art-Datenbank“ der „Stiftung Deutsches Zentrum Kulturgutverluste“ sind bislang keine Institutionen in Freiburg vertreten, die geraubte Bücher (mit oder ohne Restitution) gemeldet haben. Es finden sich nur acht Suchmeldungen der Städtischen Museen. Sie betreffen Kunstobjekte, die ihnen 1945 bei Plünderungen der Museumsbestände selbst abhandengekommen waren.[653]

Um dem Komplex weiter auf den Grund zu gehen, wäre unter anderem eine systematische Provenienzforschung in der Universitätsbibliothek Freiburg sinnvoll und nötig. Diese Konsequenz hätte im Grunde schon aus der von Ingo Toussaint 1984 publizierten Dissertation gezogen werden können. Zwischenzeitlich sind noch weitere Informationen bekannt geworden (Kapitel 5). Die Provenienzforschung hätte zunächst die Erwerbungen von 1933 bis 1945 und deren Verbleib in den Blick zu nehmen. Darüber hinaus wären aber auch spätere Zugänge zu untersuchen. Es konnte hier anhand von Stichproben gezeigt werden, dass neben den verfügbaren Akten auch die Zugangsbücher wertvolle Hinweise geben. Darin gelistete Bücher, die zum Beispiel die Vorbesitzerangabe „Volksbibliothek“ aufweisen, wären daraufhin zu prüfen, ob sie aus Beschlagnahmungen stammen. Damit würden wahrscheinlich Restitutionen ermöglicht, die über die bereits in der Nachkriegszeit erfolgten (Kapitel 5.5) hinausgehen.

Die Universitätsbibliothek Freiburg bekennt sich – wie die deutschen wissenschaftlichen Bibliotheken insgesamt – zu den „Washingtoner Prinzipien“ und der 1999 daraus abgeleiteten Erklärung der Bundesregierung, der Länder und der kommunalen Spitzenverbände zur Auffindung und zur Rückgabe NS-verfolgungsbedingt entzogenen Kulturgutes.[654] Sie verfolgt den Fachdiskurs und prüft derzeitig, nachdem sie 2020 einzelne Bücher restituiert hat, die Möglichkeiten, Fördermittel für eine systematische Bestandsanalyse einzuwerben. Die im Aufbau befindliche, online zugängliche allgemeine Provenienzdatenbank der UB hat bislang keinen Schwerpunkt auf Raubgut.[655] Damit ist aber bereits eine technische Infrastruktur gegeben, in die zukünftige Ergebnisse eingespeist werden könnten.

Auch jenseits der Universitätsbibliothek wäre nach weiteren Quellen zu suchen: In Hinsicht auf Enteignungen wie auch Restitutionen könnten Wiedergutmachungsakten ausgewertet werden.[656] Hierzu wären außerdem die Unterlagen der israelitischen Gemeinde Freiburgs im Heidelberger Zentralarchiv zur Erforschung der Geschichte der Juden in Deutschland heranzuziehen. Ebenso sollte die Tätigkeit des einflussreichen NS-Funktionärs Philipp Harden-Rauch noch weiter untersucht werden. In diesem Zusammenhang wäre beispielsweise sein Vorgehen gegen katholische Büchereien anhand von Akten im Erzbischöflichen Archiv Freiburg näher zu betrachten. Auch könnten Vereinsarchive weitere Erkenntnisse ermöglichen. Möglicherweise finden sich dort Dokumente zu den erzwungenen Abgaben, zum Beispiel durch den erwähnten Eisenbahner- oder den Schwarzwaldverein. Und für die Frage, was beispielsweise mit aufgelösten Büchereien wie der des SPD-Ortsvereins oder der Gewerkschaften geschah, lassen sich unter Umständen noch Unterlagen der Deutschen Arbeitsfront oder des „Treuhänders für das marxistische Vermögen" im Generallandesarchiv Karlsruhe identifizieren. Während einschlägige Akten der Freiburger Polizei zerstört wurden oder zumindest nicht bekannt sind, könnten möglicherweise noch Erkenntnisse aus den im Staatsarchiv Freiburg vorhandenen Personal- und Entnazifizierungsakten von weiteren Polizeibeamten gezogen werden.

7.3.2 Weitere Fragen und Themenfelder

Einen Schlüssel zur Beseitigung von Unklarheiten über die Bücherverbrennungen könnten Unterlagen des schemenhaft gebliebenen örtlichen „Kampfausschusses" sein, dessen Bildung zuerst die DSt vorgeschrieben hatte. Vermutlich gehörten ihm Künzel als Führer der Studentenschaft, Düsselmann als beauftragter Student, Straub als Schriftsteller und Mitglied der städtischen Kommission sowie Klaiber als Vertreter des KfdK an. Mit dem Auftritt der HJ als Akteur dürfte eine Ergänzung durch Tröller oder einen Stellvertreter und eine Transformation in den „Aktionsausschuss für die Bücherverbrennungen" erfolgt sein. Während das Sammeln und Verbrennen von Büchern bislang vor allem als schlecht organisierte Fehlschläge eingeschätzt wurden, könnten Dokumente zu diesem Ausschuss erklären, warum nach jedem „Schlag ins Wasser" in ständig wechselnden Konstellationen neue Veranstaltungen und Bücherverbrennungen anberaumt wurden. Aufgeklärt werden könnte ggf. auch, inwieweit es eine Beteiligung von Seiten der Professorenschaft gab und wie nahe Heidegger dem Kampf- bzw. Aktionsausschuss stand. Da ein derartiger Quellenbestand – etwa im

Universitätsarchiv Freiburg – aber leider unbekannt ist, müsste gezielt nach weiteren Hinweisen in anderen Beständen gesucht werden.

Eine andere Frage betrifft die Beteiligung von Frauen. Wie gezeigt wurde, traten sie in diesem Zusammenhang in Freiburg nicht öffentlich als Protagonistinnen hervor. Im Zuge ergänzender Forschungen sollte jedoch geklärt werden, ob und inwieweit sich beispielsweise die NS-Frauenschaft unter ihren Leiterinnen Helene Bögli (geb. 1900) und Helene Joos (1893–1983), die Hochschulgruppenführerinnen der „Arbeitsgemeinschaft Nationalsozialistischer Studentinnen" (ANSt) oder BdM-Führerinnen im Hintergrund betätigten. Insbesondere die letzteren beiden Organisationen waren auf jeden Fall in die Aktivitäten von DSt und HJ eingebunden. Zumindest für Neustadt im Schwarzwald ließ sich auch die Feuerrede einer Rednerin nachweisen (Kapitel 4.8). Ähnlich wie die (Früh-)Geschichte der HJ ist diejenige dieser Organisationen noch nicht geschrieben.

Eine grundsätzliche Frage ist, inwieweit die beschriebenen institutionellen und individuellen Akteure auf Zustimmung und Profiteure oder Ablehnung und Widerstand in der Stadtgesellschaft stießen. Dies lässt sich unter den Bedingungen der aufziehenden und dann etablierten Diktatur nur schwer sagen. Hinweise könnten aber in der systematischen Prüfung von privaten Aufzeichnungen und Erinnerungsliteratur gewonnen werden, zumal sich etwa die Berichte von Käthe Vordtriede für die Ereignisse am 17. März und 24. Juni 1933 als wichtige Quellen erwiesen haben.

Ein zugehöriges Thema, das hier nicht bearbeitet wurde, sind die lokalen „Aufräumarbeiten" im Sinne einer Neubestückung der Bibliotheken mit zuvor verfemten Werken. Jürgen Stude hat auf die Stadt Lahr in der Ortenau hingewiesen: Angeregt von der HJ-Bücherverbrennung legte der dortige Bibliotheksausschuss eine Liste mit 53 Büchern zur Aussonderung aus der Stadtbibliothek vor. Sie wurde vom Stadtrat Ende Juni 1933 bestätigt. Laut Stude fanden sich im Jahr 2003 immer noch nur wenige der 30 Autoren dieser Liste im alphabetischen Katalog der Stadtbibliothek.[657] Gegenteiliges wurde 1983 von der Direktorin der Heidelberger Stadtbücherei, Regine Wolf-Hauschild, berichtet. Dort seien bereits bald nach dem Krieg überraschend viele Werke einer 1933 von einem Volksbibliothekar erstellten schwarzen Liste wieder angeschafft worden. Die noch fehlenden Bücher waren nun teilweise wieder lieferbar und sollten gekauft werden.[658] Einige Einrichtungen in Freiburg handelten vermutlich genauso, aber das wäre zu klären.

Wie in Kapitel 3.1.1 erwähnt wurde, gab es das Motto des Kampfes gegen „Schmutz und Schund in der Literatur" schon vor 1933. Das Motto war keine Erfindung der Nationalsozialisten, die es allerdings erheblich vom sittlichen auf den politischen Bereich ausdehnten. Es ist erwähnenswert, dass dieses Motto nach 1945 allgemein und insbesondere auch in Freiburg fortlebte und ganz offensichtlich nicht als zu NS-belastet angesehen wurde.[659] Carola

Schelle-Wolff hat darauf hingewiesen, dass die Stadtbibliothek Freiburg 1956 unter ihrem neuen Leiter Egon Freiherr von Vietinghoff-Scheel einen „Schlag gegen die ‚Flut der Schundhefte'" durchführte. Als „Schund" galt auch die „Verbilderung" in Form von Comics wie Tarzan, Superman und Perry Rhodan. Kinder und Jugendliche konnten bei der Aktion „Schmökergrab" solche Hefte gegen „gute Bücher" eintauschen: „Anfangs wurden unter dem Motto ‚Was an Schund und Schmutz ich hab', hinein damit ins Schmökergrab!' zehn Hefte gegen ein Buch getauscht, später stieg der Tauschwert auf zwanzig Hefte."[660] Auf der Grundlage des eingegangenen Materials hielt der Bibliotheksdirektor zahlreiche öffentliche Aufklärungsvorträge, die weit über Freiburg hinaus Beachtung fanden. Noch 1963 wurde eine Freiburger Kampagne „Schule und Jugendbücherei im Kampf gegen Schundliteratur" durchgeführt.[661] Bei einer Rekonstruktion dieser Kampagnen müsste in den Blick genommen werden, ob und inwieweit dabei die Zeit zwischen 1933 und 1945 reflektiert wurde.

Eine wichtige zu klärende Frage betrifft die Freiburger Autorinnen und Autoren, deren Werke als unerwünscht erklärt oder verboten wurden. Prominent ist Reinhold Schneider (1903–1958), nach dem der Kulturpreis der Stadt Freiburg und eine Schule benannt sind. Systematisch zu untersuchen wäre aber, wer noch alles zu dieser Gruppe gehörte. Dabei wären auch die Journalistinnen und Journalisten, zum Beispiel der „Volkswacht", einzubeziehen, deren Existenzen stark gefährdet wurden.

7.4 Schlusswort

In Heidelberg behandelte ‚schon' 50 Jahre nach 1933 ein Sammelband die lokale Aufarbeitung des Komplexes Bücherverbrennungen. In Freiburg, der anderen alten badischen Universitätsstadt, gab es ebenfalls ab 1983 Ansätze zur wissenschaftlichen Aufarbeitung der NS-Zeit, die auch die Frage der Bücherverbrennungen und „Säuberungen" streiften. Sie blieben aber entweder in den Anfängen stecken oder beleuchteten in einem anderen Kontext nur einzelne, wenn auch durchaus relevante Aspekte. Das vorherrschende Narrativ über Freiburg änderte sich dadurch nicht wesentlich. Die vorliegende Arbeit, die nochmals 40 Jahre später als der Heidelberger Sammelband erscheint, setzt teilweise andere Akzente als jener. Neben der detaillierten Rekonstruktion und Kontextualisierung der Ereignisse wurde gezeigt, wie die eher ‚wilden' Aktionen im Frühling und Sommer 1933 überwachungsstaatlich verstetigt wurden. Außerdem wurde einer Reihe von Akteuren ein Gesicht gegeben, die vor, während und nach der NS-Zeit gewirkt haben. An vielen Punkten besteht weiter Bedarf für Forschung und Auseinandersetzung. Diese Arbeit soll dazu anregen.

8 Anhang

8.1 Anmerkungen

1 Heiko Wegmann: Die übersehene Bücherverbrennung, Badische Zeitung, 10.8.2013. Privater E-Mail-Verkehr 2013 bis 2022; der Artikel fand Eingang z. B. in Lutz Hachmeister: Heideggers Testament. Der Philosoph, der Spiegel und die SS, Berlin 2014, S. 60, 220f.; Sidonie Kellerer: Antisémitisme et racisme dans la pensée de Heidegger: état de la recherche, in: Revue d'Histoire de la Shoah, 2017/2 (N° 207), S. 25–43, hier S. 30.

2 Bei Jahresangaben ist im Folgenden 1933 gemeint, soweit es nicht anders angegeben ist.

3 Diese Arbeit stützt sich neben anderen Quellen auch stark auf zeitgenössische Tageszeitungen. Die hauptsächlich verwendeten Zeitungen sind mittlerweile niederschwellig über das Internet verfügbar, siehe die digitalen Sammlungen historischer Zeitungen und Zeitschriften der Universitätsbibliothek Freiburg https://www.ub.uni-freiburg.de/recherche/digitale-bibliothek/freiburger-historische-bestaende/zeitungen-zeitschriften/ und der Badischen Landesbibliothek https://digital.blb-karlsruhe.de/zeitungen/topic/view/2965491.

4 Julius H. Schoeps / Werner Treß (Hg.): Orte der Bücherverbrennungen in Deutschland 1933, Hildesheim / Zürich u.a. 2008. Daran knüpft die Ortsliste auf der Website „Bibliothek verbrannter Bücher" des Moses-Mendelssohn-Zentrums für europäisch-jüdische Studien an http://www.verbrannte-buecher.de/?page_id=68 [Zugriff 21.6.2022].

5 Gerhard Ritter: Selbstzeugnis 3. Die Universität Freiburg im Hitlerreich. Persönliche Eindrücke und Erfahrungen [Interview durch Helmut Heiber am 22. Mai 1962], in: Eckhard Wirbelauer (Hg.): Die Freiburger Philosophische Fakultät 1920–1960. Mitglieder – Strukturen – Vernetzungen, Freiburg/München 2006, S. 769–802, hier S. 802.

6 Interview „Nur noch ein Gott kann uns retten". Der Philosoph Martin Heidegger über sich und sein Denken, Der Spiegel, 31. Mai 1976, in: Sammlung DER SPIEGEL 1947–1997, S. 280–287, hier S. 282. Die Behauptung hatte Heidegger schon 1960 in einem Rechtfertigungsbrief an den Studenten Hempel aufgestellt. Heidegger Gesamtausgabe, Bd. 16: Reden und andere Zeugnisse eines Lebensweges 1910–1976, hgg. von Hermann Heidegger, Frankfurt a. M. 2000, S. 571.

7 Geoffrey Giles: „Die Fahne hoch, die Reihen fest geschlossen": Die Studenten als Verfechter einer völkischen Universität?, in: Eckhard John / Bernd Martin / Marc Mück / Hugo Ott (Hg.): Die Freiburger Universität in der Zeit des Nationalsozialismus, Freiburg / Würzburg 1991, S. 43–56, hier S. 44, 49; Michael Grüttner: Studenten im Dritten Reich, Paderborn u.a. 1995, S. 75–81.

8 Bernd Hainmüller: Erst die Fehde, dann der Krieg. Jugend unterm Hakenkreuz, Freiburg 1998, S. 43ff.; Tobias Wöhrle: Friedhelm Kemper, Hitlerjugendführer in Baden. Eine biographische Skizze, in: Zeitschrift für die Geschichte des Oberrheins, Nr. 159 (2011), S. 555–587, hier S. 567.

9 Jürgen Verdofsky: Kästner schaute hin, in: Badische Zeitung, 8.5.2013.

10 Guido Schneeberger: Nachlese zu Heidegger. Dokumente zu seinem Leben und Denken, Bern 1962, S. 66; Albrecht Götz von Olenhusen: Die nationalsozialistische Rassenpolitik und die jüdischen Studenten an der Universität Freiburg i.Br. 1933–1945, Freiburger Universitätsblätter, Heft 6/1964, S. 71–80, hier S. 72 f.

11 In Bezug auf die studentische Aktion wird dagegen tatsächlich nur der Aufruf als solcher erwähnt. VVN/BdA (Vereinigung der Verfolgten des Naziregimes / Bund der Antifaschisten) Freiburg (Hg.): Verfolgung, Widerstand, Neubeginn in Freiburg 1933–1945, Freiburg i.Br. 1989, S. 49, 52.

12 W. Köhler: Die Machtergreifung an der Universität, in: Stadtarchiv Freiburg (Hg.) / Ernst Otto Bräunche u.a.: 1933. Machtergreifung in Freiburg und Südbaden. Katalog zur Ausstellung vom 31.1.–20.3.1983 in der Universitätsbibliothek, Freiburg i.Br. 1983, S. 49–53, hier S. 49; Thomas Schnabel: Krise und Untergang der Weimarer Republik, in: Heiko Haumann / Hans Schadek (Hg.): Geschichte der Stadt Freiburg, 2. Aufl. 2001, Band 3, S. 297–309, hier S. 308f.

13 Susanne Krautwald u.a.: Die Bücherverbrennung und die Schwarzen Listen, Unveröff. Seminararbeit, Freiburg 1983, seit 1998 nicht mehr am Standort StadtAF Dwc 3698 aufzufinden.

14 Auskunft von Wolfgang Rieger an den Autor, 2.3.2022.

15 Michael Koltan: Bücherverbrennung in Freiburg, unveröffentlichtes Manuskript [1993], den Vortag hielt er an der Pädagogischen Hochschule Freiburg am 16.5.1993.

16 Ingo Toussiant: Die Universitätsbibliothek Freiburg im Dritten Reich, 2., verbesserte und erweiterte Auflage, München u.a. 1984, S. 160ff. Die Arbeit ist als Download erhältlich unter https://freidok.uni-freiburg.de/data/3217.

17 Konrad Heyde: Die staatlichen Volksbüchereistellen am Beispiel Freiburg im Breisgau, in: Bibliotheken während des Nationalsozialismus, Teil I, hgg. von Peter Vodossek und Manfred Komorowski, Wiesbaden 1989; Konrad Heyde: Harden-Rauch, Philipp (bis 1921 Harden), Gaubeauftragter für das Volksbüchereiwesen in Baden, aus: Baden-Württembergische Biographien 4 (2007), S. 121–124, https://www.leo-bw.de/detail/-/Detail/details/PERSON/kgl_biographien/116464917/Harden-Rauch+Philipp [Zugriff 29.6.2022].

18 Carola Schelle-Wolff / Stadtbibliothek Freiburg: Stadtbibliothek im Wandel. Zur Geschichte einer städtischen Bildungs- und Kulturinstitution, Freiburg i. Br. 2001 [Ausstellungsbroschüre], o. S. (Tafel „Magere Zeiten. Die Jahre 1919–1933“).

19 Joachim-Felix Leonhard (Hg.): Bücherverbrennung. Zensur, Verbot, Vernichtung unter dem Nationalsozialismus in Heidelberg, Heidelberg 1983.

20 Fotos der Stele und ihre Beschriftung sind abrufbar unter https://stadtgeschichte.karlsruhe.de/erinnerungskultur/erinnerungskultur-im-oeffentlichen-raum/karlsruher-stelen/stele-buecherverbrennung, die weiteren Informationen unter https://stadtgeschichte.karlsruhe.de/erinnerungskultur/erinnerungskultur-im-oeffentlichen-raum/karlsruher-stelen/buecherverbrennung-1933 [Zugriff 12.12.2022].

21 Onlineatlas zu den Orten der nationalsozialistischen Bücherverbrennungen 1933. https://verbrannte-orte.de/ [Zugriff 27.6.2022]. Siehe auch Klaus Riexinger: Feuer unter dunklen Wolken. Historiker entdecken immer mehr Orte, an denen Nationalsozialisten 1933 ihnen missliebige Bücher verbrannten, Badische Zeitung, 16.2.2022.

22 Stellungnahme Dr. [Friedrich] Walter [Direktor der Volksbibliothek und -lesehalle] an den Stadtrat, Eingangsstempel Stadtgemeinde Freiburg, 7.8.1922. StadtAF C4/VI/13/42.

23 Volksschulrektorat an Stadtrat, Freiburg, 29.11.1922. StadtAF C4/VI/13/42.

24 Ausschuss zur Bekämpfung der Schund- und Schmutzliteratur, Liste der Angehörigen 1930–34. StadtAF C4/VI/13/42. Die Zusammensetzung bestand allerdings nicht bis 1934, siehe Kapitel 3.1.4.

25 Else Hölzl war mit dem SPD-Mitglied Josef Hölzl (1886–1936) verheiratet, der von 1922 bis 1933 Freiburger Bürgermeister war. Ulrich P. Ecker / Christiane Pfanz-Sponagel: Die Geschichte des Freiburger Gemeinderats unter dem Nationalsozialismus, hgg. vom StadtAF, Freiburg i.Br. 2008, S. 27; Auskunft vom StadtAF, 16.8.2022.

26 Zur Person siehe Ludger Syré: Robert Wagner, Gauleiter, Reichsstatthalter in Baden und Chef der Zivilverwaltung im Elsaß, in: Michael Kißener / Joachim Scholtyseck (Hg.): Die Führer der Provinz. NS-Biographien aus Baden und Württemberg, Konstanz 1997, S. 733–779, S. 748.
27 Ecker / Pfanz-Sponagel 2008, S. 16–25.
28 Der Alemannen-Verlag war anfangs eine Zweigniederlassung des „Führer-Verlages" der Gauleitung Baden.
29 Ecker / Pfanz-Sponagel 2008, S. 17.
30 Ecker / Pfanz-Sponagel 2008, S. 17f.
31 Otto Eugen Senn wurde 1930 zum Freiburger Stadtverordneten der NSDAP gewählt und rückte 1931 zum Stadtrat auf. Nach der „Gleichschaltung" im April 1933 blieb er Stadtrat. Nach dessen Reduktion in ein beratendes Gremium von „Ratsherren" gehörte er auch zu ihnen. Ecker / Pfanz-Sponagel 2008, S. 48, 56.
32 Der Oberbürgermeister zum Ausschuss zur Bekämpfung von Schmutz und Schund, Protokoll der Sitzung vom 7.4.1933, Freiburg, 10.4.1933. StadtAF C4/VI/13/42.
33 Sitzungsprotokoll vom 31.3.1933, Anlage zum Schreiben von Wunderle an OB Bender, 7.4.1933. StadtAF C4/VI/13/42.
34 Ebenda.
35 Ebenda.
36 Ebenda.
37 Direktor Wunderle (Stadtjugendamt) an OB Bender, 7.4.1933. StadtAF C4/VI/13/42.
38 Die Staatskommissare Dr. Kerber, Schlatterer und Dr. Brühler (gez. Kerber) an OB Bender, Freiburg 5.4.1933. StadtAF C4/VI/13/42.
39 Ebenda.
40 Der Alemanne und Breisgauer Zeitung, 6.4.1933.
41 Beschluss des Oberbürgermeisters, Freiburg 22.4.1933. StadtAF C4/VI/13/42.
42 Pressemeldung vom 3.5.1933. StadtAF C4/VI/13/42; ausführlich im Wortlaut abgedruckt in Der Alemanne, 4.5.1933; kurze Meldung in Freiburger Zeitung, 5.5.1933.
43 Beschluss des OB vom 9.5.1933. StadtAF C4/VI/13/42.
44 Freiburger Zeitung, 2.6.1925.
45 Syré 1997, S. 742; Ute Scherb: „Dem Freiburger Studenten Alb. Leo Schlageter aus Schönau im Schwarzwald". Heldenverehrung an der Universität Freiburg, in: Freiburger Universitätsblätter, Nr. 145 / 1999, S. 145–148.
46 Thomas Schnabel: Evangelische Kirche und Nationalsozialismus: Das Beispiel Freiburg, in: Stadtarchiv Freiburg (Hg.) / Ernst Otto Bräunche u.a. 1983, S. 59–62, hier S.60.
47 Rolf-Ulrich Kunze: „Möge Gott unserer Kirche helfen!" Theologiepolitik, Kirchenkampf und Auseinandersetzung mit dem NS-Regime: Die evangelische Landeskirche Badens 1933–1945, Stuttgart 2015, S. 175.
48 Schnabel 1983, S. 60.
49 So auf Grundlage seiner Personalakte Bernd Martin: Professoren und Bekennende Kirche. Zur Formierung Freiburger Widerstandskreise über den evangelischen Kirchenkampf, in: Nils Goldschmidt (Hg.): Wirtschaft, Politik, Freiheit, Tübingen 2005, S. 27–55, hier S. 31.
50 In dieser Funktion unterzeichnete der einen Aufruf von Parteifunktionären, Der Alemanne, 2.7.1933.
51 Kunze 2015, S. 208, siehe dort zu seinen Drohungen gegen die Bekennende Kirche auch S. 218–220 anhand Alberts Artikel Grundsätze zur Bildung einer Bekenntnisfront, in: Der deutsche Christ, Nr. 23, 3.6.1934, S. 181ff.
52 Abdruck der Rede in Der Alemanne, 4.5.1933. Zur Motivation und zum Opfermythos von Pfarrern, die sich vor 1933 für die NSDAP einsetzten, siehe Kunze 2015, S. 174ff.

53 Der Alemanne, 11.5.1933.
54 Der Alemanne, 16.7.1933.
55 Schnabel 1983, S. 62.
56 Zu den biografischen Eckdaten siehe Renate Liessem-Breinlinger: Heinrich Mohr, in: Badische Biographien, NF 1 (1982), S. 211–213, abrufbar unter https://www.leo-bw.de/web/guest/detail/-/Detail/details/PERSON/kgl_biographien/117092541/Mohr+Heinrich [Zugriff 29.8.2022].
57 EAF PA 1951, Vol. 2.
58 Freiburger Zeitung, 2.6.1925; Der Alemanne, 3.5.1933.
59 Heinrich Mohr: Mein Weg zu Adolf Hitler, in: Der Alemanne, 9.9.1934.
60 Ebenda.
61 Näheres dazu unten bei den biografischen Ausblicken. Auch der Bruder Wilhelm Mohr (1876–1933) war laut Pressebericht ein „stiller Mitstreiter" Hitlers, bei dessen Beerdigung SA-Kolonnen aufmarschierten und der Sturmbannführer von Lauda und Umgebung Gedenkworte sprach. Der Alemanne, 29.4.1933.
62 Liessem-Breinlinger 1982.
63 Durchschrift NSDAP-Gaupersonalamtsleiter an Kanzlei des Führers wegen Teresa Mohr, [Karlsruhe] 22.11.1938. StAF D 180/2 Nr. 221282.
64 NSDAP-Gaukarteikarte Teresa Mohr. BArch R 9361-IX KARTEI 29041158. Angabe von Heinrich Mohr, Abschrift Fragebogen des Military Government of Germany. EAF PA 1951, Vol. 2. Gegenüber der Reichsschrifttumskammer begründete er dies damit, dass die Mitgliedschaft katholischen Geistlichen nicht gestattet sei. Fragebogen von Heinrich Mohr für die Reichsschrifttumskammer, 24.11.1937. BArch R 9361-V/8397.
65 Der Alemanne, 2.3.1932.
66 Siehe zwei Schreiben Mohrs vom 7.3.1932 in seiner Personalakte. EAF PA 1951, Vol. 2, Pag. 166–169.
67 Fragebogen von Heinrich Mohr für die Reichsschrifttumskammer, 24.11.1937. BArch R 9361-V/8397.
68 Von einer katholischen Frau [Teresa Mohr]: Die katholische Frau im Banne des Zentrumsgeistlichen. Ja oder nein?, Freiburg 1932, S. 11. Ein Exemplar ist überliefert in StAF D 180/2 Nr. 221282.
69 Ebenda, S. 12.
70 Ebenda, S. 5.
71 Auf die anhaltend kontroverse Debatte über Gröbers politische Rolle und Haltung während der NS-Zeit kann hier nicht näher eingegangen werden. Fest steht, dass Teresa und Heinrich Mohr ihn unter anderem sexueller Beziehungen zu drei Frauen und des Machtmissbrauches bezichtigten. Dazu sammelten sie Material wie Aussagen von Betroffenen und hielten es der Kirche vor. Auch gaben sie es vor 1945 u.a. an die Gestapo und nach 1945 an die französische Besatzungsmacht weiter. Siehe die Gröber-Dossiers der französischen Militärverwaltung in Baden, AOFAA 1BAD 1200 und 2042.
72 Mohr an Erzbischof Gröber, Freiburg, 6.6.1933. EAF PA 1951, Vol. 2, Pag. 207.
73 Käthe Vordtriede: „Es gibt Zeiten, in denen man welkt". Mein Leben in Deutschland vor und nach 1933, hgg. und mit Nachwort versehen von Detlev Garz, Lengwil 1999, S. 112.
74 Die Lebensdaten von Lucy Kees, die in Frankfurt a.M. geboren wurde und in Freiburg verstarb, ergeben sich aus der Einwohnermeldekarte ihres Ehemannes im StadtAF.
75 Mohr an Erzbischof Gröber, Freiburg, 6.6.1933. EAF PA 1951, Vol. 2, Pag. 207.
76 Protokoll Zeugenaussage Karl Kees vor dem politischen Untersuchungsausschuss, 24.1.1950. StAF D 180/2 Nr. 221282.

77 Siehe die Vorwürfe und Widerlegungen zusammenfassend das von Joseph Wirth im Exil verfasste Schreiben an Erzbischof Gröber, Marienbad/Tschechoslowakei, 8.7.1936. EAF PA 1951, Vol. 2, Pag. 10631. Vgl. auch Vordtriede 1999, S. 112, die von „seitenlangen Verleumdungsgeschichten" berichtete, die Mohr im „Alemannen" veröffentlichte. Dort erschien auch eine „Privatdepesche", die von Mohr stammen könnte, aber nicht namentlich gekennzeichnet war: Der „Forellensepp" habe sich der Inschutzhaftnahme im Zuge des „großen politischen Reinemachens" durch Flucht in die Schweiz entzogen. Wirth wurde hier wiederum als Freund der Juden und des atheistischen Bolschewismus angeprangert. Der Alemanne, 28.6.1933.

78 So Mohr in einer Replik darauf an den Kapitelsvikar, Freiburg, 7.3.1932. EAF PA 1951, Vol. 2, Pg. 3128.

79 Heinrich Mohr: Heilige Arbeit, Abdruck seiner Rede in: Der Alemanne, 3.5.1933.

80 Siehe etwa Volkswacht 13.4.1932, 13.7.1932. Im Prozess wegen Beleidigung der Vorstandsmitglieder des Bauvereins wurde er zu 140 Mark Geldstrafe verurteilt, Freiburger Zeitung, 7.9.1932.

81 Volkswacht, 15.7.1932.

82 Partei- und SS-Personalakten Kerbers: GLAK 465d Nr. 328 und BArch R 9361-III/535029; Robert Neisen: Kerber, Franz Anton Joseph, Kaufmann, NSDAP-Oberbürgermeister, in: Fred Ludwig Sepaintner (Hg.): Baden-Württembergische Biographien, Bd. 7, Stuttgart 2019, S. 291–295; Ralf Müller: Dr. Franz Kerber: Nationalsozialist, Pragmatiker; Freiburger Oberbürgermeister, Soldat, in: Wolfgang Proske (Hg.): Täter Helfer Trittbrettfahrer, Bd. 6: NS-Belastete aus Südbaden, Gerstetten 2017, S. 210–234.

83 Ralf Müller: Heimatschutzarchitektur vor Ort. Joseph Schlippe als Leiter des Freiburger Hochbauamts und Wiederaufbaubüros 1925–1951, unter Berücksichtigung der gleichzeitigen Entwicklung in Basel, Freiburg i.Br. 2021, S. 104f.

84 In Beiträgen über Straub heißt es, an dessen eigene Darstellungen anknüpfend, er sei wegen dieses Bundes und um seiner Heimatlosigkeit ein Ende zu setzen, nach Freiburg gezogen. Deshalb habe er die Redakteursstelle aufgegeben. Stefanie Albus-Kötz: Einleitung zum Nachlass T 1 (Zugang 1976/0046) Karl Willy Straub im StAF, Freiburg 2011, mit nachträglichen Ergänzungen 2016, https://www2.landesarchiv-bw.de/ofs21/olf/einfueh.php?bestand=10444 [Zugriff 10.10.2022]. Aus Bescheinigungen Schulze-Naumburgs vom April 1933 geht jedoch hervor, dass die „Baukultur" eingestellt werden und Straub sich ein neues Betätigungsfeld suchen musste. StadtAF D.Pe 709.

85 Statt der früheren „Alte-Kämpfer"-NSDAP-Nr. 515.628 erhielt er nun die Nr. 2.910.179. Mitteilung NSDAP-Gauleitung Baden (Mitgliedschaftswesen) an Reichsleitung der NSDAP (Mitgliedschaftsamt), Karlsruhe, 26.8.1938. BArch R 9361-II/991739.

86 Karl Willy Straub: Werner Hegemann als „kleiner Cohn", Völkischer Beobachter, 17.9.1932; ders.: Einer, der sich selbst entlarvt. Ein Beitrag zum Kapitel „Schutzfärbung", Der Führer, 13.4.1933. Caroline Flick: Werner Hegemann (1881–1936). Stadtplanung, Architektur, Politik. Ein Arbeitsleben in Europa und den USA, München 2005.

87 Rezension durch Dr. Keith in Der Führer, 11.10.1932 (Keith war badischer Landesführer des Kampfbundes für deutsche Kultur, siehe Der Alemanne, 28.6.1933). Kaufempfehlung in Der Alemanne, 1.1.1933. Dankschreiben siehe Der Führer, 16.9.1933. Das Thema besetzte er nach 1933 nahtlos weiter, siehe seinen Vortrag „Architektur als Ausdruck der Gesinnung" bei der NS-Kulturgemeinde. Freiburger Zeitung, 25. und 28.4.1935.

88 Müller 2021, S. 106.

89 Der Führer und Badische Presse, 12.02.1936.

90 Der Alemanne, 16.3.1933.
91 Bewerbung Straub, 7.4.1933; Beschluss Kerber zur Einrichtung der Stelle, 12.4.1933; Ärztlicher Befund Gesundheitsamt, 13.4.1933; Dienstvertrag 12.4.1933 (alle Freiburg). StadtAF D.Pe 709. Schneller kam 1933 in Schutzhaft und war von 1945 bis 1953 Nachfolger Harden-Rauchs als Leiter der Stadtbücherei.
92 Aufruf Straub / Pressestelle, Freiburg 19.4.1933. StadtAF C 4/XIII/24/06.
93 Breisgauer Zeitung, 6.5.1933, sowie Abschrift in: StadtAF C4/XII/30/07. Der Landes- und der örtliche Ausschuss wurden zu diesem Zeitpunkt bereits vom badischen HJ-Führer kontrolliert, siehe Kapitel 3.4.2.
94 Beschluss OB Abt. II, an das Stadtrentamt und das Jugendamt, Freiburg, 8.5.1933. StadtAF C4/XII/30/07.
95 Stellungnahme Stadtrentamt 12.5.33 und Stadtjugendamt an OB, Abt. II, 31.5.1933. StadtAF C4/XII/30/07.
96 Der Freiburger Polizeidirektor Paul Baer war zum 20. März 1933 beurlaubt und 29. September 1933 zunächst dem Bezirksamt Emmendingen zur Stellvertretung des Landrates zugewiesen worden (StAF F 30/1 Nr. 247).
97 Siehe zum Folgenden Protokoll der Besprechung in der Polizeidirektion von K. W. Straub, 10.5.1933. StadtAF C4/XII/30/07.
98 Ebenda.
99 Wagner kündigte im März 1933 an, in Baden zunächst 500 Hilfspolizisten einzuberufen. Freiburger Zeitung, 11.3.1933.
100 Freiburger Zeitung, 16.3.1933.
101 Straub an Bezirksamt-Polizeidirektion, 23.5.1933. StadtAF C4/XII/30/07.
102 Ein Mitglied des Ausschusses (nicht namentlich gezeichnet, wahrscheinlich Straub) an das Badische Bezirksamt-Polizeidirektion wegen Filmzensur, 7.6.1933. StadtAF C4/XII/30/07. Der Fortgang in der Sache ist aus dieser Akte nicht ersichtlich. Wunderle ließ sich im Juli 1933 in den vorzeitigen Ruhestand versetzen (Der Alemanne, 25.7.1933). Ob ein Zusammenhang mit den vorangegangenen politischen Ereignissen bestand, wäre weiter zu prüfen.
103 Die Leihbücherei August Wiswedel befand sich in der Salzstr. 5. Adressbuch Freiburg 1933, Abt. II, S. 368.
104 Landrat Dold an städt. Pressestelle, Freiburg 17.6.1933. StadtAF C4/XII/30/07.
105 Straub an Polizeidirektion, 21.6.1933. StadtAF C4/XII/30/07.
106 Der Alemanne, 31.3.1933.
107 Protokoll von K. W. Straub, 10.5.1933. StadtAF C4/XII/30/07.
108 An die Vorsteher der städtischen Schulen, Freiburg, 19.5.1933. StadtAF C4/XII/30/07.
109 Straub an Mohr und Albert, 29.5.1933. StadtAF C4/XII/30/07.
110 Straub an Mohr und Albert, 29.5.1933. StadtAF C4/XII/30/07.
111 Abschrift, Schreiben Straub an Mohr, Freiburg, 16.5.1933. StadtAF C4/XII/30/07.
112 Abschrift Schreiben K. W. Straub, Leiter städt. Pressestelle, an Dr. Heinrich Mohr, Freiburg, 16.5.1933. StadtAF C4/XII/30/07.
113 Abschrift K.W. Straub (Pressestelle) an Dr. Lengle, Direktor Berthold-Gymnasium, resp. an Dr. Karl Dürr, Direktor Friedrich-Gymnasium [Jacobistr. 22], Freiburg, 17.5.1933. StadtAF C4/XII/30/07.
114 Direktion Rotteck-Oberrealschule [Werthmannplatz 2], Dr. Ludin, an Pressestelle der Hauptstadt Freiburg, 23.5.1933. StadtAF C4/XII/30/07.
115 Lengle, Direktion Berthold-Gymnasium [Bertholdstr. 41] an Minister des Kultus, Unterrichts und der Justiz, Abtlg. Kultus und Unterricht, Freiburg 25. Mai 1933. StadtAF C4/XII/30/07.
116 Straub an Lengle, 19.6.1933. StadtAF C4/XII/30/07.

117 Siehe z. B. Straub an Direktor Dr. [Anton] Braun, Realgymnasium, 19.6.1933. StadtAF C4/XII/30/07.
118 Baumann wies dabei auf seine zeitraubende Tätigkeit bei den NSDAP-Ortsgruppen Zähringen und Herdern hin. Baumann, Neuburg Oberrealschule [Zähringerstr. 15], an Straub, 1.6.1933. StadtAF C4/XII/30/07.
119 Straub an Rektor Moser, Neuburg Oberrealschule, 20.6.1933. StadtAF C4/XII/30/07.
120 Straub an Baur, Direktion der Handelsschule [Am Karlsplatz], 20.6.1933. StadtAF C4/XII/30/07.
121 Schreiben des Ministers des Kultus, des Unterrichts und der Justiz, Dr. Wacker, an den an OB von Mannheim bzw. Rundschreiben an die badischen Städte, Karlsruhe 1.6.1933. StadtAF C4/XII/30/07.
122 Beschluss an die Direktion der Hindenburgschule z.H. des Herrn Direktors Weber, Freiburg, 20.6.1933. StadtAF C4/XII/30/07. Die Schule hieß bis Anfang 1933 Mädchenrealschule mit Mädchenrealgymnasium und Mädchenoberrealschule (am Friedrich-Ebert-Platz). Dann erfolgten die Umbenennungen in Hindenburgschule (April 1933) und Hindenburgplatz, heute Goethe-Gymnasium am Holzmarkt.
123 Abschrift K.W. Straub an Stadtdekan und Münsterpfarrer Dr. Brettle, Freiburg, 17.5.1933. StadtAF C4/XII/30/07.
124 Straub an Brettle, Freiburg, 12.6.1933. StadtAF C4/XII/30/07.
125 Badischer Beobachter, 19.6.1933.
126 Auch eine im Februar 1934 in Freiburg durch den vormaligen Ortsgruppenleiter des Tannenbergbundes erfolgte Neugründung unter dem Namen „Bund deutscher Heiden" wurde verboten. Jörg Schadt: Verfolgung und Widerstand unter dem Nationalsozialismus in Baden. Die Lageberichte der Gestapo und des Generalstaatsanwalts Karlsruhe 1933–1940, Stuttgart u.a. 1976, S. 113. Annika Spilker: Geschlecht, Religion und völkischer Nationalismus. Die Ärztin und Antisemitin Mathilde von Kemnitz-Ludendorff (1877–1966), Frankfurt a. M. 2013.
127 Der Alemanne, 20.6.1933.
128 Auer wurde später als politischer Häftling im Konzentrationslager Dachau interniert. Hans-Josef Wollasch: Heinrich Auer (1884–1951), Bibliotheksdirektor beim Deutschen Caritasverband als politischer Schutzhäftling Nr. 50241 im Konzentrationslager Dachau, in: ders.: „Sociale Gerechtigkeit und christliche Charitas". Leitfiguren und Wegmarkierungen aus 100 Jahren Caritasgeschichte, Freiburg 1996, S. 260–303.
129 Direktor Auer, Bibliothek des Deutschen Caritasverbandes an städt. Pressestelle, Freiburg, 23.6.1933. StadtAF C4/XII/30/07. Das Ministerium des Kultus, Unterrichts und der Justiz, dem das Schreiben vorgelegt wurde, empfahl Kerber im Dezember 1933, die Sache auf sich beruhen zu lassen. Abteilung Kultus und Unterricht an OB Kerber, Karlsruhe, 29.12.1933. StadtAF C4/XII/30/07.
130 Persönliche Erinnerungen des Bibliothekars Hermann Rolfes, ADCV BZ 0538, S. 6.
131 Siehe etwa Freiburger Zeitung, 24.6.1933; Der Alemanne, 25.6.1933.
132 OB Kerber an Erzbischof Gröber, Freiburg, 22.6.1933. StadtAF C4/XII/30/07. Dieser Entwurf enthält im Detail noch Streichungen und Überarbeitungen. Erwähnt wird darin eine Antwort der Borromäus-Bibliothek an den Ausschuss, die Kerber in Abschrift beifügte. Sie ist aber nicht überliefert und muss abwehrend gehalten gewesen sein, weil sich Kerber sonst nicht an Gröber gewandt hätte.
133 Ebenda.
134 Ebenda.
135 Ebenda. Konkret handelte es sich wohl nur um die Hilda-Schule, eine Volksschule in der Bismarckstr. 10, an der solcher Unterricht erteilt wurde: Dank Kerbers an Beteiligte an der Säuberung (städt. Pressemeldung), 23.6.1933. StadtAF C4/XII/30/07.

136 Vermerk der Registratur, 30.10.1933. StadtAF C4/XII/30/07.
137 Bericht der Kommission zur Bekämpfung von Schmutz und Schund nach Abschluß ihrer Tätigkeit, gez. Straub, Mitglied i.V., o.D. [Mitte Juni 1933]. StadtAF C4/XII/30/07.
138 Ebenda.
139 Kerber an Gröber, 22.6.1933. StadtAF C4/XII/30/07. Inhaber war R. Wunderlich. Freiburger Adressbuch 1933, Abt. IV, S. 31; Nachtrag zur Boykottliste jüdischer Geschäfte in Der Alemanne, 1.4.1933.
140 Pressestelle der Stadt Freiburg, 16.6.1933. StadtAF C4/XII/30/07; siehe dazu auch Der Alemanne, 17.6.1933, Freiburger Zeitung, 18.6.1933.
141 Straub, Leiter Pressestelle und i.V. Mitglied der Kommission gegen Schmutz und Schund an Bankier Adolf Krebs, Vorsitzender der Museumsgesellschaft (Freiburg), Freiburg, 22.7.1933. StadtAF C4/XII/30/07. Eine Antwort ist nicht überliefert.
142 Direktion der Univ.-Hautkliniken i.V. Oberarzt Prof. Keller, an OB Kerber, Freiburg, 4.7.1933; Antwort Straub an Keller, 7.7.1933, beide in StadtAF C4/XII/30/07.
143 Abschlussbericht Straub, Mitte Juni 1933. StadtAF C4/XII/30/07.
144 Schreiben Harden-Rauchs an Kerber vom 12.5.1934 in StadtAF C4/V/33/04, zit. n. Heyde 1989 (S. 120f.) und 2007. Die Formulierung wurde kurz darauf von Kerber in einem Schreiben an die Landesstelle für Büchereiberatung übernommen, was die Glaubwürdigkeit stützt.
145 Siehe auch Pressemitteilung der Stadt Freiburg „Schmutz und Schund", 16.6.1933, ebenda, sowie Der Alemanne, 17.6.1933.
146 Freiburger Zeitung, 18.5.1933.
147 Städt. Volksbibliothek Freiburg i.Br.: Auswahlverzeichnis Literatur über den Neuen Nationalismus und Nationalsozialismus, Frühjahr 1933 [vermutlich aber erst Sommer 1933]. StadtAF C4/XII/30/07.
148 Siehe zum folgenden die Personalakte Bergers. StadtAF D.Pe. 310/11.
149 Absender war ein „Kreis an der hiesigen Volksbibliothek Interessierter Männer und Frauen", darunter angeblich Professoren und Offiziere. Ein Durchschlag werde an die „Kampfbundoberleitung" gerichtet, womit wohl der KfdK gemeint war. Anonymes Schreiben an den Bürgermeister, [24.5.1933]. StadtAF D.Pe. 310/11.
150 Zur Bestätigung seiner nationalen Gesinnung sei er bereit, eine Reihe Nationalsozialistischer Persönlichkeiten der Stadt namhaft zu machen. Abschrift Gesuch des Dr. Bruno Berger um Nachprüfung seiner fristlosen Entlassung an den Herrn Landeskommissär für den Kreis Freiburg. StadtAF D.Pe. 310/11.
151 Schelle-Wolff 2001, o. S.; Fragebogen Bruno Berger für die Badische Landesstelle für die Betreuung der Opfer des Nationalsozialismus, Freiburg i.Br. 24.11.1948. StAF F 196/2 Nr. 60.
152 Harden-Rauch an Oberbürgermeister der Stadt Freiburg, Freiburg, 10.8.1933. StadtAF Personalakte P. Harden-Rauch.
153 Mohr an die Kreisleitung, 21.8.1933, sowie an den Oberbürgermeister, 3. und 28.11.1933. StadtAF PA Harden-Rauch. Zur Bewerbung Straubs, 1.9.1933. StadtAF C4/XII/30/07. Maria Harden-Rauch erzählte 1988 Konrad Heyde, ihr Ehemann Philipp habe in Freiburg früher als „Lieblingskind" Kerbers gegolten; Heyde 1989, S. 122.
154 Anordnung des Präsidenten der Reichsschrifttumskammer vom 25.4.1935. StadtAF C4/XII/30/07.
155 Freiburger Zeitung, 14.11.1934.
156 Philipp Harden-Rauch: Unsere Stadtbücherei. Zur Geschichte des Freiburger Büchereiwesens, in: Amtliches Einwohnerbuch der Stadt Freiburg i.Br. 1942, S. III-XVI, hier S. IX.
157 Freiburger Zeitung, 2.8.1934.

158 Auskunft Traub / Beschluss Dold an Amtsgericht Freiburg, 21.10.1933. StAF G 540/5.
159 Michael Stolle: Die Geheime Staatspolizei in Baden. Personal, Organisation, Wirkung und Nachwirken einer regionalen Verfolgungsbehörde im Dritten Reich, Konstanz 2001, S. 365.
160 Nachrichtenblatt der Polizeidirektion, Nr. 102, Freiburg, 13.11.1933, S. 3f., StAF B 725/1 Nr. 8802; Stolle 2001, S. 54f.
161 Ragnhild Rabius: Geraubte Arbeiterbibliotheken am Beispiel der Zentralbibliothek der Gewerkschaften in Hannover, in: Dehnel (Hg.) 2012, S. 49–62, hier S. 49.
162 Rabius 2012, S. 54ff. Siehe auch Heyde 1989, S. 113. Ein Beispiel aus Südbaden: Die Auflösung der SPD-Ortsgruppe Haltingen und Beschlagnahmung ihres Vermögens erfolgte am 10. Mai 1933. Die Bücher wurden bei der Gendarmerie in Weil a. Rhein eingelagert und dann vernichtet. StAF B 719/1 Nr. 1157.
163 Diesen Karrieresprung machte er, obwohl er erst 1940 in die NSDAP eintrat. Michael Ruck: Korpsgeist und Staatsbewusstsein. Beamte im deutschen Südwesten 1928 bis 1972, München 1996, S. 137.
164 Polizei-Funkspruch an die badischen Bezirksämter, Polizeipräsidien und -direktionen, Karlsruhe 30.3.1933, weitergereicht von Landeskommissär Schwoerer an den Freiburger Oberbürgermeister. StadtAF C4/XIII/24/06.
165 Karlsruher Zeitung, 13.4.1933.
166 Der Alemanne, 15.7.1933.
167 Der Alemanne, 7.2.1935. Diese Dienststelle bestand bis 1937. Britsch machte weiter in badischen und Reichsministerien Karriere. So war er von 1935 bis 1945 Oberregierungsrat im Reichswirtschaftsministerium und „Reichstreuhänder für die ehemals Rothschild'schen Vermögen", sowie von 1952 bis 1971 im Bundesministerium für Wirtschaft tätig. Katrin Hammerstein: Das badische Finanz- und Wirtschaftsministerium, in: Frank Engehausen / Sylvia Paletschek / Wolfram Pyta (Hgg.): Die badischen und württembergischen Landesministerien in der Zeit des Nationalsozialismus. Erster Teilband, Stuttgart 2019, S. 195–312, S. 212.
168 So erlegten die Treuhänder dem „Gemischten Chor" Freiburg die Bezahlung einer Forderung der Stadt Freiburg gegen den früheren Gesangsverein „Freundschaft" auf. Schreiben Treuhänder an Oberbürgermeister, Karlsruhe, 12.2.1936. StadtAF C4/XIII/33/10.
169 Werner Schroeder: Arbeiterbibliotheken in Thüringen, in: Dehnel 2012 (Hg.) 2012, S. 41–47; Rabius 2012.
170 Siehe z. B. Hans Peter Lux: Die Ausschaltung der Arbeiterbewegung durch den Nationalsozialismus im Frühjahr 1933, in: Arbeitskreis Regionalgeschichte Freiburg (Hg.). „Die Freiheit ist noch nicht verloren ..." Zur Geschichte der Arbeiterbewegung am Oberrhein 1850 – 1933, Freiburg 1983, S. 127–137; VVN/BdA 1989; vgl. zu Lörrach Hubert Bernnat: 150 Jahre Sozialdemokratie. Ein Beitrag zur Lörracher Stadtgeschichte und deutschen Parteiengeschichte, Lörrach 2018, S. 174ff.
171 In den Beständen der Bezirks- bzw. Landratsämter StAF B 715/1 und B 719/1 des StAF finden sich zahlreiche Akten zur Auflösung von Vereinen, nicht aber zu Freiburg. Eine weitere Recherchemöglichkeit wäre noch im Bestand GLAK 236/1 Nr. 28 zur Auflösung marxistischer Verbände (1933–1944) gegeben.
172 StadtAF C4/XIII/33/10.
173 Schätzung Max Sasse für die KPD, Freiburg 21.7.1949. StAF F 196/1 Nr. 7758. Sasse hatte früher jüdischen Besitz unter Wert versteigert. Andrea Brucher-Lembach: Wie Hunde auf ein Stück Brot. Arisierung und Wiedergutmachung in Freiburg, Freiburg 2004, S. 110, 252.
174 Karlsruher Zeitung, 6.5.1933. Badisches Gesetz- und Verordnungs-Blatt, 29.7.1933.

175 Oberbürgermeister an Verwaltungsstelle für das marxistische Vermögen, 6.2.1935. StadtAF C4/XIII/33/10.

176 Harden-Rauch an Oberbürgermeister, Freiburg, 5.8.1943. StadtAF C4/XIII/33/10. Horst Ferdinand: Dilger, Joseph Albert (1872–1964), in: Baden-Württembergische Biographien 1 / 1994, S. 63f., https://www.leo-bw.de/detail/-/Detail/details/PERSON/kgl_biographien/1012412962/Dilger+Joseph+Albert [Zugriff 27.9.2022].

177 Badisches Landespolizeiamt an Reichskommissar und Innenminister, Karlsruhe, 6.4.1933; Innenminister an Minister des Kultus und Unterrichts, Karlsruhe, 14.4.1933; Stellungnahme Direktor Rest an Ministerium, Abteilung Kultus und Unterricht, Freiburg, 9.5.1933, alle in UAF B 6/530.

178 Wolfgang Kreutzberger: Studenten und Politik 1918–1933. Der Fall Freiburg im Breisgau, Göttingen 1972, S. 156ff.

179 Kreutzberger 1972, S. 173.

180 UAF B 1/2468 NSDStB (1926–1950).

181 Michael Grüttner: Studenten im Dritten Reich, Paderborn u.a. 1995, S. 76.

182 Giles 1991, S. 44, 49.

183 Soweit nicht anders angegeben, siehe im Folgenden Tiesenhausens NSDAP-Gau-Personalakte. Ihr ist zu entnehmen, dass er eine große Fülle an Dienststellungen in der NSDAP und ihren Gliederungen innehatte, wo er meist mit Propaganda befasst war. So war er unter anderem Adjutant und persönlicher Referent des NSDStB-Reichsführers in Berlin und als Bannführer Mitarbeiter der HJ-Gebietsführung Baden. Zuletzt arbeitete er als Gauhauptstellenleiter im Propagandaamt der NSDAP-Baden-Elsass. GLAK 465 d Nr. 558.

184 Zu den Ereignissen siehe Freiburger Zeitung, 11.2.1931. Ebenfalls noch im Februar 1931 führten Polizei und Staatsanwaltschaft Ermittlungen gegen Freiburger Nationalsozialisten wegen des Verdachts des Hochverrats und Vergehen gegen das Republikschutzgesetz durch. Dabei durchsuchten sie unter anderem die Wohnung von Tiesenhausen, stellten die Ermittlungen aber ein, weil das gefundene Material als nicht belastend genug angesehen wurde. StAF A 40/1 Nr. 301.

185 Siehe z. B. Volkswacht, 13. und 18.7.1932.

186 Freiburger Studentenzeitung, 2.5. und 16.5.1933. In der Literatur, aber auch in Quellen wird Künzels Vorname oft falsch mit Erwin statt Ermin angegeben.

187 Siehe dazu allgemein: Heiko Wegmann: Zur Geschichte der SS in Freiburg im Breisgau. Aufbau, Mitglieder und Akteure, in: Robert Neisen / Heinrich Maulhardt / Konrad Krimm (Hg.): Kommunen im Nationalsozialismus. Verwaltung, Partei und Eliten in Südwestdeutschland, Oberrheinische Studien, Bd. 38, Ostfildern 2019, S. 287–320.

188 SS-Personalbogen vom 20.8.1935. BArch R 9361-III/110453. Zu Künzel siehe im Folgenden auch BAB R 9361-III/538504 und R 9361-II/597514 und sowie Kapitel 6.10 und 6.12.1.

189 Biografische Datenbank des Autors zur südbadischen SS.

190 Zu Haubold und Riedel siehe Der Alemanne, 28.4. und 21.6.1933, Freiburger Zeitung, 2.5. und 16.6.1933, Breisgauer Zeitung, 27.7.1933, Freiburger Studentenzeitung, 2.5.1933.

191 Ermin Künzel: Bericht Nr. I, Kreis VI, NSDStB, vom 2.6.1933. BAB NS 38/3738.

192 Toussiant 1984, S. 160.

193 Ralf Maus wurde noch von Tiesenhausen (kurz vor dessen Versetzung) als Leiter des Wirtschaftsamts der Studentenschaft und als Referent bzw. Schriftleiter der Studentenzeitung eingesetzt. Freiburger Studentenzeitung, 2.5.1933, siehe auch die Ausgaben Juni und Juli 1933.

194 Schreiben und Liste aus GLAK 235/7470 sind dokumentiert bei Toussaint 1984, S. 201f., 160.

195 Abschrift. Der Führer der Studentenschaft der Universität Freiburg, Künzel, ohne Datum [Mai 1933]. StadtAF C4/XII/30/07.
196 Angaben Düsselmanns zu seiner Person, Freiburg, 22.8.1934. UAF B 0070/71. Das Semester begann am 15. April, Vorlesungsbeginn war der 25. April. Vorlesungsverzeichnis Uni Freiburg, SoSe 1933, S. 1. In der von Hans von Tiesenhausen als Wahlleiter veröffentlichten Wahlliste zu den AStA-Wahlen im Sommersemester 1932 wurde er auf der Liste der „Nationalen Studentenschaft" als cand. med. Heinz Düsselmann geführt. Freiburger Studentenzeitung, 13.7.1932.
197 Ein weiterer Beteiligter hieß von Schalk, über den nichts Näheres bekannt ist.
198 SS-Ärztlicher Untersuchungsbogen Düsselmann, 6.4.1938. BArch R 9361-III/34877.
199 Dr. Lengle, Direktion Berthold-Gymnasium an Minister des Kultus, Unterrichts und der Justiz, Abtlg. Kultus und Unterricht, Freiburg, 25.5.1933. StadtAF C4/XII/30/07.
200 Straub an Lengle, 19.6.1933. StadtAF C4/XII/30/07.
201 Baur, Direktion der Handelsschule an Pressestelle, 7.6.1933. StadtAF C4/XII/30/07.
202 Direktion der Mädchenoberrealschule mit Mädchengymnasium Hindenburgschule an Pressestelle, Freiburg 25.5.1933. StadtAF C4/XII/30/07.
203 Zur Person siehe Grete Borgmann: Dr. phil. Johanna Kohlund: 1878–1968. Die „Grande Dame" der frühen Freiburger Frauenbewegung, in: Isolde Tröndle-Weintritt (Hg.): „Nun gehen Sie hin und heiraten Sie!". Die Töchter der Alma mater im 20. Jahrhundert, Freiburg i.Br. 1997, S. 15–43, hier 22, 15.
204 Ebenda.
205 Beschluss an die Direktion der Hindenburgschule z.H. des Herrn Direktors Weber, Freiburg, 20.6.1933. StadtAF C4/XII/30/07.
206 Diese Aussage tätigte Berger am 23.8.1933 bei einer Vernehmung durch Stadtrechtsrat Brandel. Er musste sich hier rechtfertigen, weil ihm Mitarbeiter vorwarfen, sich kritisch gegen die „Säuberungen" geäußert zu haben. StadtAF D.Pe. 310/11.
207 Abschriften von Düsselmanns Listen der aus der Schüler- und der Lehrerbibliothek des Realgymnasiums entnommen Bücher, Freiburg, 20.5.1933. StadtAF C4/XII/30/07.
208 Direktor Rest an die Studentenschaft, Freiburg 24.5.1933. UAF B 6/530.
209 Etwas widersprüchlich erscheint die Formulierung, sie seien beide ausgefallen, gleichzeitig aber auch schlechter besucht als erwartet gewesen. Hainmüller 1998, S. 43ff. Von einer Absage wegen starken Regens spricht auch Wöhrle 2011, S. 567.
210 Sonderbeilage „Der junge Freiheitskämpfer", Der Alemanne, 7.5.1933.
211 Werner Bauer: Am 29. Juli 1932 sprach der Führer in Freiburg. „... für Schüler auf das strengste untersagt", Der Alemanne, 19.4.1939.
212 Ebenda.
213 Wöhrle 2011, S. 559f.
214 Zur Person siehe Wöhrle 2011.
215 Zahlenangaben nach HJ-Gebietsführer Kemper, Der Führer und Der Alemanne, 7.5.1933, Freiburger Zeitung, 4.12.1933; zu 1935 siehe Wöhrle 2011, S. 576; zur Ernennung siehe Der Alemanne, 29.4.1933.
216 Ingeborg Wiemann-Stöhr: Die pädagogische Mobilmachung. Schule in Baden im Zeichen des Nationalsozialismus, Bad Heilbrunn 2018, S. 248. Siehe dort auch insgesamt das Kapitel Lehrerschaft und HJ: Konkurrenten, Partner oder das Gerangel um Macht, S. 247–262.
217 Freiburger Zeitung, 26.6.1933.
218 Badische Presse, 1.8.1933, zu Freiburg siehe Freiburger Zeitung, 18.09.1933.
219 Der Alemanne, 5.12.1934.
220 Alemanne, 27.4.1933.
221 Wiemann-Stöhr 2018, S. 252–256. In beiden Fällen wurden die Direktoren später ihrer

Ämter enthoben: In Konstanz wurde der Demokrat Max Breithaupt (1888–1965) 1937 aus politischen Gründen abgesetzt und ans Friedrich-Gymnasium Freiburg versetzt, während der dortige Direktor, der Nationalsozialist Franz Josef Köbele, wegen dienstlicher Vernachlässigung der Aufgaben an der Schule gehen musste. Sicher hatten die niedrigen HJ-Quoten einen Einfluss.

222 Dies wurde als Beweis ihrer Schwäche interpretiert. Hainmüller 1998, S. 45.

223 „Die Übungen haben militärischen Charakter, Oberstkommandierender der Hitlerischen Kniehosengarde ist Fritz Hauger (Nägeleseestr. 47 wohnhaft)." Volkswacht, 28.7.1932, siehe auch 7.9.1932.

224 Volkswacht, 2.7.1932, Freiburger Zeitung, 4.7.1932.

225 Der Alemanne, 11.6.1933.

226 Details zur Strafe konnten nicht gefunden werden. Zur Strafhöhe: 1932 verurteilte das Amtsgericht Lörrach mehrere SA-Männer wegen eines illegalen Waffen-Arsenals zu dreimonatigen Haftstrafen sowie den Pfarrer Gäßler zu 150 Mark Strafe wegen illegalen Waffenbesitzes und -schmuggels. Volkswacht, 9.7.1932. Zu Kukuk siehe: Michael Buddrus: Totale Erziehung für den totalen Krieg. Hitlerjugend und nationalsozialistische Jugendpolitik, München 2003, S. 1174; zu Kukuk siehe weiter Kapitel 6.11 und 6.12.2.

227 Zu Vossler siehe die Personalakten BArch PK 583 und R 55/22943 sowie Der Alemanne, 21.6.1934.

228 Dem war eine längere Kampagne gegen Bloch im „Alemannen" vorausgegangen. Die Tatsache, dass Wyl über den Überfall in seinem schon 1938 erschienenen Buch berichtet hatte, führte nach dem Krieg zu einem Strafverfahren. Berckmüller wurde 1950 vom Landgericht Freiburg wegen der Tat zu einem Jahr und drei Monaten Gefängnisstrafe verurteilt. Hans von Wyl: Ein Schweizer erlebt Deutschland, Zürich 1938, S. 36ff.; StAF F 176/13 Nr. 1307, Bd. 1–5. Gustav Bloch wurde 1944 im Vernichtungslager Fort IX in Kaunas (Litauen) ermordet. http://www.juden-in-sulzburg.de/person/bloch-gustav-2 [Zugriff 5.8.2022].

229 Die Angaben über Funktionen sind nicht immer kongruent. Knoll firmierte in einem Aufruf schon im Juli 1933 als Bannführer 113 (Der Alemanne, 2.7.1933). Er wurde zum 1.2.1935 nach Heidelberg berufen und übergab den Bann an Karl Friedrich. Der Alemanne, 31.1.1935, Freiburger Zeitung, 1.2.1935.

230 BA-MA PERS 6/71164 Alfred Tröller.

231 Der Führer, 4.3.1933, Der Alemanne, 5.3.1933.

232 In seiner Stellungnahme vom 26.6.1933 warnte Aufhammer davor, dass Meier und Genossen, soweit sie noch auf freiem Fuße (also nicht in „Schutzhaft") seien, einen Gegenschlag gegen die „nationale Revolution" vorbereiteten. StadtAF C4/XIII/24/06.

233 Volkswacht, 13.und 14.7.1932.

234 Der Alemanne, 2.5.1933. Brenner wurde von Kemper auch zum Freiburger Kreisjugendführer ernannt (Freiburger Zeitung, 17.8.1933). Im September d. J. wurden Leibesübungen und Jugendpflege organisatorisch getrennt, Brenner war somit nur noch für letztere verantwortlich. Der FA wurde anschließend aufgelöst. Freiburger Zeitung, 21.9.1933.

235 Der Landbote / Sinsheimer Zeitung, 9.5.1933.

236 Badische Presse, 1.6.1933.

237 Freiburger Zeitung, 17.8.1933.

238 Siehe zum weiteren Lebensweg von Werner Stübel BArch R 9361-III/203762 und weiter Kapitel 6.12.2. Speth wurde in Presseberichten öfter Späth geschrieben.

239 Der Alemanne, 8.5.1933.

240 Ebenda.

241 Der Alemanne, 14.5.1933.
242 Badische Presse, 12.5.1933, Breisgauer Zeitung, 13.5.1933.
243 Der Alemanne, 11.6.1933.
244 Freiburger Zeitung, 26.6.1933.
245 Der „Kampfaufruf" wurde abgedruckt in: Der Führer, 27.6.1933. Begleitend erschien allerdings schon vorab eine Ausgabe über Badische Heimatdichter in der Beilage „Rasse und Volk" zur Ausgabe Der Führer, 25.6.1933; Karlsruher Zeitung, 30.6.1933, Der Führer, 1.7.1933.
246 Der Alemanne, 2.7.1933. Bei der „Bewuvo – Bewegung und Volksgesundheit" handelte es sich um die „Südwestdeutsche Ausstellung für Kraft und Lebensfreude" vom 17. bis 25. Juni in der städtischen Festhalle in Verbindung mit einem breiten Veranstaltungsprogramm, darunter die „Freiburger Geländesportwoche" des FA. Sonderbeilage in Der Alemanne, 17.6.1933.
247 Siehe dazu den „Aufruf zur Bekämpfung der Gegenrevolution", Der Alemanne, 2.7.1933. Der „Pressekampf" kann an dieser Stelle nicht vertieft werden. Siehe dazu Thomas Schnabel: Freiburger Pressekampf zu Beginn des Dritten Reiches, in: Freiburger Almanach, Bd. 1986, S. 61–67 und Bd. 1987, S. 63–67.
248 Der Alemanne 8.7.1933.
249 Der Hauptlehrer an der Hebelschule Emil Kunzmann gehörte der NSDAP seit 1931 an und war nebenbei Mitarbeiter des „Alemannen" (Kürzel „Kzm."). Er wurde im Juli 1933 im Zuge der „Gleichschaltung" zum 1. Vorsitzenden der Freiburger Turnerschaft von 1844 gewählt und 1934 zum Rektor der Hansjakob-Schule und zum Stadtschulrat befördert. Der Alemanne, 20.7.1933; StAF D 180/2 Nr. 215036.
250 Der Alemanne, 10.7.1933.
251 Ebenda.
252 Ebenda.
253 Ebenda.
254 Schwarzweber war seit 1926 Vorsitzender der Ortsgruppe Freiburg der „Badischen Heimat" und Gründungsmitglied der Freiburger „Geographischen Gesellschaft". Mohr steuerte ein Geleitwort bei zu Hermann Schwarzweber: Südtirol, ein deutsches Volksschicksal, Freiburg 1934, Sonderdruck aus den Mitteilungen der geographischen Fachschaft der Universität Freiburg i.Br., Heft 13/14, Wintersemester 1932/33.
255 Der Alemanne, 10.7.1933.
256 Der Alemanne, 16.7.1933.
257 Karl Willy Straub: Karl Willy Straub über sich selbst, in: Ekkhart, Jahrbuch für das Badner Land, hgg. von Hermann Eris Busse im Auftrag des Landesvereins Badische Heimat, 15. Jg. / 1934, S. 64f.
258 Der Alemanne, 19. und 20.7.1933.
259 Mohrs Rede wurde abgedruckt in: Der Alemanne, 21.7.1933.
260 Der Alemanne, 21.7.1933.
261 Zum Antisemitismus bei Stolz und Hansjakob siehe Manfred Hildenbrand: Heinrich Hansjakob. Rebell im Priesterrock, Haslach i. K. 2000, S. 180–188.
262 Ursula Speckamp: Frauenpersönlichkeiten – Frauenemanzipation. Heinrich Hansjakob über die Frauen, in: Badische Heimat, Dezember 2019, S. 595–606, hier insb. S. 603ff.
263 Siehe die Kapitel zu diesen Stichworten bei Hildenbrand 2000.
264 Zum folgenden siehe Manfred Hildenbrand: Heinrich Hansjakob im Lichte des Nationalsozialismus. Zur Rezeption des Haslacher Schriftstellers im Dritten Reich, in: Badische Heimat 3 / 2015, S. 450–456.
265 Zitiert nach Hildenbrand 2015, S. 454.

266 Bettina Wild: Topologie des ländlichen Raums. Berthold Auerbachs „Schwarzwälder Dorfgeschichten" und ihre Bedeutung für die Literatur des Realismus. Mit Exkursen zur englischen Literatur, Würzburg 2011.

267 Siehe zu diesem Vorgang das Zugangsbuch „A F R C D Nog. 1939–40" der UB Freiburg, Einträge 1221 bis 1227 und 1245 bis 1249, erfasst am 24.11.1939.

268 Harden-Rauch wurde durch die NSDAP-Gaukulturstelle mit der Herausgabe einer dreibändigen Sonderausgabe der Schriften Hansjakobs beauftragt. Dabei ging es darum, ihn ‚einzupassen': „Er stellte drei Bände mit Erzählungen aus Hansjakobs Volksbüchern zusammen und gab ihnen die neuen Titel ‚Wälderbub', ‚Schwarzwälderblut' und ‚Haslacher Leut'. Dabei entfernte er alle für Hansjakob so typischen ‚Schlenkerer', da sie zu ‚zeitbedingt' seien und ‚nicht in unsere Zeit' hineinpassten." Hildenbrand 2015, S. 453.

269 Landeskommissär Schwoerer an Kerber, 10.8.1933, Speth an Kerber, 24.8.1933. StadtAF C4/XIII/32/01.

270 Speth an OB Kerber, 24.8.1933. StadtAF C4/XIII/32/01.

271 Der Alemanne, 6.9.1933, Freiburger Zeitung und Der Alemanne, 16.10.1933.

272 Der Alemanne, 25.2.1934.

273 Einladung Bannführer Kukuk an OB Kerber, Freiburg i.Br., 18.6.1934. StadtAF C4/XIII/32/01; Der Alemanne, 25.6.1933.

274 Einige Vorgänge dieser Art in Bezug auf die SS finden sich in StadtAF C4/XIII/31/06.

275 Leiter des Verwaltungsamtes HJ-Gebiet 21 an OB Kerber, Karlsruhe, 1.6.1935. Siehe zum Thema Raummieten und Straßenbahngebühren z. B. auch die Intervention von HJ-Gebietsführer Kemper bei OB Kerber, 8.12.1934. StadtAF C4/XIII/32/01.

276 Hainmüller 1998; Heiko Haumann: Heinrich Bieg. Ein deutscher Nazi in der Schweiz, in: Schweizerische Zeitschrift für Geschichte, Heft 3/2009, S. 298–328.

277 Buddrus 2003, S. 237, 1089.

278 Klaiber schrieb für den KfdK über „Die neue Büchereipolitik" in der Breisgauer Zeitung, 10.5.1933. Zu ihm siehe Kapitel 4.2, 5.2 und 5.5 sowie Toussiant 1984, S. 46f., 171ff.

279 Hans Teichmann: Kultur und Staat, Freiburger Zeitung, 16.12.1930. Das Hauptreferat bei der Gründung hielt Ing. Emil Ritter, Grußworte schickte der Dichter Hermann Burte. Zum Thema „Kulturbolschewismus" siehe auch die Beiträge von Curt Hotzel und Hilde Wolff-Willinger, Freiburger Zeitung, 24.8. und 7.9.1930.

280 Guido Fackler: Das Freiburger Stadttheater und die Jazzmode. Zur Rezeption von Tanz und Unterhaltungsmusik in der Weimarer Republik, in: Beiträge zur Volkskunde in Baden-Württemberg, Bd. 6, Stuttgart 1995, S. 246–297; ders.: „Ein Geschenk trostlosester Unkultur an das erste Kulturvolk der Erde". Zum Umgang mit fremdartiger Jazzmusik im Freiburg der Weimarer Republik, in: Allmende – Zeitschrift für Literatur, Nr. 42/43 (1994), S. 154–175.

281 Hilde Wolff-Willinger (Freiburg): Nochmals: „Kulturbolschewismus", Freiburger Zeitung, 7.9.1930.

282 Szilagi: „Was will der Kampfbund für deutsche Kultur?" sowie Versammlungsbericht „Auch Gleichschaltung auf kulturellem Gebiet", Der Alemanne, 30.4./1.5.1933. Zu untersuchen wäre auch das Verhältnis des KfdK zur Freiburger „Abteilung für Rasse und Kultur der NSDAP" unter Pg. Hubert Ruh, die 1932 mit einer Veranstaltung über „völkische Kulturanschauung" in Erscheinung trat. Der Alemanne, 27.3.1932.

283 Ebenda, sowie Adressbuch Freiburg 1933, Abt. III, S. 103. Szialagi wurde später als „alter Kämpfer" der NSDAP in Freiburg geehrt und Arbeitsamtsdirektor in Hannover, Der Alemanne, 20.5.1939.

284 Schreiben Kampfbund an Kerber vom 23.4.1933. StadtAF C4/VI/12/03; Protokoll der

Sitzung des Stadtrates vom 24.5.1933; Schreiben NS-Fraktion an Kerber vom 30.9.1933 und Kerber an Szilagi. StadtAF C4/XII/29/04 resp. /05; Freiburger Zeitung, 9.5.1933.
285 Freiburger Zeitung, 5.9.1933.
286 Freiburger Zeitung, 30.9.1933.
287 Freiburger Zeitung, 21.8.1933.
288 Freiburger Zeitung, 4.7.1934. Bei der Freiburger „Kulturgemeinde" hielt Karl Willy Straub 1935 einen Vortrag über sein Herzensthema „Architektur als Ausdruck der Gesinnung". Freiburger Zeitung, 25.4.1935.
289 Phase 1, siehe http://www.verbrannte-buecher.de/?page_id=68 [Zugriff 29.6.2022].
290 An diesem Tag wurde auch das Freiburger Gewerkschaftshaus am Schwabentorplatz gestürmt und von der NSDAP in Besitz genommen. Freiburger Zeitung, Breisgauer Zeitung sowie Der Alemanne, 18.3.1933.
291 Der Bericht wurde 1940 verfasst. Vordtriede 1999, S. 77–80.
292 Käthe Vordtriede: „Mir ist es noch wie ein Traum, dass mir diese Flucht gelang…", Briefe nach 1933 aus Freiburg, Frauenfeld und New York an ihren Sohn Werner, hgg. von Manfred Bosch, Lengwil 1998, S. 12.
293 Ebenda.
294 Freiburger Studentenzeitung, Nr. 2, 2.5.1933, S. 2.
295 Der Alemanne, Freiburger Zeitung sowie Breisgauer Zeitung, 8.5.1933.
296 Koltan 1993, S. 6.
297 Diese Aufforderung stand am Ende eines Artikels über die Aktionen in Berlin. Freiburger Zeitung, 8.5.1933.
298 Es ist bemerkenswert, dass er eine von Deutschland kolonisierte Bevölkerungsgruppe mit aufführte. Ludwig Klaiber: Neue deutsche Büchereipolitik, Der Alemanne, 9.5.1933 sowie Breisgauer Zeitung, 10.5.1933.
299 Koltan 1993, S. 6f.
300 Ritter 2006, S. 802. Zur Entnazifizierung und Ritters Rolle siehe Silke Seemann: Die politischen Säuberungen des Lehrkörpers der Freiburger Universität nach dem Ende des Zweiten Weltkrieges (1945–1957), Freiburg i.Br. 2002, S. 89.
301 Heidegger 1976, S. 282.
302 Hachmeister 2014, S. 60.
303 Hugo Ott: Martin Heidegger. Unterwegs zu seiner Biographie, Frankfurt a.M. 1992, S. 182ff.
304 Zur neueren Debatte um die „schwarzen Hefte" und die Rolle des Antisemitismus in Heideggers Denken siehe Kellerer 2017.
305 Der Alemanne, 3.5.1933; Ott 1992, S. 134.
306 Der Alemanne, 3.5.1933.
307 Zit. n. Martin Heidegger: Reden und andere Zeugnisse eines Lebensweges 1910–1976, Frankfurt a. M. 2000, S. 98.
308 Der Alemanne, 9.5.1933, abgedruckt auch in Heidegger 2000, S. 99.
309 Dazu und zu weiteren Verbindungen in die Führung der Dst. siehe Ott 1992, S. 182ff.
310 Giles 1991, S. 44, 49.
311 Ebenda, S. 44.
312 Grüttner 1995, S. 76.
313 Freiburger Zeitung, 9.5.1933, Der Alemanne, 10.5.1933. Heidegger wandte sich noch am 5.2.1934 in persönlichem Ton an ihn als „Lieber Herr Dr. Stäbel!". Heidegger 2000, S. 246.
314 Der Alemanne, 11.5.1933.
315 Götz von Olenhusen 1964 und sich darauf stützend Kreutzberger 1972, S. 173.
316 Ernesto Grassi: Macht des Bildes: Ohnmacht der rationalen Sprache. Zur Rettung des Rhetorischen, Köln 1970, S. 11.

317 Vorlesungsverzeichnis Universität Freiburg, Sommersemester 1933, S. 57.
318 Grassi war in jüngeren Jahren liberal-katholisch und antifaschistisch eingestellt. Er lebte mit Unterbrechungen von 1928 bis 1938 in Freiburg. Im Mai 1933 trat er, wohl auch aus Karrieregründen, der faschistischen Partei bei. Ab 1934 leitete er ihre erste Freiburger Auslandsgruppe und rechtfertigte den faschistischen Kolonialkrieg in Abessinien. Ab 1948 war Grassi Ordinarius an der Ludwig-Maximilians-Universität München und wurde 1970 emeritiert. Wilhelm Büttemeyer: Ernesto Grassi. Humanismus zwischen Faschismus und Nationalsozialismus, Freiburg / München 2010, S. 162–175, 384ff.
319 Ott 1992, S. 182.
320 Wettervoraussage und -bericht, Der Alemanne, 10. und 11.5.1933.
321 Abschrift. Der Führer der Studentenschaft der Universität Freiburg, Künzel, ohne Datum [Mai 1933]. StadtAF C4/XII/30/07.
322 Organisationsleiter Abteilung NSDStB der DSt an OB Kerber, Freiburg, 29.5.1933. StadtAF C4/XII/30/07.
323 Beschluss OB Kerber, Freiburg, 31.5.1933. StadtAF C4/XII/30/07.
324 Koltan 1993, S. 10.
325 Erste Ankündigung in Der Alemanne, 12.6.1933.
326 So Schnabel 1983 und Hainmüller 1998.
327 Die Kampfwoche wurde gleich nach dem 10. Mai für ganz Baden angekündigt. Badische Presse, 12.5.1933.
328 Der Alemanne, 14.6.1933.
329 Programm siehe Der Alemanne, 17.6.1933.
330 Freiburger Zeitung, 14.6.1933; Der Alemanne, 16. und 17.6.1933. Wie hier nicht zuletzt die Jugend für den Kampf gegen politische Gegner motiviert wurde, versinnbildlicht folgender Programmpunkt des Treffens: Der Polizeisportverein führte im Winterer-Stadion ein „Bild aus den trüben Tagen" auf. Dabei wurde eine „ahnungslos marschierende Truppe Hitlerjugend" dargestellt, die „plötzlich aus dem Hinterhalt von einer solchen Terrorbande im Moskowiter- und Reichsbannerkleid überfallen und mit Maschinengewehr zu Boden gestreckt" wurde. Die Rettung brachte dann die Polizei, die die Antifaschisten stellte und in einem Feuergefecht unter Einsatz von Handgranaten, Maschinengewehren und Sturmangriff mit Bajonetten niederkämpfte. Der Alemanne, 19.6.1933.
331 Siehe zum folgenden die Anregungen von Straub an Kerber, 16.6.1933, sowie vor allem die Vermerke und Beschlüsse von Kerber vom 17.6.1933 und 13.7.1933.StadtAF C4/XII/30/07.
332 Gottfried Zipf wohnte in der Friedrichstraße und war laut Adressbuch Sattler und Tapezierer. Es erschließt sich also auf den ersten Blick nicht, warum die Fackeln bei ihm beschafft wurden. Allerdings dürfte es sich um eine Seilschaft gehandelt haben: Gottfried gehörte nämlich ebenso wie Karl Zipf zu den 15 Personen, die im April 1923 versucht hatten, eine Freiburger Ortsgruppe der in Baden verbotenen NSDAP zu gründen. Karl Zipf war von Juni 1931 bis November 1938 Leiter der NSDAP-Ortsgruppe Haslach. Volkswacht, 30.11.1923; Der Alemanne, 10.11.1938.
333 Vermerk OB Kerber, Freiburg 17.6.1933. StadtAF C4/XII/30/07.
334 Städtische Pressestelle, 16.6.1933. StadtAF C4/XII/30/07; siehe auch Meldung in Der Alemanne, 17.6.1933.
335 Vermerk OB Kerber, 17.6.1933. StadtAF C4/XII/30/07.
336 Grüttner 1995, S. 76.
337 Der Alemanne, 20.6.1933.
338 Der Alemanne, 19.6.1933.

339 Eine denkbare weitere Quelle ist die von Kemper ab Juli 1933 herausgegebene Zeitschrift „Die Volksjugend, Amtliches Verkündigungsblatt des badischen Landesausschusses für Jugendpflege und der badischen Jugendherbergen“ aus dem Führer-Verlag Karlsruhe. Sie ist nur in der Deutschen Nationalbibliothek in Leipzig verfügbar. Nach Mitteilung der DNB vom 2.8.2022 enthielten die ersten vier Ausgaben aber keine Berichte oder Fotos. Eine eigene Auswertung vor Ort, auch in Hinsicht auf spätere Rückblicke, konnte hier nicht erfolgen.
Bereits am 22. Juni wurde im Rahmen der Ausstellung „Bewuvo“ ein Film über das Geländesporttreffen aufgeführt. Vielleicht könnte dieser weitere Aufschlüsse geben. Der Alemanne, 22.6.1933.
340 Der Alemanne, 20.6.1933.
341 Über Sperber konnten keine Informationen gefunden werden. Möglicherweise handelte es sich um ein Pseudonym. Der Zusatz „NSStK“ im Artikel verweist darauf, dass er Mitglied der 1931 gegründeten NS-Studentenkampfhilfe war, die als Altherrenbund den NSDStB förderte.
342 Der Alemanne, 21.6.1933; Freiburger Zeitung, 22.6.1933.
343 Dem Kapellmeister a.D. und Vertreter der Krupp AG Georg Zörgiebel wurden bereits ein Jahr später erhebliche persönliche „Verfehlungen“ vorgeworfen. Er wurde laut Pressebericht seiner Posten enthoben, aus der NSDAP und SA ausgeschlossen und deren Akten über ihn wurden der Staatsanwaltschaft übergeben. Freiburger Zeitung, 14.7.1934.
344 Freiburger Zeitung, 21.6.1933.
345 Freiburger Zeitung und Der Alemanne, 23.6.1933.
346 Heidegger 2000, S. 130.
347 Rudolf Stadelmann: Bismarckrede am Sonnenwendfeuer der Studentenschaft 1933, in: Freiburger Studentenzeitung, 27.7.1933, S. 4f.
348 Freiburger Zeitung, 26.6.1933.
349 Freiburger Zeitung, 26.6.1933.
350 Heidegger 2000, S. 131.
351 Berichte in Freiburger Zeitung und Breisgauer Zeitung, 26.6.1933; Der Alemanne, 27.6.1933; Freiburger Studentenzeitung, Nr. 6, 27.7.1933, S. 4.
352 Vordtriede 1999, S. 80.
353 Ebenda.
354 Der Alemanne, 3.5.1933.
355 Auch in Karlsruhe war die Beteiligung wegen des Regens mäßig. Der Alemanne, 11.6.1933, Karlsruher Zeitung, 19.6.1933. Siehe weiter Ernst Otto Bräunche: Die Bücherverbrennung am 17. Juni 1933 auf dem Schloßplatz in Karlsruhe, Vortrag vom 17. Juni 2008, https://stadtgeschichte.karlsruhe.de/erinnerungskultur/erinnerungskultur-im-oeffentlichen-raum/karlsruher-stelen/buecherverbrennung-1933/vortrag-ueber-die-buecherverbrennung [Zugriff 9.12.2022].
356 Wolfram Wette: Bücherverbrennung im Sonnwendfeuer des Jahres 1933, in: „Hier war doch nichts!“ Waldkirch im Nationalsozialismus, hgg. von Wolfram Wette, Bremen 2020, S. 94–97, hier S. 95.
357 Der Alemanne, 11.6.1933.
358 Der Alemanne, 19.6.1933. Im Juli brachte der Alemanne einen Bericht von der Fakultätsfeier für den „weit über Deutschlands Grenzen hinaus bekannten und hochangesehenen“ Prof. Karl Diehl, der in den Ruhestand trat. Der Alemanne, 23.7.1933.
359 Zum Ereignis siehe die gleichlautenden Berichte in Freiburger Zeitung, Karlsruher Zeitung und Badische Presse, 29.6.1933, die Zeitzeugenaussage von Ernst Reif in Hainmüller 1998, S. 103, sowie UAF B 1/2555. In der Senatssitzung der Universität

vom 12.7.1933 erkundigte sich Prof. Eucken nach dem Aufsichtsrecht des Rektors in dieser Sache. Heidegger lehnte es jedoch ab, einzuschreiten, bevor eine Stellungnahme des Ministeriums vorliege. Senatsprotokoll in UAF A 10/109.

360 https://stadtgeschichte.karlsruhe.de/erinnerungskultur/erinnerungskultur-im-oeffentlichen-raum/karlsruher-stelen/buecherverbrennung-1933 und https://verbrannte-orte.de/ [Zugriff 12.12.2022].

361 Freiburger Zeitung, 20.6.1933; Der Alemanne, 21. und 22.6.1933.

362 Freiburger Zeitung, 20.6.1933; Der Alemanne, 27.6.1933.

363 Freiburger Zeitung, 20.6.1933.

364 Der Alemanne, 24.6.1933.

365 Der Alemanne, 22. und 24.6.1933.

366 Freiburger Zeitung, 20.6.1933.

367 Der Elztäler, 13. und 16.6.1933; Wette 2020.

368 Freiburger Zeitung, 20.6.1933.

369 Der Alemanne, 22.6.1933.

370 Der Alemanne, 28.6.1933.

371 Der Alemanne, 24.6.1933.

372 In Lahr wurde die Aktion ebenfalls vom 17. auf den 23. oder 24. Juni in Verbindung mit einer Sonnwendfeier auf dem Langenhard-Berg verschoben. Daran sollen angeblich 3.000 Schülerinnen und Schüler teilgenommen haben. Am 29. Juni erfolgte eine Bücherverbrennung in Schuttern. Dabei warf der dortige Hauptlehrer Fehrenbacher auch ein Bündel Ausgaben des katholischen Lahrer Anzeiger ins Feuer und äußerte sich despektierlich darüber. Jürgen Stude: Die Bücherverbrennung vor 70 Jahren auf dem Langenhard. „Säuberung" der Stadtbücherei, Badische Zeitung, 26.6.2003 (hier ist fälschlich vom 17. März statt Juni die Rede).

373 Der Alemanne, 24.6.1933.

374 Freiburger Zeitung, 20.6.1933; Der Alemanne, 27.6.1933.

375 Befehl des Führers der HJ-Schar Emmendingen vom 13.6.1933, Privatarchiv Hans-Jürgen Günther.

376 Ebenda. Nach eigenen Angaben hat Hans-Jürgen Günther das Thema Bücherverbrennung in Emmendingen erstmals in einem 1999 erschienenen Jubiläumsbuch des Emmendinger Goethe-Gymnasiums angesprochen (S. 96).

377 Ankündigung der Bücherverbrennung durch Rolf Helber, Breisgauer Nachrichten, 16.6.1933.

378 Breisgauer Nachrichten, 20.6.1933; Der Alemanne, 22.6.1933.

379 Der Alemanne, 22.6.1933.

380 Der Alemanne, 28.6.1933.

381 Freiburger Zeitung, 26.6.1933.

382 Der Alemanne, 9.3.1934.

383 Die hier im folgenden beschriebenen Übergriffe und der dabei erfolgte Bücherraub werden von Clausing erwähnt, nicht aber die beabsichtigte Verbrennung. Kathrin Clausing: Leben auf Abruf. Zur Geschichte der Freiburger Juden im Nationalsozialismus, Freiburg i.Br. 2005, S. 264.

384 Eidesstattliche Versicherung von Dr. Kurt Stern, z. Zt. Basel 30.7.1962. StAF F 196/1 Nr. 4281, Pag. 245–253, hier S. 2.

385 Diese staatliche Enteignung wie auch die erhobene Reichsfluchtsteuer und andere Kontributionen sind im Fall Stern ausführlich dokumentiert in StAF F 196/1 Nr. 4281.

386 Eidesstattliche Versicherung von Kurt Stern, 30.7.1962. StAF F 196/1 Nr. 4281, S. 4.

387 StAF F 196/1 Nr. 4281; https://www.stolpersteine-in-freiburg.de/stolpersteine/julie-regine-stern/ [Zugriff 13.12.2022].

388 Im Zuge eines Entschädigungsverfahrens beauftragte das Landesamt für die Wiedergutmachung die Kriminalpolizei, frühere Hausnachbarn zu den Ereignissen zu befragen. Ein Nachbar und eine Nachbarin gaben an, davon nichts zu wissen, und baten darum, nicht (offiziell) vernommen zu werden. Der vereidigte öffentliche Auktionator Christian Theodor Frey, der die Familie Stern gut kannte, konnte sich 1962 nicht mehr an Details erinnern. Er bestätigte aber unter anderem, dass „vor der endgültigen Auswanderung des Verstorbenen nach Holland ein großer Teil der Kunstgegenstände und auch viele Bücher, die im Dritten Reich unter den Begriff Schundliteratur fielen, inzwischen mehr oder weniger gewaltsam abgeholt worden waren und wahrscheinlich wie große Teile der [sehr wertvollen, H.W.] Briefmarkensammlung des Verstorbenen nie zu den Behörden gelangt sind, sondern in den Taschen der damit betrauten oder ohne Auftrag handelnden SS-Leute verschwanden." Stellungnahme Frey vom 1.12.1962. StAF F 196/1 Nr. 4281.

389 Siehe als ersten Schritt die Verfügung von Direktor Rest vom 12.5.1933 über „Ausleihen von Büchern nicht nationaler Gesinnung", s.a. seine Ergänzungen vom 22.2.1935. UAF B 6/530.

390 Siehe z.B. das Verzeichnis der von der Polunbi laut Notverordnung (§7) des Herrn Reichspräsidenten vom 4.2.1933 beschlagnahmten Bücher und Zeitschriften (vom 1. März bis 31. Oktober 1933), das 316 Titel sowie den Zusatz „Ferner alle Ehe-, Nacktkultur- und homosexuellen Zeitschriften" enthielt. UAF B 6/530.

391 UB-Direktor Rest an die Studentenschaft, Freiburg, 24.5.1933. UAF B 6/530.

392 Toussaint 1984, S. 109.

393 Abschrift Memorandum Harden-Rauch an Ministerium des Kultus und Unterrichts, 16.1.1936. UAF B 6/530.

394 Stellungnahme Rest an Ministerium des Kultus und Unterrichts, 20.3.1936. UAF B 6/530.

395 Siehe den Schriftverkehr zwischen März 1936 und Januar 1937 in UAF B 6/530.

396 Badisches Landeskriminalamt an Polizeidirektor Freiburg (zur Kenntnis auch der UB Freiburg), Karlsruhe, 28.8.1936. Listen von der Kriminalpolizei beschlagnahmter und an die UB abgegebener Bücher mit Empfangsbestätigungen vom 1.9.1936 und 2.11.1936. Harden-Rauch an UB, 7.1.1937. UAF B 6/530.

397 Abschrift Weber an Geheime Staatspolizei, Freiburg, 11.10.1936; Abschrift Landeskriminalpolizeistelle / Gestapo an Rektor der Universität, 13.10.1936; Rektor Metz an Direktor der UB, 15.10.1936. UAF B 6/530.

398 Rest an das Akademische Rektorat, 15.1.1937. UAF B 6/530.

399 Rest an Bibliothekar Dr. Jürgens, 22.6.1938. UAF B 6/530.

400 Rang an Rest, Berlin 5.8.1938. UAF B 6/530.

401 Rest an Akademische Lesehalle, 22.7.1936. UAF B 6/530.

402 Toussaint 1984, S. 113f.

403 August Bebel: Aus meinem Leben. Erster Teil, zweite Auflage, Stuttgart 1911, UB-Signatur: S 1349,a-1. Der Titel ist im Zugangsbuch UB Freiburg 1939–40 mit der Zugangsnummer 1252 am 24.11.1939 erfasst. Der Eintrag muss sich aber nicht zwangsläufig auf dasselbe Exemplar beziehen.

404 Vicky Baum: Tanzpause, Stuttgart 1926. UB-Signatur TM 71 686. Zugangsbuch UB Freiburg 1939–40, Zugangsnummer 1269, erfasst am 27.11.1939. Bei „Harmonie Mosbach" könnte es sich um einen bürgerlichen Verein wie die Freiburger „Harmonie Lesegesellschaft" gehandelt haben, aber zum Beispiel auch um einen Arbeitergesangsverein.

405 Erich Czech-Jochberg: Hitler. Eine Deutsche Bewegung, Oldenburg i. O. 1930 (UB-Signatur: H 2804 scf). Zum Konsumverein siehe Robert Neisen: Zwischen Fanatismus und Distanz. Lörrach und der Nationalsozialismus, Bötzingen 2013, S. 60.

406 Kurt Eisner: Gesammelte Schriften. Erster Band, Berlin 1919 (UB-Signatur: TM 88 5057 1).
407 UB an Collegium Borromäum, 9.11.1938; Rest an Kultusministerium, 24.11.1938. UAF B 6/530. Volkmar Eichstädt: Bibliographie zur Geschichte der Judenfrage, Bd. I: 1750–1848, Hamburg 1938.
408 Regine Dehnel (Hg.): NS-Raubgut in Museen, Bibliotheken und Archiven, hgg. im Auftrag der G. W. Leibniz Bibliothek – Niedersächsische Landesbibliothek, Frankfurt a.M. 2012.
409 Schriftverkehr zwischen Becker, Rest und anderen Juni bis September 1940. UAF B 6/925.
410 Antrag Rest auf Einreiseerlaubnisse bei Polizeidirektion Freiburg, Freiburg, 13.5.1941. UAF B 6/855.
411 Toussaint 1984, S. 115.
412 Harden-Rauch an Rest, Freiburg 7.5.1938. UAF B 6/854. Titel im UB-Katalog: Incipit suma q[ue] vocat[ur] catholicon: Prosodia quedam pars gramatice nūcupatur (D 4654,b). Der Jesuitenorden war bereits 1773 aufgehoben und dessen Kirche in der Bertholdstraße an die Universität übertragen worden.
413 Walter Menzel / Harald Albrecht: Die „Antiquariats- und Exportbuchhandlung Alfred Wolf"– ehemals Hans Peter Kraus und Leo Weiser. Die Geschichte eines Raubunternehmens, in: Dehnel (Hg.) 2012, S. 441–454, hier S. 448f.
414 Christiane Kuller: Die deutschen Finanzbehörden und die Bücher der Deportierten, in: Dehnel (Hg.) 2008, S. 71–84, hier S. 74.
415 Landeszentrale für politische Bildung Baden-Württemberg: „Es war ein Ort, an dem alles grau war…". Die Deportation der badischen Jüdinnen und Juden nach Gurs im Oktober 1940, Stuttgart 2020.
416 Der Polizeiverwaltungsfachmann Josef Lögler übernahm diese Aufgabe nach seinen späteren, im Entnazifizierungsverfahren gemachten Angaben nur auf Weisung und äußerst widerwillig. Ebenso sei er nur auf Druck 1937 in die NSDAP eingetreten. Er konnte tatsächlich nachweisen, dass er wegen Bedenken der NSDAP-Kreisleitung jahrelang nicht befördert worden war. Sie hielt ihm katholische Bindungen vor und zweifelte an seiner politischen Zuverlässigkeit. Nichts destotrotz bereicherte auch er sich an jüdischem Vermögen und musste sich deshalb nach 1945 Restitutionsforderungen stellen. DNZ-Akte Lögler StAF D 180/2 Nr. 16.922; Restitutionsklage Bacharach / Bachmann gegen Lögler StAF F 166/3 Nr. 981; Restitutionsklage gegen Lögler StAF F 166/3 Nr. 2124.
417 Zur Verwertung des Vermögens der 1940 Deportierten siehe Brucher-Lembach 2004, S. 119–152. Die Autorin geht nicht auf die Rolle der UB ein. Bei ihr heißt es lediglich, „Bücher sollten nach Aussonderung von jüdischen und verbotenen Werken an das Gauschulungsamt der NSDAP gehen, ausgenommen davon waren wertvolle Bibliotheken und Fachliteratur" (S. 140). Zum Beispiel der Versteigerung des Hausrates der Geschwister Liefmann inklusive Büchern 1941 siehe dort S. 129.
418 Siehe zum Folgenden auch Toussaint 1984, S. 117–126.
419 Abschrift Rest an Freiburger Oberbürgermeister, 25.3.1946. UAF B 6/854.
420 Durchschrift Rest an Geheime Staatspolizei, 18.11.1940. UAF B 6/854.
421 Abschrift der Antwort von Traub, 19.11.1940. UAF B 6/854.
422 Besprechungsvermerk Beckmann über Gespräch mit Lögler; Beckmann an Heidelberger UB-Direktor Preisendanz, beide 10.12.1940. UAF B 6/854.
423 Abt. für jüdisches Vermögen an UB, 11.12.1940. UAF B 6/854.
424 Abschrift Rest an Freiburger Oberbürgermeister, 25.3.1946. UAF B 6/854.
425 Lautenschlager an UB Freiburg und Begleitschreiben an Beckmann, Karlsruhe 12.12.1940. UAF B 6/854.

426 Bescheinigung Rest für die Abteilung für jüd. Vermögen, 11.1.1941. UAF B 6/854.
427 Siehe dazu u.a. Rest an Freiburger Oberbürgermeister, 25.3.1946; Einnahmenlisten [o.D.]. UAF B 6/854.
428 Rest an Prof. Dr. [Hugo] Friedrich, 7.1.1941. UAF B 6/854.
429 Rest an Kreis-Pflegeanstalt, 21.12.1940 und Rest an Direktor Baumeister, 13.11.1941. UAF B 6/854.
430 Eucken an Rest, Freiburg 22.4.1941; Durchschrift Dietze an Badisches Ministerium für Kultus und Unterricht, 18.7.1950. UAF B 6/854.
431 David Kinley: Money. A Study of the Theory of the Medium of Exchange, New York 1904 (UB-Signatur: BS 14 840).
432 Brucher-Lembach, S. 137; StadtAF C4/XIII/31/06.
433 Abt. für jüd. Vermögen an Rest, 12.12.1941 und Antwort Rest vom 19.12.1941. UAF B 6/854.
434 Kuller 2008, S. 71f.
435 Schriftverkehr Finanzamt Freiburg-Stadt / Rest 27.4. bis 30.6.1942. UAF B 6/854.
436 Touissant 1984, S. 121.
437 Bibliotheksrat Klaiber an Reichsarbeitsdienst Sulzburg, Freiburg 3.2.1944; Klaiber an HJ-Bann 113, Freiburg, 28.6.1944 und 13.9.1944; HJ-Oberscharführer Schreck an Klaiber, Freiburg 29.8.1944. UAF B 6/854.
438 Nathan Rosenberger an Rest, 1.8.1950 und Antwort vom 12.8.1950. UAF B 6/855.
439 Peter Longerich: Heinrich Himmler. Biographie, München 2008, insbesondere S. 84ff. und 265ff.
440 Uwe Schellinger: Die ‚Sonderaktion Heß' im Juni 1941. Beschlagnahmung und Verwertung von Buchbeständen der „Geheimlehren" und „Geheimwissenschaften", in: Dehnel (Hg.) 2012, S. 317–341.
441 Schellinger 2012, S. 322.
442 Zit. n. Schellinger 2012, S. 322.
443 Schellinger 2012, S. 325.
444 Schellinger 2012, S. 325.
445 Longerich 2008, S. 290.
446 Werner Schroeder: Strukturen des Bücherraubs. Die Bibliotheken des Reichssicherheitshauptamtes (RSHA), ihr Aufbau und ihr Verbleib, in: Zeitschrift für Bibliothekswesen und Bibliographie, Heft 5/6, Dez. 2004, S. 316–324.
447 Frank-Rutger Hausmann: Hans Bender (1907–1991) und das „Institut für Psychologie und klinische Psychologie" an der Reichsuniversität Straßburg 1941–1944, Würzburg 2006.
448 Schellinger 2012, S. 334. Siehe zur Person auch Anna Lux: Wissenschaft als Grenzwissenschaft. Hans Bender (1907–1991) und die deutsche Parapsychologie, Berlin/Boston 2021.
449 Zum unterstützenden Umfeld in und außerhalb der Universität siehe Schellinger 2012, S. 333f.
450 Hausmann 2006, S. 93f.; Schellinger 2012, S. 336ff.
451 Zu Franke und dem Verfahren siehe Schellinger 2012, S. 317f., 325ff. und 340f.
452 Hausmann 2006, S. 94.
453 Schellinger 2012, S. 339 mit Bezug auf die früheren Forschungen von Frank-Rutger Hausmann. Zum Institut und seiner Bibliothek heute siehe https://www.igpp.de [Zugriff 14.9.2022].
454 Auszug aus Bulletin officiel vom 15.1.1946. UAF B 6/854. Darüber berichteten auch die Tageszeitungen.
455 Durchschrift Rest an Regierungsrat Dr. [August] Teutsch, Freiburg 18.1.1946. UAF B 6/854. Ob Teutsch (geb. 1891) zu diesem Zeitpunkt bei der Stadt oder beim Badischen Landesamt für kontrollierte Vermögen tätig war, ist zu klären. Als höherer Ministe-

rialbeamter war er zwischen 1938 und 1945 in den erzwungenen Ruhestand versetzt worden, ab 1948 nebenamtlich stv. Vorsitzender einer Spruchkammer-Abteilung. StAF C 48/1 Nr. 495.

456 Rest an Freiburger Oberbürgermeister, Freiburg 25.3.1946. UAF B 6/854.

457 Siehe zu Rosenberger Brucher-Lembach 2004, S. 193ff. Julia Wolrab: Mit unermüdlichem Einsatz: Nathan Rosenberger und der Wiederaufbau der jüdischen Gemeinde Freiburg i. Breisgau nach 1945, in: Medaon – Magazin für jüdisches Leben in Forschung und Bildung, 14 (2020), 27, S. 1–7, online unter http://www.medaon.de/pdf/medaon_27_wolrab.pdf [Zugriff 9.10.2022].

458 Empfangsbestätigung von Nathan Rosenberger und sein Schreiben an die UB, Freiburg 6.2.1946 und 9.4.41948. UAF B 6/854.

459 Anfrage Rosenberger, Freiburg 22.2.1949; Rest an Akademisches Rektorat, Freiburg 9.3.1949. UAF B 6/854.

460 UB an Oberrat der Israeliten Badens, Freiburg 7.3.1951. UAF B 6/854.

461 Besprechungsvermerk Dr. Feger, [Freiburg] 18.4.1953. UAF B 6/854.

462 Klageschrift Loewe an Restitutionskammer, Freiburg 23.4.1953. UAF B 6/854.

463 Vergleich vor der Restitutionskammer, Freiburg 28.4.1954. UAF B 6/854.

464 UB-Direktor Beckmann an Charlotte Roge, Freiburg, 24.3.1958. UAF B 6/854.

465 Pressemitteilung der SLUB, 26.5.2020, https://blog.slub-dresden.de/beitrag/2020/05/26/rueckgabe-von-ns-raubgut-slub-und-ub-freiburg-restituieren-buecher-an-die-erben-von-leo-polak [Zugriff 15.9.2022].

466 Pressemitteilung UB Freiburg: Rückgabe von NS-Raubgut – SLUB und UB Freiburg restituieren Bücher an die Erben von Leo Polak, 26.5.2020, https://www.ub.uni-freiburg.de/ihre-ub/aktuelle-nachrichten/rueckgabe-von-ns-raubgut-slub-und-ub-freiburg-restituieren-buecher-an-die-erben-von-leo-polak/ [Zugriff 15.9.2022].

467 Siehe z. B. Brucher-Lembach 2004, hier wird lediglich einmal die Buchhandlung Loewy ohne weitere Angaben in einer Tabelle genannt (S. 309); Clausing 2005; Marlis Meckel: Den Opfern ihre Namen zurückgeben. Stolpersteine in Freiburg, Freiburg i.Br. 2006; Die Inschrift von Wilhelm Loewys Grabstein wird genannt bei Ruben Frankenstein: Denkmal und Name – der gute Ort Freiburg. Dokumentation des jüdischen Friedhofs (unter Mitarbeit von Lina-Mareike Dedert), Freiburg i.Br. 2009, S. 192.

468 Zur Genealogie der Familie siehe im Folgenden die Datenbank des Jüdischen Museums Hohenems unter https://www.hohenemsgenealogie.at/gen/getperson.php?personID=I9491&tree=Hohenems [Zugriff 23.8.2022] sowie die Einwohnerkartei im StadtAF sowie Urkunden beim Standesamt Freiburg.

469 In das Handelsregister wurde die Firma erst 1919 eingetragen, Freiburger Zeitung, 30.9.1919. Zum Umzug siehe Börsenblatt für den Deutschen Buchhandel, 31.5.1928, S. 593; s. a. Adressbücher der Stadt Freiburg; zu den Zigarren siehe Freiburger Zeitung, 10.1.1925.

470 Einwohnerkartei im StadtAF; Auskünfte vom Standesamt Freiburg, 10. und 12.8.2022.

471 Börsenblatt für den Deutschen Buchhandel, 28.2.1931, S. 187.

472 StAF G 540/5 Nr. 15027 Handelsregister A Amtsgericht Freiburg, Bd. 6, Eintrag zur Fa. Wilhelm Loewy. Todesanzeige siehe Freiburger Zeitung, 28.9.1931.

473 Margarete Jung tauchte in den folgenden Jahren geschäftlich und privat in den Freiburger Adressbüchern an denselben Adressen wie Loewy auf. Sie war aber nie in Freiburg gemeldet, jedenfalls konnte keine Einwohnerkarte ermittelt werden (Auskunft Stadtarchiv Freiburg, 24.6.2022) und es finden sich auch sonst keinerlei Hinweise. Diese Firma ist nicht mit „Jung's Leihbücherei" in der Kaiserstr. 18 am Siegesdenkmal zu verwechseln, die von der NS-Reichsschrifttumskammer empfohlen wurde, Der Alemanne, 2.12.1934.

474 Nachlasspfleger Julius Bloch an RA Stern & Karpf in Nürnberg (o.D.) [Anfang 1937]. StAF G 650/2 Freiburg Abt. IV, Pak 112, Heft 42.
475 Siehe zu den Ankäufen GLAK 450 Nr. 552, Nr. 553 und Nr. 651.
476 Siehe die Einführung zum Inventar Kunstraub und „Arisierung" 1933–1945 des GLAK, https://www2.landesarchiv-bw.de/ofs21/inventar/einfueh.php?inventar=arisierung [Zugriff 24.8.2022].
477 Ergebnisse der damaligen Projektbearbeiterin Frau Vogl nach Auskünften von GLAK-Referatsleiter Dr. Martin Stingl an den Autor im Juli 2022.
478 Nachlassakte des Notariats Freiburg zu Wilhelm Loewy. StAF G 650/2 Freiburg Abt. IV, Pak 112, Heft 42.
479 Adressbuch Freiburg 1935, Abt. IV, S. 28; Adressbuch 1936, Abt. III, S. 232.
480 Einwohnerkartei im StadtAF.
481 Loewy hatte noch Ende 1936 versucht, seinen Sohn durch eine Sterbegeldversicherung abzusichern. Dies war ein offenbar ebenso verzweifelter wie erfolgloser Versuch. Die Versicherung lehnte nämlich Zahlungen wegen verschwiegener Vorerkrankungen ab. LEO Volks- und Lebensversicherungsbank an Julius Bloch, Köln, 27.1.1937. StAF G 650/2 Freiburg Abt. IV, Pak 112, Heft 42.
482 Der genaue Todesort lässt sich nicht mehr ermitteln. Zur Familie Lamm und Ernst Loewys Schicksal siehe Aktionskreis Kronacher Synagoge e. V. / Christian Porzelt (Hg.): Stolpersteine Kronach, Kronach 2018, S. 20–23; https://www.alemannia-judaica.de/kronach_synagoge.htm [Zugriff 23.8.2022]. Das tatsächliche Deportationsziel hat Ekkehard Hübschmann von der Arbeitsgemeinschaft fränkisch-jüdische Geschichte ermittelt. Die Gestapo-Deportationsliste ist auf deren Website verfügbar unter http://agfjg.de/datenbanken/krasny-deportatliste.pdf [Zugriff 23.8.2022]. Im Gedenkbuch des Bundesarchivs „Opfer der Verfolgung der Juden unter der nationalsozialistischen Gewaltherrschaft in Deutschland 1933 – 1945" ist noch Krasnystaw als Ziel angegeben, siehe https://www.bundesarchiv.de/gedenkbuch/de920756 [Zugriff 23.8.2022]. Von dieser Zwischenstation aus mussten die Deportierten jedoch nach Krasniczyn weiterlaufen. In der Datenbank von Yad Vashem ist noch unrichtig angegeben, dass Ernst 1942 in das ostpolnische Izbica deportiert worden sei. https://yvng.yadvashem.org/nameDetails.html?language=de&itemId=11585799&ind=1 [Zugriff 23.8.2022].
483 Suchanzeige, Börsenblatt für den Deutschen Buchhandel, 29.1.1921, S. 1022; Datenbankeinträge zur Biografie von Richard Loewy unter https://www.hohenemsgenealogie.at/gen/getperson.php?personID=I9429&tree=Hohenems [Zugriff 23.8.2022].
484 Toussaint 1984, S. 47 und S. 197.
485 Ebenda, S. 197.
486 Ebenda, S. 88ff.
487 Nach NS-Doktrin galt Pfannenstiel „nur" als „Judenmischling zweiten Grades", was ihm nach einem Auslandsaufenthalt eine Rückkehr nach Deutschland 1941 und seine Verbeamtung 1942 ermöglichte. 1947 wurde er Professor für Geologie an der Universität Freiburg und 1954/55 Rektor. Toussaint 1984, S. 57–68.
488 Toussaint 1984, S. 197.
489 Toussaint 1984, S. 55.
490 Toussaint 1984, S. 44ff.
491 Siehe die widerstreitenden Beurteilungen durch NS-Stellen in StAF D 180/2 Nr. 205472.
492 Toussaint 1984, S. 44–53.
493 Streng vertrauliches Personalblatt der NSDAP-Kreisleitung Freiburg für den Beamten Josef Rest. StAF D 180/2 Nr. 205472.
494 Fragebogen zur politischen Beurteilung von Josef Rest durch den NSDAP-Kreispersonalamtsleiter, 22.5.1939. StAF D 180/2 Nr. 205472.

495 Schreiben von Rest an seinen Heidelberger Kollegen Preisendanz, 11.10.1937, siehe Toussaint 1984, S. 115.
496 Toussaint 1984, S. 198.
497 Toussaint 1984, S. 198.
498 Toussaint 1984, S. 47.
499 Toussaint 1984, S. 198f.
500 Abschrift des Bescheides vom 6.11.1946. UAF B 6/925.
501 Bescheinigung für Rest vom Staatskommissar für die politische Säuberung, Freiburg, 12.9.1948. StAF D 180/16 Nr. 74.
502 Reinhard Grohnert: Die Entnazifizierung in Baden 1945–1949. Konzeption und Praxis der „Epuration" am Beispiel eines Landes der französischen Besatzungszone, Singen a.H. 1991, S. 201ff.
503 Rest an Landrat Dr. A. Schühly, 8.10.1947 und Bad. Ministerium des Kultus und Unterrichts an das Landratsamt Freiburg, 25.10.1948. StAF B 702/1 Nr. 4929.
504 Zu seinen Lebensdaten siehe UAF B 6/925 und https://www.leo-bw.de/web/guest/detail/-/Detail/details/PERSON/kgl_biographien/119305666/Rest+Josef [Zugriff 10.8.2022].
505 Heyde 2007.
506 Ebenda.
507 Erinnerungen von Philipp Harden-Rauch an die Bombennacht 1944. StadtAF B1/328 Schachtel 4 Nr. 19.
508 Abschrift Urteil der Spruchkammer Mosbach, 1.12.1947; Ausführungen zur Begründung des Urteils im Urteil des Verwaltungsgerichts Freiburg vom 15.12.1954. StadtAF PA Harden-Rauch. Diese noch nicht verzeichnete Akte wurde hier erstmals ausgewertet, konnte aber nur noch punktuell berücksichtigt werden. Heyde 2007.
509 Urteil Verwaltungsgericht Freiburg vom 15.12.1954; städtischer Beschluss zur Versetzung in den Ruhestand, 1.4.1955. StadtAF PA Harden-Rauch.
510 Der Deutsche Christ, Nr. 50, 9.12.1934; im Impressum wird Kölli erstmals als Schriftleiter genannt in Nr. 6, 10.2.1935, S. 48.
511 Freiburger Zeitung, 26.4.1935.
512 Martin 2005, S. 44.
513 Kunze 2015, S. 429.
514 N.N. [Pfarrer Albert]: ‚Wolle mer's widder packe?', in: Der Deutsche Christ, Nr. 50, 15.12.1935, S. 399; siehe dazu weiter Kunze 2015, S. 430.
515 Kunze 2015, S. 430.
516 Fragebogen Military Government of Germany und erläuternde Anlage dazu von Wilhelm Albert, 10.6.1945. StAF D 180/2 Nr. 62693.
517 Anlage zum Fragebogen, ebenda.
518 Ev. Oberkirchenrat an Staatskommissariat f. pol. Säuberung, 21.7.1949. StAF D 180/2 Nr. 62693. Laut Kunze (2015, S. 430) wurde er jedoch 1945 entlassen und war von 1947–64 nur Pfarrer im Ruhestand in Sexau. Dieser Widerspruch konnte hier nicht geklärt werden, die Personalakte wurde nicht eingesehen.
519 Staatskommissariat für pol. Säuberung an Ev. Oberkirchenrat, 21.10.1949. StAF D 180/2 Nr. 62693.
520 Auszug aus Stellungnahme Alberts in einem Schreiben des Ev. Oberkirchenrates an das Bad. Staatskommissariat für politische Säuberung, Karlsruhe, 11.10.1947. StAF D 180/2 Nr. 62693, Pag. 7.
521 Anlage zum Fragebogen (o.O., o.D.). StAF D 180/2 Nr. 62693, Pag. 6.
522 Auszug aus Stellungnahme Alberts in einem Schreiben des Ev. Oberkirchenrates an das Bad. Staatskommissariat für politische Säuberung, Karlsruhe, 11.10.1947. StAF D 180/2 Nr. 62693, Pag. 7.

523 Erklärung Alberts, Sexau, 19.12.1049. StAF D 180/2 Nr. 62693.
524 Ev. Oberkirchenrat Karlsruhe an Staatskommissariat, 11.10.1949. Diese und weitere Erklärungen in StAF D 180/2 Nr. 62693.
525 Staatskommissariat f. pol. Säuberung an Untersuchungsausschuss, Freiburg, 21.1.1950. StAF D 180/2 Nr. 62693.
526 Begründung Vorschlag des Untersuchungsausschusses vom 10.2.1950. Das daraufhin ergangene Urteil der Spruchkammer vom 20.3.1950 ist in der Akte nicht überliefert. Die endgültige Einstufung als Mitläufer ergibt sich jedoch aus dem Stempel auf dem Aktendeckel. StAF D 180/2 Nr. 62693.
527 Hans-Georg Dietrich: Die evangelische Kirchengemeinde Freiburg 1933–1945 in der Begegnung mit dem Nationalsozialismus. Aspekte eines schwierigen Jahrzwölfts, in: Schau-ins-Land Jahrbuch des Breisgau-Geschichtsvereins, Nr. 110/1991, S. 213–255, hier S. 228.
528 Zu Kölli siehe Kunze 2015, S. 307ff.
529 Martin 2005, S. 52.
530 RDS-Mitgliederfragebogen Heinrich Mohr, 10.10.1933. BArch R 9361-V/8397.
531 Vermerk von Bürgermeister Hofner, 31.1.1934. In einem weiteren Fall bat Harden-Rauch den Oberbürgermeister um die Einschaltung eines „wissenschaftlich-theologisch gebildeten Fachmanns nationalsozialistischer Weltanschauung". Dieser solle beurteilen, ob die Bücherei weiter anthroposophische Literatur bereitstellen solle oder nicht. Der daraufhin konsultierte Heinrich Mohr schlug die Abgabe an die Universitätsbibliothek vor, da kirchliche Kreise der Volksbücherei sonst vorwerfen könnten, selber „Schmutz und Schund" zu führen. Harden-Rauch an Oberbürgermeister, Abt. I, Freiburg i. Br., 25.4.1934; Stellungnahme Mohr, 10.5.1934. StadtAF C4/V/33/04.
532 Der Alemanne, 9.9.1934, siehe z. B. auch Freiburger Zeitung, 9.9.1934.
533 Darauf berief sich Heinrich Mohr in einem Gesuch um Hilfestellung durch die Reichsschrifttumskammer, Freiburg, 16.9.1941. BArch R 9361-V/8397. Hier ist sogar die Rede davon, Hitler habe Mohr telefonisch gratuliert: Wilfried Bickel: „Volkstümliche Predigt zum Kunstwerk gemacht". Vor 50 Jahren starb Ehrenbürger Heinrich Mohr, in: Die Brücke, Schriftenreihe des Heimat- und Kulturvereins Lauda e.V., Nr. 3 / 2001, S. 6–8, hier S. 7.
534 Wie früher stellte sie bei diesem Schulungsabend der Ortsgruppe Waldsee Hitlers Mutter als Vorbild dar. Der Alemanne, 18.12.1934.
535 Liessem Breinlinger 1982
536 In seiner 1940 in Paderborn erschienenen Publikation „Die Jahrespredigt des Gottesfreundes" scheinen zwar gelegentlich Antimarxismus und andere frühere Motive hervor, sie ist jedoch stark religiös gehalten und nicht mehr politisch-propagandistisch.
537 Berckmüller an Röhn, Karlsruhe 25.9.1935, GLAK 465d Nr. 328.
538 In einem Bericht des Freiburger Oberstaatsanwalts Dr. Eugen Weiß sind 13 Personen aufgelistet, die allein ab Ende 1934 in weniger als einem halben Jahr von den Amtsgerichten Freiburg und Breisach wegen „übler Nachrede" zu Ungunsten Kerbers zu meistens mehrmonatigen Haftstrafen verurteilt wurden. Weiß wies zudem noch auf eine ganze Reihe früherer Verurteilungen sowie auch weitere eingestellte Verfahren hin. Weiß an den Generalstaatsanwalt in Karlsruhe, Freiburg, 15.6.1935. GLA 465d Nr. 328.
539 Abschrift Stimmungsbild über Freiburg, o.O. o.J., GLA 465d Nr. 328.
540 Begutachtung Kerber durch Wagner, Karlsruhe, 15.4.1935, GLA 465d Nr. 328.
541 Teresa Mohr an Privatkanzlei des Führers, Freiburg i.Br. 23.9.1938. StAF D 180/2 Nr. 221282. Gauleiter Wagner (i.V. Adjutant Gädecke) an Kerber, 26.10.1938, GLA 465d Nr. 328.

542 NSDAP-Gaugericht an Gaupersonalamt, Karlsruhe, 17.11.1938. StAF D 180/2 Nr. 221282.

543 Durchschrift Gaustellenleiter an Personalamt der Kreisleitung Freiburg, [Karlsruhe] 28.10.1938 und Kreispersonalamtsleiter [Kurt] Spißmann an Gaupersonalamt, Freiburg, 1.11.1938. StAF D 180/2 Nr. 221282.

544 Mohr an Staatskommissariat für politische Säuberung, Freiburg, 12.11.1949 und 13.1.1950. StAF D 180/2 Nr. 221282.

545 Vorschlag und Begründung des Untersuchungsausschusses, Freiburg-Günterstal, 30.1.1950. Das Urteil vom 2.3.1950 ist in der Akte nicht enthalten, die Einstufung ergibt sich aber aus der Beschriftung des Aktendeckels. StAF D 180/2 Nr. 221282.

546 Die Entnazifizierungsakte von Heinrich Mohr (D 180/2 Nr. 23317) fehlt ohne weiteren Hinweis im Bestand des StAF. Seit wann, ist dort nicht bekannt. Sogar in der Urteilsammlung der Spruchkammer Südbaden (D 180/16) waren keine Hinweise zu ermitteln. Auskünfte des Staatsarchivs Freiburg, 19.9.2022.

547 Liessem-Breinlinger 1982.

548 So dem etwa dem Schriftleiter und Pressereferenten der 65. SS-Standarte, Hanns (Hans) Lasotta, und dem Leiter des statistischen Amtes der Stadt Freiburg und NSDAP-Gauredner Walter Müller, siehe StAF D 180/2 Nr. 215816 und T 1 Nr. 7 Nachlass Josef Vomstein. Käthe Vordtriede kritisierte in ihrem Bericht aus dem Jahre 1940 ihren früheren Redaktionskollegen Zumtobel wegen dessen Anpassung an das Regime, nachdem er aus der Schutzhaft entlassen worden war. Vordtriede 1999, S. 81.

549 Die Tagespost, 17.2.1949. Der Ausgang des Verfahrens ist unbekannt.

550 So Wirth in einem Brief an den Freiburger Erzbischof, zit. n. Liessem-Breinlinger 1982.

551 Bickel 2001, S. 8 und Auskunft Stadtarchiv Lauda-Königshofen, 20.9.2022.

552 K. Schreck: Gedenkrede anläßlich der Enthüllung des Grabmals für Ehrenbürger Dr. h. c. Heinrich Mohr am 11. Oktober 1953, in: Die Brücke, Schriftenreihe des Heimat- und Kulturvereins Lauda, Heft 1 / 1957, S. 38f.

553 Bickel 2001, S. 7.

554 Die Heinrich-Mohr-Straße befindet sich in 97922 Lauda-Königshofen. Bernhard Geisler: Königshofen: Nach Antisemit benannte Straße soll vorerst keine Namensänderung erhalten, in: Fränkische Nachrichten, 22.6.2021; Auskunft Stadtarchiv Lauda-Königshofen, 20.9.2022.

555 Hermann Ginter: Heinrich Mohr, in: Necrologium Friburgense 1951–1955, Freiburger Diözesan-Archiv, Bd. 77 / 1957, S. 184.

556 Hermann Schwarzweber: Lebensblätter eines alten Freiburgers, in: Freiburger Almanach, Jahrbuch 1961, S. 105–112, hier 112, und Schwarzweber zitiert nach Bickel 2001, S. 8.

557 Siehe dazu einige Stellungnahmen in Sacksofskys Personalakten. GLAK 466/1 Nr. 9026 sowie 9029 bis 9036

558 Weiss an Landgerichtspräsident Zürcher, Freiburg i.Br. 26.6.1945. StAF C 20/5 Nr. 379.

559 Das Gaugericht sprach eine Verwarnung und Aberkennung der Fähigkeit zur Ausübung von Parteiämtern für drei Jahre wegen Zuwiderhandelns gegen die Bestrebungen der NSDAP aus. Alle Angaben nach Urteil des Gaugerichts Baden der NSDAP vom 15.3.1941. GLAK 465d Nr. 328.

560 Zu den neueren Recherchen von Bernd Hainmüller und Robert Neisen siehe Badische Zeitung, 29.9.2020.

561 Siehe insgesamt die Verfahrensakten Franz Kerber. StAF D 180/2 Nr. 228289 und D 180/3 Nr. 454.

562 Wolf Middendorff: Freiburger Kleiner Pitaval. Kriminalfälle aus unserer Stadt, Freiburg i.Br. 1984, darin das Kapitel Der Fall Dr. Franz Kerber, S. 62–70, hier S. 68. Siehe auch

ders.: Franz Kerber, in: Badische Biographien N.F. 2 / 1987, S. 157f.; ders.: Ein unaufgeklärter Mord. Der Fall Franz Kerber, in: Freiburger Almanach 27 (1976), S. 81–85.

563 Middendorff 1984, S. 69.

564 Markus Wolter: Am Synagogenstein, in: Badische Zeitung, 24.2.2018.

565 Müller 2017, S. 234.

566 Neisen 2019, S. 294

567 Freiburger Zeitung, 21.1.1934.

568 Straub an Brugger, Freiburg 17.8.1934. Brugger verbat sich Straubs Ton und warf ihm eine unsachliche Entgleisung vor. Den Schriftverkehr legte er Kerber vor. StadtAF D.Pe 709.

569 Aufruf Landesleiter Baden RSK Wilhelm Albrecht an alle Mitglieder, Der Alemanne, 13.1.1936.

570 Straub an Kerber und Stadtrat, Freiburg 7.1.1935. StadtAF D.Pe 709.

571 Der Alemanne, 1.7.1933.

572 Z. B. Der Führer, 16.9.1933; Der Führer 12.2.1936; Straub 1934; Paul Weinacht: Karl Willy Straub. Zu seinem 60. Geburtstag am 12. März, Der Führer, 10.3.1940; Der Alemanne, 12.3.1945.

573 Kerber an Zentralverlag der NSDAP Franz Eher Nachf. in München, Freiburg, 5.9.1936. StadtAF D.Pe 709.

574 Abschrift aus dem Urteil des Lektorats Franz Eher Nachf., ebenda.

575 Siehe etwa seine städtische Personalakte oder seine Anträge bei der RSK. StadtAF D.Pe 709; BArch R 9361-V/11299.

576 Straub wird nicht bei den Autoren aufgezählt, die mindestens 200 Entleihungen aufwiesen. Zum Vergleich: Die Werte betrugen 1052 bei Strauß, 508 bei Hansjakob und 493 bei Busse. Harden-Rauch 1942, S. XI.

577 Freiburger Zeitung, 22.8.1936.

578 Kerber an Presseleiter Straub, Freiburg 1.9.1936. StadtAF D.Pe 709.

579 Auszug Straub an Kerber, Freiburg 7.11.1936. StadtAF D.Pe 709.

580 Kerber an DAF-Kreisamtswalter Sieder, Freiburg 21.10.1936. StadtAF D.Pe 709.

581 Reichsdramaturg Dr. Schlösser an Kerber, Berlin 10.11.1936. StadtAF D.Pe 709.

582 Karl Willy Straub: Lebendiges Archiv. Die Juden im Wandel der Freiburger Stadtgeschichte, in: Der Alemanne, 12. und 17.3.1937.

583 Hefele an Kerber, Freiburg, 9.3.1938. StadtAF D.Pe 709.

584 Straub an Oberbürgermeister, Freiburg 10.12.1950. StadtAF D.Pe 709.

585 Städtisches Personalbüro an Städtisches Wohlfahrtsamt, Freiburg 22.2.1949. StadtAF D.Pe 709.

586 Stadtratsbeschluss, Freiburger 10.9.1955. StadtAF D.Pe 709.

587 Politischer Meldebogen Straub, 28.7.1948. StAF D 180/2 Nr. 213713.

588 Bescheinigung Hefele, Freiburg, 23.5.1947. StAF D 180/2 Nr. 213713.

589 Vermerk Rechtsabteilung, Freiburg 27.12.1950. StadtAF D.Pe 709.

590 Albus-Kötz 2016; Manfred Bosch: Straub, Karl Wilhelm (Willy), Schriftsteller, 1880–1971, in: Baden-Württembergische Biographien, Bd. 3, hgg. von Bernd Ottnad/Fred. L. Sepaintner (Hg.), Stuttgart 2002, S. 405–408, hier S. 407.

591 Aktendeckel StAF D 180/2 Nr. 213.713; Albus-Kötz 2016.

592 Südwestrundschau, 8.3.1955; Fr. Wochenbericht, 10./11.3.1955; Vermerk 12.3.1955. StadtAF D.Pe 709.

593 Gustav Faber: Karl Willy Straub, Architekt der Sprache, in: Ekkhart Jahrbuch für das Badner Land 1960, S. 27–29.

594 Siehe die Genehmigung des Reichs- und Preuß. Minister für Wissenschaft vom 13.1.1936, die Prüfung zu wiederholen. UAF B 70/74.

595 Abschrift Werner an Berckmüller, Freiburg 7.7.1934. UAF B 70/74.
596 Abschrift des 11-seitigen anonymen Berichts vom 6.7.1934. UAF B 70/74.
597 Wacker an Oberstaatsanwalt, Karlsruhe, 18.8.1934. UAF B 70/74.
598 Wacker an Kern, 9.10.1934. UAF B 70/74.
599 Siehe Verhandlungsprotokoll vom 16.11.1934, den weiteren Schriftverkehr und Wacker an Rektor der Universität Berlin, 11.2.1935. UAF B 70/74.
600 SS-Befehlsblatt Nr. 10, 25.10.1935. S. 2.
601 Lebenslauf Düsselmanns für das SS-Verlobungs- und Heiratsgesuch, Königsberg, 24.2.1938. BArch R 9361-III/34877. Umfangreicher Schriftverkehr liegt zu Düsselmanns jahrelangem Kampf gegen seine Streichung als NSDAP-Mitglied vor in BArch R 9361-II/185187.
602 Diverse Personalbeurteilungen in der Personalakte Tröllers BA-MA PERS 6/71164.
603 Fragebogen Tröller, 7.1.1948, Beurteilung Untersuchungsausschuss, 10.4.1948, verschiedene Bescheinigungen. StAS Wü 13 T 2 Nr. 1251/049. Tröller wurde auch zugutegehalten, in den letzten Kriegstagen an der Verhinderung der Vollstreckung eines Todesurteils in Michelbach mitgewirkt zu haben. Spruch des Staatskommissariats, 27.8.1948. StAS Wü 13 T 2 Nr. 2613/332. In der Presse wurde Tröller gelegentlich als Parteigenosse bezeichnet (Der Alemanne, 25.2.1934), es ist aber fraglich, ob er NSDAP-Mitglied war.
604 Alfred Tröller: Vom Krieg zur Staatsnotwehr. Folgerungen aus d. Waffenentwicklung, bearb. u. hgg. von Helmut Goeckel, Neckargemünd 1961
605 Personalfragebogen Künzel, 20.8.1935. BArch R 9361-III/110453.
606 BArch B 162/3797 und Mitteilung von Isabel Heinemann, 28.8.2013.
607 Bei dem anonymen Schreiben (Köln 22.3.1961), könnte sich um einen Vermerk der Staatsanwaltschaft Köln handeln. BArch B 162/3797.
608 Oberstaatsanwalt an Zentrale Stelle, Frankfurt a.M. 10.5.1961. BArch B 162/3797.
609 BArch B 162/1030; StAL EL 48/2 I Bü 1267. Die weiteren Akten der Zentralen Stelle zu Künzel BArch B 162/3855 und 3856 konnten dem Autor zum Zeitpunkt seines Archivbesuchs wegen Verfilmung nicht vorgelegt werden.
610 Mitteilungen von Uwe Jöstingmeier über Künzel an den Autor (2017–2022). Vgl. Uwe Jöstingmeier: Die Muna Kupfer – Geschichte und Geschichten einer Heeres-Munitionsanstalt in Hohenlohe (in Vorbereitung).
611 Abgangszeugnis Kukuk der Universität Freiburg, 24.1.1935. UAF B 44/156-100.
612 Bericht von der Hochzeit durch W.St. (Werner Stübel), Der Alemanne, 13.3.1936.
613 Zum Folgenden siehe Gerhard Sälter: Die Bewertung einer NS-Belastung im BND: Kontinuitäten und Wandlungen am Beispiel von Herbert Kukuk, 1947–1984, in: JIPSS, Journal for Intelligence, Propaganda and Security Studies, Jg. 16, Nr. 1 / 2022, S. 26–46; Sabrina Nowack: Sicherheitsrisiko NS-Belastung. Personalüberprüfungen im Bundesnachrichtendienst in den 1960er-Jahren, Berlin 2016, S. 178–181.
614 Die Entnazifizierungsakte des Lehrers Dr. Erwin Teufel ist digitalisiert verfügbar. StAF D 180/2 Nr. 1713.
615 Zu seinen zahlreichen Kontakten zu ehemaligen NS-Funktionären, darunter Reichsstudentenführer Stäbel und der frühere badische HJ-Schulungsleiter Karl Cerff, siehe Sälter 2022, S. 28 und 37ff.
616 So ein Vorgesetzter 1956, der sich deshalb gegen Kukuks Versetzung wandte, zitiert nach Sälter 2022, S. 32.
617 Sälter 2022, S. 41f.
618 Ebenda, S. 33.
619 Ebenda, S. 26f.
620 Isabel Heinemann: „Rasse, Siedlung, deutsches Blut“. Das Rasse- und Siedlungs-

hauptamt der SS und die rassenpolitische Neuordnung Europas, Göttingen 2003, S. 128.

621 Heinemann 2003, S. 140.

622 Heinemann 2003, S. 131.

623 Heinemann 2003, S. 155ff., 171; 195ff.; siehe zu Künzel auch Detlev Brandes: „Umvolkung, Umsiedlung, rassische Bestandsaufnahme". NS-„Volkstumspolitik" in den böhmischen Ländern, München 2012, S. 196, 200, 206f.

624 Amts-Chef Hofmann, der im Januar 1942 an der „Wannsee-Konferenz" zur Endlösung der „Judenfrage" teilgenommen hatte, wurde 1943 abgelöst und als Höherer SS- und Polizeiführer Südwest eingesetzt. Damit unterstanden ihm bis zum Kriegsende auch die Freiburger Polizei und SS. Heiko Wegmann: SS-Oberabschnitt und Höhere SS- und Polizeiführer Südwest, publiziert am 01.09.2022 in: Stadtarchiv Stuttgart, online-Stadtlexikon https://www.stadtlexikon-stuttgart.de/dts/index.html?id=f5677240-ae6b-4fca-9ca5-40129e38dcd5.

625 Hofmann an den Chef des SS-Personalhauptamtes wegen Beförderung Künzels, Berlin, 16.3.1942, BAB R 9361-III/538504.

626 Beförderungsvorschlag, 1.5.1943. BArch R 9361-III/110453. Das „F" stand für „Fachführer", als solcher war er vom Wehrdienst freigestellt. Obersturmbannführer der Allgemeinen SS war Künzel bereits seit 1941.

627 Zu Schmitz siehe seine SS-Führerakte, dort insbesondere Beförderungsvorschlag von Künzel für Schmitz, Prag 9.10.1941. BArch R 9361-III/554014. Die genaue Rekonstruktion seiner tatsächlichen Einsatzorte ist trotz verschiedener verfügbarer Quellen schwierig. So war er im Herbst 1940 der Ergänzungsstelle Südwest der Waffen-SS (Nebenstelle Straßburg) zugeordnet, während er der Universität bereits eine Prager Anschrift mitteilte. Briefe an ihn dürften nicht mehr per Feldpost verschickt werden und auch keinen Hinweis auf die SS enthalten. Sekretärin des Botanischen Instituts an Forstliche Abteilung Uni Freiburg, 4.9.1941. UAF B 108/2.

628 Hans-Christian Harten: Himmlers Lehrer. Die weltanschauliche Schulung in der SS 1933–1945, Paderborn 2014, S. 15.

629 Entnazifizierungsakte Schmitz beim Spruchgericht Bergedorf. BArch Z 42 III/2210.

630 Heinemann 2003, S. 131f. Siehe zu Einzelheiten und verschiedenen Konfliktlinien auch Detlev Brandes 2012, S. 104ff.

631 Heinemann 2003, S. 134.

632 Heinemann 2003, S. 135ff.

633 Heinemann 2003, S. 139f.

634 Beispiele siehe Buddrus 2003, S. 803ff., 1118, 1120, 1146, 1173 und 1212.

635 Buddrus 2003, S. 1174; Sälter 2022, S. 28.

636 Beförderungsvorschlag für Kukuk durch Künzel, Prag, 8.10.1941. BArch R 9361-III/538694.

637 Liste der Mitglieder der HJ in der Gemeindeverwaltung, Freiburg 27.4.1936. StadtAF C4/XIII/32/01. Näheres zu Stübels Anstellung konnte nicht ermittelt werden, da laut Mitteilung des Stadtarchivs Freiburg vom 10.8.2022 keine Personalakte aufzufinden ist.

638 Rede am 13.1.1939 in Ettlingenweiher, Der Führer, 18.1.1939.

639 Aktenvermerk Dr. Michael zur Besetzung der Stelle Schulen im Amt „Gemeindliche Kulturpflege", München 8.10.1941; Reichsamtsleiter Oberbürgermeister Kerber an Hauptamt für Kommunalpolitik. BArch R 9361-II/998332.

640 SS-Führerstammkarte Stübel. BArch R 9361-III/558969. Formular von Stübel für das Verlobungs- und Heiratsgesuch an die SS. BArch R 9361-III/203762. Heiratsurkunde Standesamt Prag, Nr. 262/1941. StAF G 540/5 Nr. 517.

641 Beschluss Amtsgericht Freiburg, 31.12.1947. StAF G 540/5 Nr. 517.
642 Beschwerde von Rosset an Landgericht Freiburg, 22.1.1948. StAF G 540/5 Nr. 517.
643 Beschluss Landgericht, Freiburg 1.4.1948. Todeserklärung durch Amtsgericht, Freiburg 9.8.1948. StAF G 540/5 Nr. 517. Weitere Recherchen zu Werner Stübel wären anhand vorhandener SS- und NSDAP-Akten im Bundesarchiv möglich.
644 Bericht von der Lesung, Badische Zeitung, 5.6.2018; Antwort der Vorsitzenden des SPD-Ortsvereins Kenzingen, Elke Curdts-Müller, an den Autor per E-Mail vom 22.2.2022.
645 Nicht einbezogen wird dabei Schmitz, der im Zusammenhang mit Prag (Kapitel 6.12.1) mitbehandelt wurde.
646 Biografische Datenbank des Autors zur südbadischen SS.
647 Siehe dazu Grohnert 1991.
648 Denkbar wäre dies in Bezug auf die „Säuberungen" bei Harden-Rauch, dessen Verfahrensakte (GLAK 465 t Nr. 12788) hier nicht herangezogen wurde, allerdings spricht die Einstufung als Mitläufer dagegen.
649 Jürgen Weber: NS-Raubgut und hidden collections – Herausforderungen für ein neues Sammlungsmanagement, in: Dehnel (Hg.) 2008, S. 175–184, hier S. 175f.
650 Ebenda, S. 176.
651 Ebenda, S. 183.
652 Siehe z. B. Regine Dehnel (Hg.): NS-Raubgut in Museen, Bibliotheken und Archiven, hgg. im Auftrag der G. W. Leibniz Bibliothek – Niedersächsische Landesbibliothek, Frankfurt a.M. 2012; Cornelia Briel: Die Bücherlager der Reichstauschstelle, Frankfurt a.M. 2016.
653 Suchbegriff Freiburg auf https://www.lostart.de/de [Zugriff 31.10.2022]
654 Erklärung der Bundesregierung, der Länder und der kommunalen Spitzenverbände zur Auffindung und zur Rückgabe NS-verfolgungsbedingt entzogenen Kulturgutes, insbesondere aus jüdischem Besitz (Gemeinsame Erklärung) vom 9.12.1999, download unter https://www.kulturgutverluste.de/Content/08_Downloads/DE/Grundlagen/Gemeinsame-Erklaerung/Gemeinsame-Erklaerung.pdf?__blob=publicationFile&v=15 [Zugriff 31.10.2022].
655 Provenienzdatenbank der Universitätsbibliothek Freiburg: https://www.ub.uni-freiburg.de/recherche/digitale-bibliothek/freiburger-historische-bestaende/provenienzdatenbank/ [Zugriff 31.10.2022].
656 Das Staatsarchiv Freiburg erschließt seit mehreren Jahren themenorientiert Quellen zur Provenienzforschung anhand seiner Bestände zu „Wiedergutmachung" und Restitution. https://www.kulturgutverluste.de/Content/03_Forschungsfoerderung/Projekt/Landesarchiv-Baden-Wuerttemberg/Projekt3.html?nn=100464 [Zugriff 31.10.2022].
657 Stude 2003.
658 Regine Wolf-Hauschild: Vergessene Autoren – wieder zu entdecken. Ein Verzeichnis der Stadtbücherei Heidelberg, in: Leonhardt 1983, S. 179–243.
659 Siehe hierzu die Akte der Bad. Staatskanzlei zur Bekämpfung der Schmutz- und Schundliteratur aus den Jahren 1950–1952. StAF C 5/1 Nr. 2379.
660 Schelle-Wolff 2001, o. S. (Tafel Aktivitäten für junge Leser. Die Jahre 1954 bis 1963).
661 Ebenda.

8.2 Abkürzungen

- ANSt = Arbeitsgemeinschaft Nationalsozialistischer Studentinnen
- AStA = Allgemeiner Studentenausschuss
- BdM = Bund deutscher Mädel
- BK = Bekennende Kirche (ev.)
- BND = Bundesnachrichtendienst der BRD
- DAF = Deutsche Arbeitsfront
- DC = Glaubensbewegung Deutsche Christen (evangelische Nationalsozialisten)
- DDP = Deutsche Demokratische Partei
- DNVP = Deutschnationale Volkspartei
- DSt = Deutsche Studentenschaft
- FA = Freiburger Ausschuss für Leibesübungen und Jugendpflege
- Gestapo = Geheime Staatspolizei
- HJ = Hitlerjugend
- IGPP = Institut für Grenzgebiete der Psychologie und Psychohygiene
- KfdK = Kampfbund für deutsche Kultur
- KPD = Kommunistische Partei Deutschlands
- NSDAP = Nationalsozialistische Deutsche Arbeiterpartei
- NSDStB = Nationalsozialistischer Deutscher Studentenbund
- RDS = Reichsverband Deutscher Schriftsteller
- RSK = Reichsschrifttumskammer
- RSHA = Reichssicherheitshauptamt
- RuSHA = Rasse- und Siedlungshauptamt der SS
- SA = Sturmabteilung der NSDAP
- SD = Sicherheitsdienst der SS
- SLUB = Sächsische Landesbibliothek, Staats- und Universitätsbibliothek Dresden
- SPD = Sozialdemokratische Partei Deutschlands
- SS = Schutzstaffel der NSDAP
- UB = Universitätsbibliothek

8.3 Unveröffentlichte Quellen und Archiv-Siglen (Abkürzungen)

ADCV – Archiv Deutscher Caritasverband, Freiburg
- BZ 0538, Persönliche Erinnerungen des Bibliothekars Hermann Rolfes

AOFAA – Archives de l'Occupation française en Allemagne et en Autriche (Teil des diplomatischen Archivs des französischen Außenministeriums), La Courneuve bei Paris
- 1BAD 1200 und 2042, Dossiers der französischen Militärverwaltung in Baden zu Conrad Gröber
- BADE 1175 d. 212.599, DNZ-Akte Walter Brenn

BArch – Bundesarchiv, Berlin-Lichterfelde (abweichend bei Signaturbeginn B = Außenstelle Ludwigsburg; Z = Außenstelle Koblenz)
- NS 38/3738, NSDStB
- PK 583, NSDAP-Personalakte Fritz Vossler
- R 55/22943, Ministerium für Volksaufklärung und Propaganda, Personalakte Fritz Vossler
- R 9361-II/185187, NSDAP-Mitgliedschaft, Ausschluss Werner Düsselmann
- R 9361-II/991739, NSDAP Parteikorrespondenz, Karl Willy Straub
- R 9361-II/998332, NSDAP-Hauptamt für Kommunalpolitik, Werner Stübel
- R 9361-III/110453, R 9361-III/538504 und R 9361-II/597514, SS-Personalakten Ermin Künzel
- R 9361-III/203762, SS-Akte Werner Stübel
- R 9361-III/34877, SS-Akte Werner Düsselmann
- R 9361-III/535029, SS-Akte Franz Kerber
- R 9361-III/554014, SS-Akte Heinrich Schmitz
- R 9361-III/558969, SS-Akte Werner Stübel
- R 9361-IX KARTEI / 43470356, NSDAP-Mitgliederkarte Karl Willy Straub
- R 9361-IX KARTEI 29041158, NSDAP-Gaukarteikarte Teresa Mohr
- R 9361-V/11299, Reichskulturkammer, Karl Willy Straub
- R 9361-V/8397, Reichsschrifttumskammer, Heinrich Mohr
- R 9361-VIII KARTEI 7160070, NSDAP-Mitgliedskarte Werner Düsselmann

BArch – Bundesarchiv, Außenstelle Koblenz
- Z 42 III/2210, DNZ-Akte Heinz Schmitz beim Spruchgericht Bergedorf

BArch – Bundesarchiv, Außenstelle Ludwigsburg
- B 162/1030, Staatsanwaltliche Ermittlungen mit Bezug zu Ermin Künzel
- B 162/3797, Staatsanwaltliche Ermittlungen mit Bezug zu Ermin Künzel

BA-MA – Bundesarchiv-Militärarchiv, Freiburg
- PERS 6/71164, Personalakte Alfred Tröller

EAF – Erzbischöfliches Archiv, Freiburg
- PA 1951, Vol. 2, Personalakte Heinrich Mohr

GLAK – Generallandesarchiv, Karlsruhe
- 236-1 Nr. 28, Auflösung marxistischer Verbände
- 450 Nr. 552, Nr. 553 und Nr. 651, Ankäufe des GLAK
- 465 d Nr. 558, NSDAP-Gau-Personalakte Hans von Tiesenhausen
- 465d Nr. 328, NSDAP-Personalakte Franz Kerber

- 466/1 Nr. 9026 sowie 9029 bis 9036, Personalakten Günther Sacksofsky
- Einführung zum Inventar Kunstraub und „Arisierung“ 1933–1945 https://www2.landesarchiv-bw.de/ofs21/inventar/einfueh.php?inventar=arisierung

StAF – Staatsarchiv Freiburg

- A 40/1 Nr. 301, Ermittlungen wegen Hochverrat und Vergehen gegen das Republikschutzgesetz
- B 702/1 Nr. 4929, Ablieferung von NS-Abzeichen
- B 719/1 Nr. 1157, Auflösung der SPD-Ortsgruppe Haltingen
- C 5/1 Nr. 2379, Bad. Staatskanzlei / Bekämpfung der Schmutz- und Schundliteratur
- C 20/5 Nr. 379, Personalakte Eugen Weiß
- C 48/1 Nr. 495, August Teutsch
- D 180/16 Nr. 74, DNZ-Säuberungsbescheinigung Josef Rest
- D 180/2 Nr. 16.922, DNZ-Akte Josef Lögler
- D 180/2 Nr. 205472, DNZ-Akte Josef Rest
- D 180/2 Nr. 213713, DNZ-Akte Karl Willy Straub
- D 180/2 Nr. 215036, DNZ-Akte Emil Kunzmann
- D 180/2 Nr. 215816, DNZ-Akte Hanns Lasotta
- D 180/2 Nr. 221282, DNZ-Akte Teresa Mohr
- D 180/2 Nr. 228289, DNZ-Akte Franz Kerber
- D 180/2 Nr. 23317, DNZ-Akte Heinrich Mohr (nicht auffindbar)
- D 180/2 Nr. 62693, DNZ-Akte Wilhelm Albert
- D 180/3 Nr. 454, DNZ-Akte Franz Kerber
- F 30/1 Nr. 247, Polizeidirektor Paul Baer
- F 166/3 Nr. 2124, Restitutionsklage gegen Josef Lögler
- F 166/3 Nr. 981, Restitutionsklage Bacharach / Bachmann gegen Josef Lögler
- F 176/13 Nr. 1307, Bd. 1–5, Karl Berckmüller
- F 196/1 Nr. 7758, Wiedergutmachung KPD
- F 196/1 Nr. 4281, Wiedergutmachung Harry Stern
- F 196/2 Nr. 60, Wiedergutmachung Bruno Berger
- G 540/5 Nr. 135, Arbeiter-Sport-Heim Freiburg
- G 540/5 Nr. 15027, Handelsregister A, Bd. 6
- G 540/5 Nr. 517, Todeserklärung Werner Düsselmann
- G 650/2 Freiburg Abt. IV, Pak 112, Heft 42, Nachlass Notariat Freiburg Wilhelm Loewy
- T 1 (Zugang 1976/0046), Stefanie Albus-Kötz: Einleitung zum Nachlass Karl Willy Straub im StAF, Freiburg 2011, mit nachträglichen Ergänzungen 2016, https://www2.landesarchiv-bw.de/ofs21/olf/einfueh.php?bestand=10444
- T 1 Nr. 7, Nachlass Josef Vomstein

StAL – Staatsarchiv Ludwigsburg

- EL 48/2 I Bü 1267, Ermittlungen zu Ermin Künzel

StAS – Staatsarchiv Sigmaringen

- Wü 13 T 2 Nr. 1251/049, DNZ-Akte Alfred Tröller
- Wü 13 T 2 Nr. 2613/332, DNZ-Akte Alfred Tröller

StadtAF – Stadtarchiv Freiburg

- B1/328 Schachtel 4 Nr. 19 Erinnerungen Harden-Rauch
- C4/V/33/03, Gemeindeverwaltung, Volksbücherei
- C4/V/33/04, Gemeindeanstalten, Volksbücherei
- C4/VI/12/03, Gemeindeverwaltung, Bildung der Ausschüsse
- C4/VI/13/42, Bekämpfung der Schundliteratur, hier: Bildung eines Ausschusses

- C4/XII/29/04, Benennung von Straßen, Wegen und Plätzen
- C4/XII/29/05, Benennung von Straßen, Wegen und Plätzen
- C4/XII/30/07, Bekämpfung der Schundliteratur
- C4/XIII/24/06, Nationale Erhebung in Deutschland März 1933
- C4/XIII/32/01, Hitlerjugend, Heft 1
- C4/XIII/33/10, Beschlagnahme und Verwaltung des Vermögens politischer und religiöser Organisationen sowie des jüdischen Besitzes
- D.Pe. 310/11, Personalakte Dr. Bruno Berger
- D.Pe. 709, Personalakte K. W. Straub
- Einwohnermeldekartei
- Personalakte Philipp Harden-Rauch (noch nicht verzeichnet)

UAF – Universitätsarchiv Freiburg
- A 10/109, Senatsprotokolle
- B 1/2468, NSDStB
- B 1/2555 Neo-Friburgia
- B 6/530, Beschlagnahme von Druckschriften
- B 6/854, Bücher aus jüdischem Besitz
- B 6/855, Verlagerung / Rückführung
- B 6/925, Personalakte Josef Rest
- B 44/156-100, Abgangszeugnis Herbert Kukuk
- B 70/74, Werner Düsselmann
- B 108/2, Rundbriefe Forstliche Abteilung und Forstliche Fachschaft der Univ. Freiburg

UB – Universitätsbibliothek Freiburg
- Zugangsbücher: A F R C D Nog. 1939–40; 1945–46

8.4 Literatur, Zeitungen und Websites

8.4.1 Primär- und Sekundärliteratur

- Aktionskreis Kronacher Synagoge e. V. / Christian Porzelt (Hg.): Stolpersteine Kronach, Kronach 2018
- Baum, Vicky: Tanzpause, Stuttgart 1926
- Bebel, August: Aus meinem Leben. Erster Teil, zweite Auflage, Stuttgart 1911
- Bernnat, Hubert: 150 Jahre Sozialdemokratie. Ein Beitrag zur Lörracher Stadtgeschichte und deutschen Parteiengeschichte, Lörrach 2018
- Bickel, Wilfried: „Volkstümliche Predigt zum Kunstwerk gemacht". Vor 50 Jahren starb Ehrenbürger Heinrich Mohr, in: Die Brücke, Schriftenreihe des Heimat- und Kulturvereins Lauda e.V., Nr. 3 / 2001, S. 6–8
- Borgmann, Grete: Dr. phil. Johanna Kohlund: 1878–1968. Die „Grande Dame" der frühen Freiburger Frauenbewegung, in: Isolde Tröndle-Weintritt (Hg.): „Nun gehen Sie hin und heiraten Sie!". Die Töchter der Alma mater im 20. Jahrhundert, Freiburg i.Br. 1997, S. 15–43
- Bosch, Manfred: Straub, Karl Wilhelm (Willy), Schriftsteller, 1880–1971, in: Baden-Württembergische Biographien, Bd. 3, hgg. von Bernd Ottnad / Fred. L. Sepaintner (Hg.), Stuttgart 2002, S. 405–408

- Brandes, Detlev: „Umvolkung, Umsiedlung, rassische Bestandsaufnahme". NS-„Volkstumspolitik" in den böhmischen Ländern, München 2012
- Briel, Cornelia: Die Bücherlager der Reichstauschstelle, Frankfurt a.M. 2016
- Brucher-Lembach, Andrea: Wie Hunde auf ein Stück Brot. Arisierung und Wiedergutmachung in Freiburg, Freiburg i.Br. 2004
- Büttemeyer, Wilhelm: Ernesto Grassi. Humanismus zwischen Faschismus und Nationalsozialismus, Freiburg i.Br. / München 2010
- Clausing, Kathrin: Leben auf Abruf. Zur Geschichte der Freiburger Juden im Nationalsozialismus, Freiburg i.Br. 2005
- Czech-Jochberg, Erich: Hitler. Eine Deutsche Bewegung, Oldenburg i. O. 1930
- Dehnel, Regine (Hg.): NS-Raubgut in Bibliotheken. Suche. Ergebnisse. Perspektiven, hgg. im Auftrag der G. W. Leibniz Bibliothek – Niedersächsische Landesbibliothek, Frankfurt a.M. 2008
- Dehnel, Regine (Hg.): NS-Raubgut in Museen, Bibliotheken und Archiven, hgg. im Auftrag der G. W. Leibniz Bibliothek – Niedersächsische Landesbibliothek, Frankfurt a.M. 2012
- Dietrich, Hans-Georg: Die evangelische Kirchengemeinde Freiburg 1933–1945 in der Begegnung mit dem Nationalsozialismus. Aspekte eines schwierigen Jahrzwölfts, in: Schau-ins-Land Jahrbuch des Breisgau-Geschichtsvereins, Nr. 110/1991, S. 213–255
- Ecker, Ulrich P. / Christiane Pfanz-Sponagel: Die Geschichte des Freiburger Gemeinderats unter dem Nationalsozialismus, hgg. vom StadtAF, Freiburg i.Br. 2008
- Einwohner- und Adressbücher der Stadt Freiburg, diverse Jahrgänge
- Eisner, Kurt: Gesammelte Schriften. Erster Band, Berlin 1919
- Faber, Gustav: Karl Willy Straub, Architekt der Sprache, in: Ekkhart Jahrbuch für das Badner Land 1960, S. 27–29
- Fackler, Guido: „Ein Geschenk trostlosester Unkultur an das erste Kulturvolk der Erde". Zum Umgang mit fremdartiger Jazzmusik im Freiburg der Weimarer Republik, in: Allmende – Zeitschrift für Literatur, Nr. 42/43 (1994), S. 154–175
- Fackler, Guido: Das Freiburger Stadttheater und die Jazzmode. Zur Rezeption von Tanz und Unterhaltungsmusik in der Weimarer Republik, in: Beiträge zur Volkskunde in Baden-Württemberg, Bd. 6, Stuttgart 1995, S. 246–297
- Ferdinand, Horst: Dilger, Joseph Albert (1872–1964), in: Baden-Württembergische Biographien 1 / 1994, S. 63f.
- Flick, Caroline: Werner Hegemann (1881–1936). Stadtplanung, Architektur, Politik. Ein Arbeitsleben in Europa und den USA, München 2005
- Frankenstein, Ruben: Denkmal und Name – der gute Ort Freiburg. Dokumentation des jüdischen Friedhofs (unter Mitarbeit von Lina-Mareike Dedert), Freiburg i.Br. 2009
- Geisler, Bernhard: Königshofen: Nach Antisemit benannte Straße soll vorerst keine Namensänderung erhalten, in: Fränkische Nachrichten, 22.6.2021.
- Giles, Geoffrey: „Die Fahne hoch, die Reihen fest geschlossen": Die Studenten als Verfechter einer völkischen Universität?, in: Eckhard John / Bernd Martin / Marc Mück / Hugo Ott (Hg.): Die Freiburger Universität in der Zeit des Nationalsozialismus, Freiburg / Würzburg 1991, S. 43–56,
- Ginter, Hermann: Heinrich Mohr, in: Necrologium Friburgense 1951–1955, Freiburger Diözesan-Archiv, Bd. 77 / 1957, S. 184
- Götz von Olenhusen, Albrecht: Die nationalsozialistische Rassenpolitik und die jüdischen Studenten an der Universität Freiburg i.Br. 1933–1945, Freiburger Universitätsblätter, Heft 6/1964, S. 71–80
- Grassi, Ernesto: Macht des Bildes: Ohnmacht der rationalen Sprache. Zur Rettung des Rhetorischen, Köln 1970

- Grohnert, Reinhard: Die Entnazifizierung in Baden 1945–1949. Konzeption und Praxis der „Epuration“ am Beispiel eines Landes der französischen Besatzungszone, Singen a.H. 1991
- Grüttner, Michael: Studenten im Dritten Reich, Paderborn u.a. 1995
- Hachmeister, Lutz: Heideggers Testament. Der Philosoph, der Spiegel und die SS, Berlin 2014
- Hainmüller, Bernd: Erst die Fehde, dann der Krieg. Jugend unterm Hakenkreuz, Freiburg i.Br. 1998
- Hammerstein, Katrin: Das badische Finanz- und Wirtschaftsministerium, in: Frank Engehausen / Sylvia Paletschek / Wolfram Pyta (Hgg.): Die badischen und württembergischen Landesministerien in der Zeit des Nationalsozialismus. Erster Teilband, Stuttgart 2019, S. 195–312
- Harden-Rauch, Philipp: Unsere Stadtbücherei. Zur Geschichte des Freiburger Büchereiwesens, in: Amtliches Einwohnerbuch der Stadt Freiburg i.Br. 1942, S. III-XVI
- Haumann, Heiko: Heinrich Bieg. Ein deutscher Nazi in der Schweiz, in: Schweizerische Zeitschrift für Geschichte, Heft 3/2009, S. 298–328
- Hausmann, Frank-Rutger: Hans Bender (1907–1991) und das „Institut für Psychologie und klinische Psychologie“ an der Reichsuniversität Straßburg 1941–1944, Würzburg 2006
- Heidegger, Martin: Gesamtausgabe, Bd. 16: Reden und andere Zeugnisse eines Lebensweges 1910–1976, hgg. von Hermann Heidegger, Frankfurt a. M. 2000
- Heidegger, Martin: Interview „Nur noch ein Gott kann uns retten“. Der Philosoph Martin Heidegger über sich und sein Denken, Der Spiegel, 31. Mai 1976, in: Sammlung DER SPIEGEL 1947–1997, S. 280–287
- Heidegger, Martin: Reden und andere Zeugnisse eines Lebensweges 1910–1976, Frankfurt a. M. 2000
- Heinemann, Isabel: „Rasse, Siedlung, deutsches Blut“. Das Rasse- und Siedlungshauptamt der SS und die rassenpolitische Neuordnung Europas, Göttingen 2003
- Heyde, Konrad: Die staatlichen Volksbüchereistellen am Beispiel Freiburg im Breisgau, in: Bibliotheken während des Nationalsozialismus, Teil I, hgg. von Peter Vodossek und Manfred Komorowski, Wiesbaden 1989
- Heyde, Konrad: Harden-Rauch, Philipp (bis 1921 Harden), Gaubeauftragter für das Volksbüchereiwesen in Baden, aus: Baden-Württembergische Biographien 4 (2007), S. 121–124
- Hildenbrand, Manfred: Heinrich Hansjakob im Lichte des Nationalsozialismus. Zur Rezeption des Haslacher Schriftstellers im Dritten Reich, in: Badische Heimat 3 / 2015, S. 450–456
- Hildenbrand, Manfred: Heinrich Hansjakob. Rebell im Priesterrock. Haslach i.K. 2000
- Kellerer, Sidonie: Antisémitisme et racisme dans la pensée de Heidegger: état de la recherche, in: Revue d'Histoire de la Shoah, 2017/2 (N° 207), S. 25–43
- Kinley, David: Money. A Study of the Theory of the Medium of Exchange, New York 1904
- Klaiber, Ludwig: Die neue Büchereipolitik, in: Breisgauer Zeitung, 10.5.1933
- Köhler, W.: Die Machtergreifung an der Universität, in: Stadtarchiv Freiburg (Hg.) / Ernst Otto Bräunche u.a., 1983, S. 49–53
- Koltan, Michael: Bücherverbrennung in Freiburg, unveröffentlichtes Manuskript [1993]
- Kreutzberger, Wolfgang: Studenten und Politik 1918–1933. Der Fall Freiburg im Breisgau, Göttingen 1972
- Kuller, Christiane: Die deutschen Finanzbehörden und die Bücher der Deportierten, in: Dehnel (Hg.) 2008, S. 71–84

- Kunze, Rolf-Ulrich: „Möge Gott unserer Kirche helfen!" Theologiepolitik, Kirchenkampf und Auseinandersetzung mit dem NS-Regime: Die evangelische Landeskirche Badens 1933–1945, Stuttgart 2015
- Landeszentrale für politische Bildung Baden-Württemberg: „Es war ein Ort, an dem alles grau war ...". Die Deportation der badischen Jüdinnen und Juden nach Gurs im Oktober 1940, Stuttgart 2020
- Leonhard, Joachim-Felix (Hg.): Bücherverbrennung. Zensur, Verbot, Vernichtung unter dem Nationalsozialismus in Heidelberg, Heidelberg 1983
- Liessem-Breinlinger, Renate: Heinrich Mohr, in: Badische Biographien, NF 1 (1982), S. 211–213
- Longerich, Peter: Heinrich Himmler. Biographie, München 2008
- Lux, Anna: Wissenschaft als Grenzwissenschaft. Hans Bender (1907–1991) und die deutsche Parapsychologie, Berlin/Boston 2021
- Lux, Hans-Peter: Die Ausschaltung der Arbeiterbewegung durch den Nationalsozialismus im Frühjahr 1933, in: Arbeitskreis Regionalgeschichte Freiburg (Hg.): „Die Freiheit ist noch nicht verloren ..." Zur Geschichte der Arbeiterbewegung am Oberrhein 1850–1933, Freiburg 1983, S. 127–137
- Martin, Bernd: Professoren und Bekennende Kirche. Zur Formierung Freiburger Widerstandskreise über den evangelischen Kirchenkampf, in: Nils Goldschmidt (Hg.): Wirtschaft, Politik, Freiheit, Tübingen 2005, S. 27–55
- Meckel, Marlis: Den Opfern ihre Namen zurückgeben. Stolpersteine in Freiburg, Freiburg i.Br. 2006
- Menzel, Walter / Harald Albrecht: Die „Antiquariats- und Exportbuchhandlung Alfred Wolf"– ehemals Hans Peter Kraus und Leo Weiser. Die Geschichte eines Raubunternehmens, in: Dehnel (Hg.) 2012, S. 441–454
- Middendorff, Wolf: Ein unaufgeklärter Mord. Der Fall Franz Kerber, in: Freiburger Almanach 27 (1976), S. 81–85
- Middendorff, Wolf: Franz Kerber, in: Badische Biographien N.F. 2 / 1987, S. 157f.
- Middendorff, Wolf: Freiburger Kleiner Pitaval. Kriminalfälle aus unserer Stadt, Freiburg i.Br. 1984
- Mohr, Heinrich: Die Jahrespredigt des Gottesfreundes, Paderborn 1940
- Mohr, Heinrich: Heilige Arbeit, in: Der Alemanne, 3.5.1933
- Mohr, Heinrich: Mein Weg zu Adolf Hitler, in: Der Alemanne, 9.9.1934
- Mohr, Teresa [anonym veröffentlicht als „Von einer katholischen Frau"]: Die katholische Frau im Banne des Zentrumsgeistlichen. Ja oder nein?, Freiburg i.Br. 1932
- Müller, Ralf: Dr. Franz Kerber Nationalsozialist, Pragmatiker; Freiburger Oberbürgermeister, Soldat, in: Wolfgang Proske (Hg.): Täter Helfer Trittbrettfahrer, Bd. 6: NS-Belastete aus Südbaden, Gerstetten 2017, S. 210–234
- Müller, Ralf: Heimatschutzarchitektur vor Ort. Joseph Schlippe als Leiter des Freiburger Hochbauamts und Wiederaufbaubüros 1925–1951, unter Berücksichtigung der gleichzeitigen Entwicklung in Basel, Freiburg i.Br. 2021
- Neisen, Robert: Kerber, Franz Anton Joseph, Kaufmann, NSDAP-Oberbürgermeister, in: Fred Ludwig Sepaintner (Hg.): Baden-Württembergische Biographien, Bd. 7, Stuttgart 2019, S. 291–295
- Neisen, Robert: Zwischen Fanatismus und Distanz. Lörrach und der Nationalsozialismus, Bötzingen 2013
- Nowack, Sabrina: Sicherheitsrisiko NS-Belastung. Personalüberprüfungen im Bundesnachrichtendienst in den 1960er-Jahren, Berlin 2016
- Ott, Hugo: Martin Heidegger. Unterwegs zu seiner Biographie, Frankfurt a.M. 1992

- Rabius, Ragnhild: Geraubte Arbeiterbibliotheken am Beispiel der Zentralbibliothek der Gewerkschaften in Hannover, in: Dehnel (Hg.) 2012, S. 49–62
- Riexinger, Klaus: Feuer unter dunklen Wolken. Historiker entdecken immer mehr Orte, an denen Nationalsozialisten 1933 ihnen missliebige Bücher verbrannten, in: Badische Zeitung, 16.2.2022
- Ritter, Gerhard: Selbstzeugnis 3. Die Universität Freiburg im Hitlerreich. Persönliche Eindrücke und Erfahrungen [Interview durch Helmut Heiber am 22. Mai 1962], in: Eckhard Wirbelauer (Hg.): Die Freiburger Philosophische Fakultät 1920–1960. Mitglieder – Strukturen – Vernetzungen, Freiburg/München 2006, S. 769–802
- Ruck, Michael: Korpsgeist und Staatsbewusstsein. Beamte im deutschen Südwesten 1928 bis 1972, München 1996
- Sälter, Gerhard: Die Bewertung einer NS-Belastung im BND: Kontinuitäten und Wandlungen am Beispiel von Herbert Kukuk, 1947–1984, in: JIPSS, Journal for Intelligence, Propaganda and Security Studies, Jg. 16, Nr. 1 / 2022, S. 26–46
- Schadt, Jörg: Verfolgung und Widerstand unter dem Nationalsozialismus in Baden. Die Lageberichte der Gestapo und des Generalstaatsanwalts Karlsruhe 1933–1940, Stuttgart u.a. 1976
- Schelle-Wolff, Carola / Stadtbibliothek Freiburg: Stadtbibliothek im Wandel. Zur Geschichte einer städtischen Bildungs- und Kulturinstitution, Freiburg i. Br. 2001 [Broschüre]
- Schellinger, Uwe: Die ‚Sonderaktion Heß' im Juni 1941. Beschlagnahmung und Verwertung von Buchbeständen der „Geheimlehren" und „Geheimwissenschaften", in: NS-Raubgut in Museen, Bibliotheken und Archiven, in: Dehnel (Hg.) 2012, S. 317–341
- Scherb, Ute: „Dem Freiburger Studenten Alb. Leo Schlageter aus Schönau im Schwarzwald". Heldenverehrung an der Universität Freiburg, in: Freiburger Universitätsblätter, Nr. 145 / 1999, S. 145–148
- Schnabel, Thomas: Evangelische Kirche und Nationalsozialismus: Das Beispiel Freiburg, in: Stadtarchiv Freiburg (Hg.) / Ernst Otto Bräunche u.a. 1983, S. 59–62
- Schnabel, Thomas: Freiburger Pressekampf zu Beginn des Dritten Reiches, in: Freiburger Almanach, Bd. 1986, S. 61–67 und Bd. 1987, S. 63–67
- Schnabel, Thomas: Krise und Untergang der Weimarer Republik, in: Heiko Haumann / Hans Schadek (Hg.): Geschichte der Stadt Freiburg, Bd. 3, 2. Aufl. 2001, S. 297–309
- Schneeberger, Guido: Nachlese zu Heidegger. Dokumente zu seinem Leben und Denken, Bern 1962
- Schoeps, Julius H. / Werner Treß (Hg.): Orte der Bücherverbrennungen in Deutschland 1933, Hildesheim / Zürich u.a. 2008
- Schreck, K.: Gedenkrede anläßlich der Enthüllung des Grabmals für Ehrenbürger Dr. h. c. Heinrich Mohr am 11. Oktober 1953, in: Die Brücke, Schriftenreihe des Heimat- und Kulturvereins Lauda, Heft 1 / 1957, S. 38f.
- Schroeder, Werner: Arbeiterbibliotheken in Thüringen, in: Dehnel 2012 (Hg.) 2012, S. 41–47
- Schroeder, Werner: Strukturen des Bücherraubs. Die Bibliotheken des Reichssicherheitshauptamtes (RSHA), ihr Aufbau und ihr Verbleib, in: Zeitschrift für Bibliothekswesen und Bibliographie, Heft 5/6, Dez. 2004, S. 316–324
- Schwarzweber, Hermann: Lebensblätter eines alten Freiburgers, in: Freiburger Almanach, Jahrbuch 1961, S. 105–112
- Schwarzweber, Hermann: Südtirol, ein deutsches Volksschicksal, Freiburg 1934, Sonderdruck aus den Mitteilungen der geographischen Fachschaft der Universität Freiburg i.Br., Heft 13/14, Wintersemester 1932/33

- Speckamp, Ursula: Frauenpersönlichkeiten – Frauenemanzipation. Heinrich Hansjakob über die Frauen, in: Badische Heimat, Dezember 2019, S. 595–606
- Spilker, Annika: Geschlecht, Religion und völkischer Nationalismus. Die Ärztin und Antisemitin Mathilde von Kemnitz-Ludendorff (1877–1966), Frankfurt a. M. 2013
- Stadelmann, Rudolf: Bismarckrede am Sonnenwendfeuer der Studentenschaft 1933, in: Freiburger Studentenzeitung, 27.7.1933
- Stadtarchiv Freiburg (Hg.) / Ernst Otto Bräunche u.a.: 1933. Machtergreifung in Freiburg und Südbaden. Katalog zur Ausstellung vom 31.1.–20.3.1983 in der Universitätsbibliothek, Freiburg i.Br. 1983
- Stolle, Michael: Die Geheime Staatspolizei in Baden. Personal, Organisation, Wirkung und Nachwirken einer regionalen Verfolgungsbehörde im Dritten Reich, Konstanz 2001
- Straub, Karl Willy: Einer, der sich selbst entlarvt. Ein Beitrag zum Kapitel „Schutzfärbung", in: Der Führer, 13.4.1933
- Straub, Karl Willy: Karl Willy Straub über sich selbst, in: Ekkhart, Jahrbuch für das Badner Land, hgg. von Hermann Eris Busse im Auftrag des Landesvereins Badische Heimat, 15. Jg. / 1934, S. 64f.
- Straub, Karl Willy: Lebendiges Archiv. Die Juden im Wandel der Freiburger Stadtgeschichte, in: Der Alemanne, 12.und 17.3.1937
- Straub, Karl Willy: Werner Hegemann als „kleiner Cohn", in: Völkischer Beobachter, 17.9.1932
- Stude, Jürgen: Die Bücherverbrennung vor 70 Jahren auf dem Langenhard. „Säuberung" der Stadtbücherei, in: Badische Zeitung, 26.6.2003
- Syré, Ludger: Robert Wagner, Gauleiter, Reichsstatthalter in Baden und Chef der Zivilverwaltung im Elsaß, in: Michael Kißener / Joachim Scholtyseck (Hg.): Die Führer der Provinz. NS-Biographien aus Baden und Württemberg, Konstanz 1997, S. 733–779
- Szilagi, Alexander: Was will der Kampfbund für deutsche Kultur?, in: Der Alemanne, 30.4.1933
- Toussiant, Ingo: Die Universitätsbibliothek Freiburg im Dritten Reich, 2., verbesserte und erweiterte Auflage, München u.a. 1984
- Tröller, Alfred: Vom Krieg zur Staatsnotwehr. Folgerungen aus d. Waffenentwicklung, bearb. u. hgg. v. Helmut Goeckel, Neckargemünd 1961
- Verdofsky, Jürgen: Kästner schaute hin, in: Badische Zeitung, 8.5.2013
- Vordtriede, Käthe: „Es gibt Zeiten, in denen man welkt". Mein Leben in Deutschland vor und nach 1933, hgg. und mit Nachwort versehen von Detlev Garz, Lengwil 1999
- Vordtriede, Käthe: „Mir ist es noch wie ein Traum, dass mir diese Flucht gelang ...", Briefe nach 1933 aus Freiburg, Frauenfeld und New York an ihren Sohn Werner, hgg. von Manfred Bosch, Lengwil 1998
- Vorlesungsverzeichnisse der Universität Freiburg, diverse Semester
- VVN/BdA (Vereinigung der Verfolgten des Naziregimes / Bund der Antifaschisten) Freiburg (Hg.): Verfolgung, Widerstand, Neubeginn in Freiburg 1933–1945, Freiburg i.Br. 1989
- Weber, Jürgen: NS-Raubgut und hidden collections – Herausforderungen für ein neues Sammlungsmanagement, in: Dehnel (Hg.) 2008, S. 175–184
- Wegmann, Heiko: Die übersehene Bücherverbrennung, in: Badische Zeitung, 10.8.2013
- Wegmann, Heiko: SS-Oberabschnitt und Höhere SS- und Polizeiführer Südwest, publiziert am 01.09.2022 in: Stadtarchiv Stuttgart, online-Stadtlexikon https://www.stadtlexikon-stuttgart.de/dts/index.html?id=f5677240-ae6b-4fca-9ca5-40129e38dcd5
- Wegmann, Heiko: Zur Geschichte der SS in Freiburg im Breisgau. Aufbau, Mitglieder und Akteure, in: Robert Neisen / Heinrich Maulhardt / Konrad Krimm (Hg.): Kommu-

nen im Nationalsozialismus. Verwaltung, Partei und Eliten in Südwestdeutschland, Oberrheinische Studien, Bd. 38, Ostfildern 2019, S. 287–320
- Weinacht, Paul: Karl Willy Straub. Zu seinem 60. Geburtstag am 12. März, in: Der Führer, 10.3.1940
- Wette, Wolfram: Bücherverbrennung im Sonnwendfeuer des Jahres 1933, in: „Hier war doch nichts!" Waldkirch im Nationalsozialismus, hgg. von Wolfram Wette, Bremen 2020, S. 94–97
- Wiemann-Stöhr, Ingeborg: Die pädagogische Mobilmachung. Schule in Baden im Zeichen des Nationalsozialismus, Bad Heilbrunn 2018
- Wild, Bettina: Topologie des ländlichen Raums. Berthold Auerbachs „Schwarzwälder Dorfgeschichten" und ihre Bedeutung für die Literatur des Realismus. Mit Exkursen zur englischen Literatur, Würzburg 2011
- Wöhrle, Tobias: Friedhelm Kemper, Hitlerjugendführer in Baden. Eine biographische Skizze, in: Zeitschrift für die Geschichte des Oberrheins, Nr. 159 (2011), S. 555–587
- Wolff-Willinger, Hilde: Nochmals: „Kulturbolschewismus", in: Freiburger Zeitung, 7.9.1930
- Wolf-Hauschild, Regine: Vergessene Autoren – wieder zu entdecken. Ein Verzeichnis der Stadtbücherei Heidelberg, in: Leonhardt (Hg.) 1983, S. 179–243
- Wollasch, Hans-Josef: Heinrich Auer (1884–1951), Bibliotheksdirektor beim Deutschen Caritasverband als politischer Schutzhäftling Nr. 50241 im Konzentrationslager Dachau, in: ders.: „Sociale Gerechtigkeit und christliche Charitas". Leitfiguren und Wegmarkierungen aus 100 Jahren Caritasgeschichte, Freiburg 1996, S. 260–303
- Wolrab, Julia: Mit unermüdlichem Einsatz: Nathan Rosenberger und der Wiederaufbau der jüdischen Gemeinde Freiburg i. Breisgau nach 1945, in: Medaon – Magazin für jüdisches Leben in Forschung und Bildung, 14 (2020), 27, S. 1–7
- Wolter, Markus: Am Synagogenstein, in: Badische Zeitung, 24.2.2018
- Wyl, Hans von: Ein Schweizer erlebt Deutschland, Zürich 1938

8.4.2 Zeitungen

Der Alemanne, Badische Zeitung, Badischer Beobachter, Börsenblatt für den Deutschen Buchhandel, Breisgauer Nachrichten, Breisgauer Zeitung, Freiburger Zeitung, Der deutsche Christ, Der Elztäler, Der Führer, Karlsruher Zeitung, Badisches Gesetz- und Verordnungs-Blatt, Freiburger Studentenzeitung, Der Landbote / Sinsheimer Zeitung, SS-Befehlsblatt, Tagespost, Volkswacht.

8.4.3 Websites

- Alemannia Judaica, Arbeitsgemeinschaft für die Erforschung der Geschichte der Juden im süddeutschen und angrenzenden Raum https://www.alemannia-judaica.de/kronach_synagoge.htm
- Badische Landesbibliothek: Digitalisierte historische Zeitungen und Zeitschriften https://digital.blb-karlsruhe.de/zeitungen/topic/view/2965491
- Beiträge der Stadt Karlsruhe zum Thema Bücherverbrennung, https://stadtgeschichte.karlsruhe.de/erinnerungskultur/erinnerungskultur-im-oeffentlichen-raum/karlsruher-stelen/buecherverbrennung–1933
- Deutsches Zentrum Kulturgutverluste, https://www.kulturgutverluste.de/

- Gedenkbuch des Bundesarchivs: Opfer der Verfolgung der Juden unter der nationalsozialistischen Gewaltherrschaft in Deutschland 1933 – 1945, https://www.bundesarchiv.de/gedenkbuch/de920756
- Gestapo-Deportationsliste aus Kronach, http://agfjg.de/datenbanken/krasny-deportatliste.pdf
- Institut für Grenzgebiete der Psychologie und Psychohygiene (IGPP), https://www.igpp.de
- Jüdische Spuren in Sulzburg, http://www.juden-in-sulzburg.de/
- Jüdisches Museum Hohenems, Biografische Datenbank mit Einträgen zur Familie Loewy, https://www.hohenemsgenealogie.at
- LeoBW, Landeskunde online, Eintrag zu Josef Rest, https://www.leo-bw.de/web/guest/detail/-/Detail/details/PERSON/kgl_biographien/119305666/Rest+Josef
- Lost Art-Datenbank, Deutsches Zentrum Kulturgutverluste, https://www.lostart.de/
- Onlineatlas zu den Orten der nationalsozialistischen Bücherverbrennungen 1933, https://verbrannte-orte.de/
- SLUB Dresden, Pressemitteilung vom 26.5.2020, https://blog.slub-dresden.de/beitrag/2020/05/26/rueckgabe-von-ns-raubgut-slub-und-ub-freiburg-restituieren-buecher-an-die-erben-von-leo-polak
- Universitätsbibliothek Freiburg: Pressemitteilung Rückgabe von NS-Raubgut – SLUB und UB Freiburg restituieren Bücher an die Erben von Leo Polak, 26.5.2020, https://www.ub.uni-freiburg.de/ihre-ub/aktuelle-nachrichten/rueckgabe-von-ns-raubgut-slub-und-ub-freiburg-restituieren-buecher-an-die-erben-von-leo-polak/
- Universitätsbibliothek Freiburg: Digitalisierte historische Zeitungen und Zeitschriften, https://www.ub.uni-freiburg.de/recherche/digitale-bibliothek/freiburger-historische-bestaende/zeitungen-zeitschriften/_
- Übersicht der Orte von Bücherverbrennungen 1933, http://www.verbrannte-buecher.de/?page_id=68
- Yad Vashem, Datenbank der Gedenkstätte mit Eintrag zu Ernst Loewy, https://yvng.yadvashem.org/nameDetails.html?language=de&itemId=11585799&ind=1

8.5 Abbildungen

8.6 Personenverzeichnis

H

J

K

T

V

W

Z

8.7 Zum Autor

Dr. Heiko Wegmann hat an der Carl-von-Ossietzky-Universität Oldenburg Sozialwissenschaften studiert und wurde an der Albert-Ludwigs-Universität Freiburg promoviert. Er forscht zur NS-Geschichte Südbadens. Ein Forschungsschwerpunkt liegt bei Aufbau, Mitgliedern und Akteuren der SS. Sein anderer Schwerpunkt liegt bei der regionalen Kolonialgeschichte des deutschen Südwestens. Er ist Mitautor der 2018 vom Stadtarchiv Freiburg herausgegebenen Studie „Freiburg und der Kolonialismus – Vom Kaiserreich bis zum Nationalsozialismus". 2019 veröffentlichte er das Buch „Vom Kolonialkrieg in Deutsch-Ostafrika zur Kolonialbewegung in Freiburg – Der Offizier und badische Veteranenführer Max Knecht (1874–1954)". Er hat auch zu Württemberg veröffentlicht und war Co-Kurator der 2020/21 gezeigten Stuttgarter Ausstellung „Schwieriges Erbe. Linden-Museum und Württemberg im Kolonialismus".

Stadt und Geschichte. Neue Reihe des Stadtarchivs Freiburg i. Br.

Bisher erschienene Hefte:

Heft 1: Schadek, Hans: Das Stadtarchiv Freiburg im Breisgau, Freiburg 1981.
Heft 2: Diel, Joseph: Die Tiefkeller im Bereich Oberlinden. Zeugnisse der baulichen Entwicklung Freiburgs im 12. und 13. Jahrhundert, Freiburg 1981.
Heft 3: Freiburg im Breisgau, Universität und Stadt 1547–1982, hg. von Hugo Ott und Hans Schadek, Freiburg 1982.
Heft 4: Bräunche, Ernst Otto u.a.: 1933. Machtergreifung in Freiburg und Südbaden, Freiburg 1983.
Heft 5: Schadek, Hans: Die Rathäuser der Stadt Freiburg im Breisgau, Freiburg 1983.
Heft 6: Das Freiburger Münster und der 27. November 1944, hg. von Franz Götz unter Mitarbeit von Bernhard Adler und Irmtraud Götz, Freiburg 1984.
Heft 7: Schnabel, Thomas / Ueberschär, Gerd R.: Endlich Frieden! Das Kriegsende in Freiburg 1945, Freiburg 1985.
Heft 8: Vedral, Bernhard: Altstadtsanierung und Wiederaufbauplanung in Freiburg 1925–1951. Zum 100. Geburtstag von Oberbaudirektor Prof. Dr. Ing. Josef Schlippe, Freiburg 1985.
Heft 9: Alltagsnot und politischer Wiederaufbau. Zur Geschichte Freiburgs und Südbadens in den ersten Jahren nach dem 2. Weltkrieg, hg. vom Arbeitskreis Regionalgeschichte Freiburg, Freiburg 1986.
Heft 10: 75 Jahre Stadttheater an der Bertoldstraße, Redaktion: Roland Haas, Freiburg 1986.
Heft 11: Klein, Bernhard: Brand und Wiederaufbau der Ortsmitte von Kirchzarten bei Freiburg 1807 – 1813. Eine architekturhistorische Studie zur Landbaukunst im Breisgau, Freiburg 1987.
Heft 12: Blod, Gabriele: Die Entstehung der israelitischen Gemeinde Freiburg 1849 – 1871, Freiburg 1988.
Heft 13: Böhme, Rolf / Haumann, Heiko: Das Schicksal der Freiburger Juden am Beispiel des Kaufmanns Max Mayer und die Ereignisse des 9./10.11.1938. In der Vergangenheit liegt die Zukunft, Freiburg 1989.
Heft 14: Kimminich, Eva: Prozessionsteufel, Herrgottsmaschinen, Hakenkreuzflaggen – Zur Geschichte des Fronleichnamsfestes in Freiburg und Baden, Freiburg 1990.
Heft 15: Haußmann, Andrea: Alltagsleben im Krieg. Freiburg 1914–1918, Freiburg 1994.
Heft 16: Heyberger, Renate / Rümland, Elisabeth / Scherb, Ute: „... und freitags gibt es Milchreis", 75 Jahre Studentenwerk Freiburg, Freiburg 1996.
Heft 17: Rödling, Ulrike: „Hallo, hier Freiburg im Breisgau, Welle 577" – Freiburger Rundfunkgeschichte 1926–1946, Freiburg 1997.
Heft 18: Maier, David: Geburtsort Freiburg. Erinnerungen eines deutsch-jüdischen Engländers, Freiburg 2001.
Heft 19: Schadek, Hans / Ilgen, Volker / Scherb, Ute: Ein badisches Leben. Leo Wohleb 1888–1955, Freiburg 2002.
Heft 20: Schadek, Hans: Robert Grumbach 1875–1960. Jüdischer Rechtsanwalt, Sozialdemokrat und Stadtrat, Ehrenbürger von Freiburg, Freiburg 2007.
Heft 21: Ecker, Ulrich P. / Pfanz-Sponagel, Christiane: Die Geschichte des Freiburger Gemeinderats unter dem Nationalsozialismus, Freiburg 2008.
Heft 22: Die Zähringer. Mythos und Wirklichkeit, Begleitbroschüre zur Ausstellung, hg. von Heinz Krieg, R. Johanna Regnath, Thomas Walz und Hans-Peter Widmann, Freiburg 2018.
Heft 23: Böcker, Julia: „Auf! Hedad, Hedad! Unsre Bahn ist frei." Zionistische Lebenswelten in der Stadt Freiburg 1897–1933. Freiburg 2020.
Heft 24: buochmeisterinne. Handschriften und Frühdrucke aus dem Dominikanerinnenkloster Adelhausen, Katalog zur Ausstellung vom 13.03. bis 13.06.2021 im Museum für Stadtgeschichte Freiburg, hg. von Martina Backes und Balázs J. Nemes, Freiburg 2021.